疗救与发展

灾害社会工作案例研究

陈涛　王小兰　编著

華東理工大學出版社
EAST CHINA UNIVERSITY OF SCIENCE AND TECHNOLOGY PRESS
·上海·

图书在版编目(CIP)数据

疗救与发展：灾害社会工作案例研究/陈涛，王小兰编著. —上海：华东理工大学出版社，2017.12

（社会工作理论流派案例研究丛书）

ISBN 978-7-5628-5282-7

Ⅰ.①疗… Ⅱ.①陈… Ⅲ.①救灾-社会工作-案例-中国 Ⅳ.①D632.5

中国版本图书馆CIP数据核字(2017)第287866号

项目统筹／刘 军

责任编辑／刘 军 孟媛利

装帧设计／徐 蓉

出版发行／华东理工大学出版社有限公司

地址：上海市梅陇路130号，200237

电话：021-64250306

网址：www.ecustpress.cn

邮箱：zongbianban@ecustpress.cn

印 刷／上海中华商务联合印刷有限公司

开 本／710 mm×1000 mm 1/16

印 张／14.5

字 数／235千字

版 次／2017年12月第1版

印 次／2017年12月第1次

定 价／78.00元

本丛书由

上海踏瑞计算机软件有限公司与华东理工大学出版社

联合制作

丛书总序

社会工作是现代社会解决社会问题、调节社会关系、促进社会和谐的重要制度安排，大力发展社会工作是现代发达国家和地区解决本国、本地区社会问题的成熟经验。近现代以来，我国经历了由传统社会向现代社会转变的艰难过程。在中国共产党的领导下，经过新民主主义革命、社会主义革命与建设以及改革开放，取得了举世瞩目的成就，距实现中华民族伟大复兴的“中国梦”目标越来越近，但面临的改革发展任务也更加繁重艰巨。在深入贯彻落实“四个全面”战略布局和“五位一体”总体布局，实现两个百年目标的进程中，要着力提升国家治理能力，必须大力改革创新社会治理体制机制和方式方法，需要汲取国际先进经验，立足中国国情，发展与国际接轨、具有中国特色的社会工作理论、政策与实务体系，建设规模宏大、结构合理、素质优良的社会工作专业人才队伍。

中央高度重视社会工作发展。2006 年党的十六届六中全会做出了发展专业社会工作、建设宏大社会工作人才队伍的决策部署。《国家中长期人才发展规划纲要（2010—2020 年）》将职业化、专业化的社会工作人才队伍列为国家六支主体人才队伍之一，确立了社会工作在我国人才发展大局中的重要地位。中组部、民政部等中央 18 部门《关于加强社会工作专业人才队伍建设的意见》和 19 部门《社会工作专业人才队伍建设中长期规划（2011—2020 年）》，明确了到 2020 年我国社会工作专业人才队伍建设的指导思想、目标任务及政策举措。2014 年颁布施行的《社会救助暂行办法》、2015 年颁布施行的《中华人民共和国反家庭暴力法》等行政法规及法律均明确了社会工作服务机构和专业社会工作者在相关领域的重要功能。近年来，民政部单独或联合有关部门出台了政府购买社会工作服务以及促进社区建设、防灾减灾、青少年事务、社会救助、社区矫正等领域社会工作发展的专项政策。2016年经全国人民代表大会审议通过的《中华人民共和国国民经济和社会发展第十三个五年规划纲要》和2017年民政部公布的《“十三五”时期我国社会工作发展思路》对发展专业社会工作进一步提出了要求和指明了方向。这些中央重大部署和相关法规政策为我国社会工作发展提供了有力的制度支撑。

十余年来，我国社会工作和社会工作专业人才队伍建设取得了丰硕成果。社会工作专业人才队伍迅速壮大，打造了一支80万余人的专业社工队伍；70余所高职院校设立了社会工作专科、300余所高校设立了社会工作本科、105所高校和研究机构开展了社会工作硕士专业学位教育，每年培养3万余名社会工作专业人才，各地平均每年培训社会工作从业人员约30万人次。社会工作服务平台不断拓展，各地在相关事业单位和基层社区开发设置了近20万个社会工作岗位，扶持发展了6 000多家社会工作服务机构，在国家、省、市、县等层级成立了近600个社会工作行业组织，为广大社会工作专业人才就业和创业，提供了越来越广阔的平台与空间。社会工作服务效果不断增强，民政部牵头实施了“社会工作专业人才服务边远贫困地区、边疆民族地区和革命老区人才支持计划”，每年选派和培养一批社会工作专业人才，支持“三区”开展社会工作服务和脱贫攻坚工作；安排部本级彩票公益金组织实施了“社会工作和志愿服务示范项目”及“特殊困难老年人社会工作服务示范项目”，引导各地加强社会工作服务体系建设；组织实施了“鲁甸地震灾区社会工作服务支援计划”等面向灾区的社会工作服务项目，协助灾区群众开展过渡性安置和灾后恢复重建工作；开展了社会工作专业人才队伍建设试点、企业社会工作试点及社会工作服务示范创建活动，以点带面推动全国社会工作全面发展。同时，各地通过政府购买服务等方式实施了一系列社会工作服务项目，为城乡群众尤其是特殊困难人群提供心理疏导、精神慰藉、资源链接、能力提升、社会融入等关爱型、专业化、个性化服务，有效回应了城乡群众的心理、社工服务需求。经过多年努力，社会工作逐步从少数部门、少数组织推动向多部门、多组织合力推进发展，从民政领域向社区矫正、精神卫生、教育辅导、青少年服务、职工帮扶等领域拓展，从东部地区、发达城市向中西部地区、贫困区县延伸，社会工作服务惠及了越来越多的群众，社会工作专业人才已成为重要的民生服务与社会建设力量。

20世纪初，我国引入社会工作，自此社会工作界的前辈们就积极进行了本土社会工作实务的探索。在新的历史时期，我国社会工作发展的基础已经夯实，但要持续健康发展，就必须与我国文化传统相结合，与我国体制机制相适应，扎根广大群众生活，形成具有中国特色的社会工作理论和实务。此次，华东理工大学出版社组织社会工作专家编写了“社会工作理论流派案例研究丛书”，用中国案例讲解社会工作专业理论，既有利于宣传普及社会工作理念和知识，也有利于社会工作学习者感悟理解、较快掌握社会工作专业理论和方法，更有利于社会工作理论和实务工作者更好地研究思考社会工作专业理论和实务方法在中国文化背景下的运用，为不断总结、创新具有中国特色的社会工作理论和实务做出了很好的尝试，精神可嘉，意义重大。希望有更多的社会工作界同仁积极参与进来，以更大的热情投身于我国社会工作理论研究和实务发展中，为中国特色社会工作发展贡献更多的智慧和力量。

华东理工大学上海高校智库“社会工作与社会政策研究院”院长
国际社会工作教育联盟(IASSW)执委兼国家代表
中国社会工作教育协会会长
现代公益组织研究评估中心(粤.沪)理事长
教授、博士生导师
徐永祥

前言

社会工作自2015年以来已连续三年被写入政府工作报告，从“发展”到“支持”再到“促进”，这表明社会工作作为社会建设与社会治理的专业方法被国家高度重视。民政部公布的《“十三五”时期我国社会工作发展思路》，提出进一步加快社会工作发展步伐、拓宽社会工作服务范围、增强社会工作的惠及面与可及性，力争到2020年基本形成具有中国特色的社会工作服务体系，社会工作在各地区、各领域得到全面发展，社会工作服务基本覆盖到困难、特殊群体，社会工作在创新社会治理、加强社会建设、促进社会和谐中的基础性作用得到有效发挥。此外，十八大以来，民政部及其相关部委又先后发布了《关于加强社会工作专业人才队伍建设的意见》等一系列重要文件；近年来颁布的《社会救助暂行办法》《中华人民共和国反家庭暴力法》《中华人民共和国慈善法》等行政法规和法律均明确了社会工作服务机构和专业社会工作者在相关领域的重要功能。

因此，社会工作在中国的发展与国家的建设目标和宏大战略叙事紧密联系在一起，从社会服务、社会福利、社会建设、社会管理、社会体制到社会治理，社会工作是其中的制度性要件、构成性要素和专业性力量。当前社会工作已成为中央建设社会主义和谐社会、提升国家治理能力和治理体系现代化的一项重要制度安排，加强社会工作事业发展和人才队伍建设已经成为国家的战略需要。社会工作作为创新社会治理、建设和谐社会的重要方法，已被正式纳入国家顶层设计，成为国家社会建设的重要战略部署之一。

一

社会工作的概念起始于19世纪末20世纪初。它首先在美国、英国及德国被使用，之后逐渐扩展到其他国家。就其发展渊源而言，人类在古代社会便已有了社会工作雏形；而就其理论和实践的科学形态而言，社会工作则是近代社会的产物。在世界发达国家和地区，社会工作无论是作为教育领域的一个专业，还是作为社会的一种职业，抑或是作为一种制度化的建制，它已走过了100余年的历史。就是我国的香港和台湾地区，也已基本完成了社会工作本土化建设，社会工作专业的制度化、专业化、职业化格局已大体形成。

我国内地从20世纪80年代开始在高等院校恢复了社会工作专业。在社会工作教育方面，目前全国开设社会工作本科专业的高校已达300余所，有70余所高职高专院校招收社会工作专科学生，有105所高校开设了社会工作硕士专业学位，我国每年从各类院校毕业的社会工作专业学生有3万余人。据民政部2017年8月发布的《2016年社会服务发展统计公报》显示，截至2016年，全国持证社会工作者达28.8万人，其中社会工作师有6.9万人，助理社会工作师已达到21.9万人。而按照国家《社会工作专业人才队伍建设中长期规划(2011—2020年)》的要求，到2020年，要造就一支结构合理、素质优良的社会工作专业人才队伍，使之适应建设社会主义和谐社会的要求，满足人民群众日益增长的社会服务需求。社会工作专业人才总量将增加到145万人，其中中级社会工作专业人才将达到20万人、高级社会工作专业人才将达到3万人。目前，无论是社会工作专业人才队伍的数量还是从业人员的专业素质，都有着极大的提升空间。

二

社会工作作为一种被国家认可的社会职业，近年来发展势头迅猛，但各地社会工作实务发展极不平衡，绝大多数还属于经验型，缺乏专业的规范性。因而，无论在高校社会工作专业的教学中，还是在社会工作的社会培训中，有着国外经典社会工作理论流派解析又具有本土特色的实务案例，是最感缺乏的。

为了及时总结我国一线社会工作的实务经验，同时也为了给社会工作专业教学和社会职业培训提供鲜活的、本土化的范本，我们集结了国内相关领域社会工作的专家，策划了“社会工作理论流派案例研究丛书”。本丛书以经典的社会工作理论流派作引领，精选相关领域实务操作案例，形象化、立体式、多侧面、全方位呈现实务操作案例。为使读者有更宽阔的专业视野，扩大图书信息量，更方便读者自学，部分书还配备了相关的思考题和推荐读物。

三

本丛书由马伊里、吴铎任总策划。本丛书有着以下三大特色：

第一，本丛书涵盖实务领域广泛。每种书的作者均由国内社会工作领域的专家引领，他们来自国内高校或老年、家庭、青少年、矫正、残疾人、灾害、医务、临终关怀、精神健康等社会工作专业机构，有着丰富的社会工作理论积淀和实务操作经验。

第二，本丛书所选书目贴近社会需求。本丛书中，由中国社会科学院大学陈涛教授等主编的《疗救与发展：灾害社会工作案例研究》、华东理工大学王瑞鸿副教授主编的《幽谷守望：临终关怀社会工作案例研究》、华东理工大学范斌教授主编的《增能与重构：医务社会工作案例研究》，反映了近年来兴起的社会工作专业领域之实务概貌。由上海大学范明林教授主编的《老化与挑战：老年社会工作案例研究》、华东师范大学文军教授和易臻真讲师合著的《迷茫与超越：学校社会工作案例研究》、华东理工大学朱眉华教授等著的《冲突与弥合：家庭社会工作案例研究》、华东师范大学韩晓燕教授主编的《正面成长：青少年社会工作案例研究》、华东理工大学张昱教授主编的《更生时代：社区矫正个案工作案例研究》、华东师范大学杨福义副教授等著的《缺失与重塑：残疾人社会工作案例研究》、香港理工大学叶锦成教授主编的《中国取向复元模式：精神健康社会工作案例研究》则浓缩了社会工作实务相关领域的经典案例。

第三，本丛书各书配套视频脚本的写作，均以经典的社会工作理论流派为引领，贯穿相关领域案例发展的全过程，有介绍，有解析，力求深入浅出。

我们衷心地希望本丛书能为中国社会工作的发展提供新的理论与实务的支持。我们也期待通过本丛书的出版，有更多热心于中国社会工作事业发展的研究者和实务工作者加入我们的行列，以期共同开创我国社会工作事业发展的新局面。

马伊里　吴　铎

目录

第一章

灾害应对与发展性社会工作

“灾害”是对能给人类及其赖以生存的环境造成破坏性影响的事物的总称。这一概念有大、中、小的不同含义。小概念的“灾害”仅指自然灾害，包括各种主要由自然因素导致的灾害，如地震、海啸、洪水、山体滑坡、泥石流、干旱、冰雪暴、台风、森林火灾、蝗虫害等，又可进一步分为地质灾害、气象灾害、生物灾害及海洋灾害等。中概念的“灾害”可包含由自然和人为因素共同导致的灾害，如环境灾害(雾霾、沙尘暴)、生化灾害等，即在我国突发事件应急体制中所针对的前三类“自然灾害、事故灾难、公共卫生事件”都可包括进来。大概念的“灾害”所指范围则更广，除前面几种之外，还可包括纯粹由人为原因导致的损害或危及人们正常生存与生活的事件，在我国，突发事件应对中即是第四类——“社会安全事件”。

当然，人们还可以继续扩展“灾害”的概念含义，将诸如战争、不合理的经济运作方式(如缺乏公平、无限度追求利润的“全球化”)、不健康的生活方式和文明形态，乃至当今社会的各种突出风险都涵盖进来，都将其视为对人类的灾害。不过，从可操作性的角度看，通常我们将关注点仅置于上述的大、中、小三种灾害概念上，尤其是在小概念的自然灾害上。同时，我们更多讨论其中较为严重的那些灾害，即其发生规模和影响程度达到较大范围和较高水平的灾害。例如，造成诸多生命伤亡和财产损失等灾害性后果的大地震、大海啸、大面积洪涝或干旱等。在本书中，我们主要以地震灾害为讨论焦点，重点选取参与“5 · 12”汶川大地震和云南鲁甸地震抗震救灾工作中的相关社会工作服务进行深入剖析，以期对灾害社会工作服务提供某种参照。

第一节　灾害应对与社会工作服务

灾害，尤其是较严重的灾害，对人类正常生活造成诸多方面的损害或不利影响，而其成因与影响一般具有复杂性，因而对灾害的应对通常也是涉及多方面的复杂过程。其中，社会工作服务愈加展现出自己的独特作用和意义，逐渐成为灾害应对的一个重要部分。

一、灾害及其应对的属性与特点

灾害具有某些基本的属性，同时在发生、人类反应及应对等方面，也有些一般性的特点。

(一) 灾害的基本属性

灾害的第一属性，是其损害性或破坏性。这是其客观属性。

任何灾害之所以被称作灾害，皆由于其客观上造成了对人类生活的破坏与损害。这种破坏或损害可能是物质层面的，例如地震、洪水摧毁房屋建筑、淹没农田庄稼或者毁坏其他人类生产生活的设施设备；也可以是经济方面的，造成各种可计算的经济价值损失；还可以是社会、心理方面的，如人员的伤亡致使家庭失去完整性，社区不复存在或结构解体、功能障碍，人们产生心理创伤、出现创伤后应激综合征等。越是严重的灾害，其损害性或破坏性就越强，损害或破坏面也越广、越大、越深。

灾害的第二属性，是其与人类行为及态度的关联性，这可以说是它的某种主观属性。

各类灾害(包括自然灾害)，就其发生来讲常与人类的活动有着不同程度的关联，而其被视作"灾害"本身，也在相当程度上是人类评价和看待的产物。举例来说，大冰雪在古时候的农业中国，不一定是所有人眼里的灾害，在某些人眼中反而是一道美丽的景观，可是到了现代城市，它通常就成了困扰乃至灾难，因为此时它造成了交通困难及其他可能的损失。至于各种非自然灾害，无论是事故灾难、公共卫生事件还是社会安全事件，其发生更是与人类的行为密不可分，特别是其所产生的灾难或灾害性的影响后果，这与相关人群的看待、反应和行动更是高度相关。"灾害"与人类行为、行动的关联性，或者说"灾害"与"应对"在当今是密不可分、互相关联的存在。 如今，"灾害—应对"的交互共生性，这或许可视为灾害的第二个基本属性。

在以上基本的属性之下，灾害及其应对还有诸多一般性特点。

（二）灾害及其应对的一般特点

第一个方面，是灾害的发生特点。

有研究分析指出，灾害尤以自然灾害为典型，其在发生上具有以下一些特点。

1. 突然性或突发性。现代科技的发展使人类对环境的变动较过去大大增加了了解掌握的能力及水平，相应地可以比过去更早有所应对及准备，也大大提高了相关信息传播的速度与可及性。但是，这种认知、传播和准备仍远远达不到清楚洞悉和准确掌握的程度，多数灾害的发生仍旧是超出人们的觉知与预备范围的，似乎是在突然之间就发生了，并在很短的时间内对相关人群造成猛烈集中的冲击。现代科技对于某些灾害可以做出预警，但从预警发出到灾害事件实际发生的时间间隔不会太长，能够提前两到三天已是极限，因此对相关人群来说，灾害的发生仍然具有很大的突然性。

2. 不熟悉性或陌生性。灾害之为灾害，多半是因为人们对它所伴随的情境很不熟悉、很陌生，未曾亲身经历过甚至连听也没听说过，因而人们不懂它意味着什么，也不懂该如何回应、如何面对。在它给人们带来实质性破坏与损害的同时，更夹杂着由于人们对它一无所知或知之甚少而产生的惊慌、恐惧、焦灼、混乱等情绪，从而使其真正成为对人们的灾害与灾难。随着灾害应对的发展，人们对越来越多的灾害有了一定的应对知识。不过，对于大多数人来讲，这种知识只是基本性的，远远不足以满足人们对具体灾害的应对需求，包括其发生、发展动向及后果的不熟悉与陌生状态的处理等知识。即便是自身亲历过某种灾害的人，由于各种原因，也很难说他（她）碰到同类灾害时就不会有陌生感或无知感。

3. 未预期性。也就是意想不到或意料之外，超出人们的计划和打算之外。如果说灾害发生的前两个特点是描述灾害发生时的客观方面与人的主观方面相结合的情况，那么未预期性这一特点主要是说灾害发生时所涉及的那些人们的主观方面的情况。任何灾害，其发生对人们来讲都是未曾预期的，其发展与后果对人们来讲也是未曾预期的，与它相关的各种事态、事情也都是人们未曾预期和计划的。这是灾害对人们形成强烈心理冲击的缘由，也是人们需要很大努力才能够重新适应与恢复的挑战所在。

除此三点外，根据不同的灾害类型及具体灾害情形，灾害在发生上可能还有变异性、地区性等特点。

第二个方面，是受灾地区及人群的行为反应特点。

相关的经验研究总结认为，当灾害发生时，受灾人群的心理行为一般会依次经历以下几个反应阶段。

（1）初期，即灾害刚发生之初。一般人的反应表现会有惊吓、麻木、手足无措、痛哭、失控等，这个阶段属于情绪冲击期。

（2）中期，灾害发生后的一段时间。容易出现沮丧、悲伤、失落、无力感、罪恶感、无助感、焦虑、失眠、做噩梦、忧郁、食欲不振、害怕孤独、退缩、压抑、人际关系不良等情绪及行为表现。

（3）后期，即复原或重建期。人们在心理上发生认知改变、接纳新的现实，发展新的问题解决能力、适应新环境等变化。

通常，灾害事件从发生到人们复原所经历的时间长短视灾害的严重程度而定，同时也受灾害应对的影响。一般阶段(1)到阶段(2)的时间可能延伸4到6周，也就是一个月到一个半月，期间灾区人员易发生PTSD(创伤后压力心理障碍症或创伤后应激障碍)。这也是处理心理行为危机的关键时期，即灾害发生后的两个月内。而阶段(3)所需的时间长短则取决于前两个阶段相关介入的积极度与效果，以及灾害本身涉及的财物、就业、硬件建设、制度复原的情形等。

同时，对灾害的反应除了上述一般性的过程特点，也会存在文化差异及群体个体差异。以汶川地震为例，灾后初期和中期受灾地区发生PTSD的人有一定比例，但并非多数，或与主要人群——川人——的某些乐天文化特质有关。而普遍完成灾后重建工作(以受灾民众搬入永久性住房新区来算)，时间是在地震发生后的两年左右，但是是否所有人都在这时完成了心理上的完全复原则不一定。对于某些人(如身体未受伤、父母亲人也都未有变故的儿童青少年)来说，复原可能已经完成，但对另一些人(如有家庭成员遇难、自身伤残者等)而言，则或许还需要更久才能真正实现复原。同样，在既有家庭成员遇难，自身又伤残的受灾民众当中，有的复原得较快，有的则始终较难走出伤痛，这种情况并非偶然。

除了以上这些受灾人群的基本心理行为反应特点，受灾地区及其民众还可能表现出以下一些行为反应的特点。

其一，灾后初期，受灾者的求助与自助意愿较高。在世界各地的灾后情形中都可以见到，受灾者们采取各种主动行为寻求自救自助，并相互帮助，尤其是在邻里或相近地方的人们之间，甚至扩展到此前完全素不相识的人和人之间。这是平常状态下不多见的情形。灾害激发了人们的自助行为，也在同样受灾的人群中激起同病相怜的情感，或在更大范围凝聚起同仇敌忾、共赴艰危的感情，而暂时抑制了其他各种差别或对立。虽然其间亦不排除为了自救自助而在混乱情势下发生某种失序或相互抢夺有限资源的情况，但这时的基调是团结互助，以及每个人几乎出自本能地更加积极主动抗击灾害。同时，受灾者此时对于外界的帮助表现出更强的接受意愿和更欢迎、更拥抱的态度，人们会热烈迎候前来提供各种帮助的组织和个人（包括官方的和非官方的，专业团体或志愿者乃至普通人），并更易对他们表达感激之情。

其二，灾后中期，责难情绪或各种冲突趋于增多。经历了初期某种“蜜月”阶段，受灾地方的人们中可能很快爆发更多的相互责怪情绪及相应行为，并且将过去关系中未曾解决的问题或困扰带出来，进而可能导致相当激烈的对立冲突。

其三，灾害发生之后的整个过程，也是相关人们学习解决问题之方法的最佳时机与过程。灾害带来了某种全新的情境，这对所有与之相关的群体——无论是政府、民众、各类专业组织机构、社会公众与个人——差不多都是一样的。当最初的冲击造成的某种“空白”过去，各方不管情愿还是不情愿，都得学习面对它，学会获得新的知识、技能、态度等去应对它，以使共同的生活能够继续下去。事实上，经历灾后过程的所有各方，都将不同程度地获得一些新的经验与能力，也可以说都会有某种成长、进步，特别是当大家都更自觉地去经历这一过程时。因此，灾害的确使各方遭遇危机，但同时也构成了一种机遇——战胜它而使许多方面得到改善与发展的宝贵机遇。自然，这种珍惜机遇、把握机会去学习的意愿及行为表现，存在着诸多差异，而灾害的应对，或许最重要的一点就是去适应它们、善用它们。

第三个方面，是灾害应对方面的特点。

由于前述为灾害发生和人类反应等方面的特点，灾害的应对也有某些一般特点。

首先，灾害尤其是严重灾害的应对必定是跨部门、多专业的行动。有时候，跟特定制度或体制相关，这种应对还可能是跨地区、跨区域乃至跨国的。

一般来说，各种灾害的应对至少需要政府、社会也就是官方和民间的共同行动，方可能实质奏效；多数情况下，市场组织、各种相关企业也需参与到灾害的应对中，以满足救灾、重建以及事先预防的需要。以上即是指大的跨部门特点。此外就政府或官方本身来看，灾害应对之责也通常不是单个及一级政府部门或官方机构能够承担和完成的，往往要牵涉各级不同的政府部门或官方组织机构。例如，自然灾害的应对可能涉及气象部门与机构、地质部门与机构、海洋部门与机构等，这就取决于具体是哪类自然灾害了，通常少不了要涉及卫生防疫、消防、公共救助（社会救助）或民政福利服务部门与机构，及交通、广播通信、商业管理部门与机构等，有时还需动用警察（公安）甚至军队，此外，在自然灾害的应对中一般还要涉及农业相关部门。这些只是不完整的列举，事实上，灾害的成因及其产生的破坏性影响是多因素、多方面的，因而对其的应对也必定需要多部门、跨组织机构的共同行动。

与此相联系，从专业角度看，就是灾害应对也必定是牵涉多专业运作的过程。比如，医护人员、卫生防疫人员等医学专业人员，气象专家、地质专家、建筑师、规划师等自然科学专业人员和工程技术人员，一般都会在各类灾害的应对中扮演各自的角色，而经济学专业、康复专业、心理学专业等的专业人员，通常也是灾害应对中不可或缺的力量。有时候教育专业的人员也要涉入其中，还包括越来越多出现在这些专业人员中的另一种身影，即专业社会工作人员——社会工作者。简单来说，正是由于灾害往往既造成物质层面、基础环境设施的破坏与损害，也造成经济方面、社会及心理方面的破坏与损害，对遭受灾害的人们而言可能既有生理上的创痛也有精神上的打击，因而亦需这些不同的专业介入其中，以便为受灾者提供服务、发挥作用，才能有助于更好地应对灾害，实现灾后的重建、恢复与发展。

其次，灾害应对是一个整体过程，表现出明显的阶段性特征。

在“灾害管理（Disaster Management）”这一专门的科学领域中，一般将广义的灾害应对看作是从预防、到准备、再到应变、直到复原的全过程。相应地，在其视角下灾害应对划分为以下四个阶段。

（1）灾害预防期（Pre-disaster Prevention）。主要包括灾害发生前的防范措施，如灾害性质的分析、灾害风险分析、预警系统的建构、灾害管理政策与规划、防灾减灾教育、防减灾措施等。

(2) 灾害准备期（Pre-disaster Preparedness）。即预测灾害可能即将发生，而提前做好各种应对准备，如灾害应急指挥机构的组成和建立，应急工作计划方案与行动措施的制订实施，防灾与救灾人员的组织、培训和演练，救灾资源、器材等的充实与管理等。

(3) 灾害应变期或反应期（Disaster Response）。包括发出灾害预警、动员和调动救灾资源、建立启动受灾现场指挥系统、开展紧急救援和救助行动，涉及财物、人员、设施等的救援，并减少灾害的二次伤害。实际上，也进入灾害救援阶段了。

(4) 灾害复原期（Post-disaster Recovery）。指灾后恢复与重建阶段，通常包括让受灾地区民众的生活恢复到平常状态，进而再进行重建与发展。具体工作可能涉及危险建筑物的清除、基础工程建设修复，灾民救济、灾后创伤压力疏减，社区生活功能恢复重建，住宅的重建与安置等。

在我国的《国家综合防灾减灾规划（2011—2015 年）》（国务院，2011）中，则把灾害应对分为三个阶段，即：（一）灾前预防，（二）灾中应急，（三）灾后重建。基本上，它是把上面灾害管理中所讲的四个阶段中的前两个阶段合并为一个。

而就重大自然灾害的应对来说，撇开灾前预防的阶段不谈，重点讨论“灾害救助”问题，国内的做法通常将其区分为三个阶段。

第一阶段：紧急救援。此阶段对应于前面关于灾害的人群反应之初期，鉴于受灾人群遭受猛烈的情绪冲击，在突如其来的破坏与损伤面前往往惊慌失措、深陷无助感之中，此时最重要的是借助外部力量抢救生命、财产，并为受灾者提供紧急援助以保障其基本生存与安全，包括医疗救护、基本生活物资的救助及心理社会支持以输入希望、缓解心理冲击、基本安定情绪等。

第二阶段：过渡安置。在灾害发生约一周后，通常即进入此阶段。一般以受灾人群入住各种临时性、过渡性的住宿设施（如帐篷屋、活动板房等）为开始标志，而以搬进新建的永久性住房为结束标志。在此期间，一方面需要继续给予有关人员基本的生活救助、医疗救治与康复、心理社会援助支持，另一方面要与他们开展面对和处理更多日常生活和社会运作的需要与问题，逐步确立起半常态化的生活状态。例如过渡性的学校教育、过渡性的交通安排、购物交易乃至基本娱乐等设施场所的建立，总之衣食住行等各方面的过渡性安排、基本社交活动与社区公共生活、基本的政治经济活动的开展等都要适时展开。通常，在巨大灾害后的该阶段，受灾人群的生计重建问题将摆上日程并愈趋突出。而此阶段延续的长短则主要由新的住宅区的建成时间所决定，从理论上，过渡安置阶段应当越短越好。

第三阶段：恢复重建。从严格意义上说，这个阶段是指受灾人群住进新建的永久住宅区之后，全面恢复新的正常生活并在此基础上寻求进一步的新发展。不过，由于入住板房区后相关人群的生活已相对稳定，并且有可能住板房的这一时期还会比较长(两年左右)，有时候也可把它算作是恢复重建阶段中的一个亚阶段，即恢复重建初期。不管怎样，这个阶段意味着将更加全面而持续性地恢复正常生活，主要的硬件、基础设施即物质重建和社会组织结构、受灾人员心理等软件的恢复重建都在逐渐完成，一切在新的基础上逐步恢复正常，并且开始迈向未来，追求新的发展。当然，此阶段的任务和课题也变得有所不同，更多是开展全面的经济社会乃至政治、文化、生态的重建和发展工作，并进行社区结构改进、功能提升等；对于受灾人群来说，可能基本上已经解决了生理、心理康复与基本的生存问题，而可持续性的生计发展、社会满足乃至自我价值实现等需要，则显得日益重要，并可能构成新的社区发展与社会发展的一大动力来源。

二、灾害应对中的社会工作服务

在多专业、跨越不同阶段的灾害应对中，社会工作专业服务越来越活跃于其中，并发挥出多种不同的角色作用。今天，灾害社会工作逐渐构成了社会工作的一个专业领域，也成为整个灾害管理中的一支重要力量。

(一) 社工介入灾害应对服务的基本情况

据不完全的回顾显示，在国外，社会工作服务介入灾害应对特别是灾后应对有越来越多的例子。例如美国数次飓风灾害后社工的介入、山林大火后的介入，尤其典型的是2001年的“9·11”事件后，社工有较大规模及较深程度的介入。在印度，2008年恐怖袭击大爆炸后，社工介入了社会安全事件的灾后应对。实际上，更早在二十世纪九十年代的波斯湾战争期间，以色列的医院社工已经介入对伤员等人群的服务。

另有研究指出，在伊朗，由于地震频发，社会工作成为地震灾害应对机制的有机组成部分。社会工作者在震灾发生之后介入，并进行危机干预（如巴姆大地震时社工在前线紧急应对），对灾害应对起到关键的作用。他们一方面作为政府的代表或代理人，基于自己的理念介入灾后救援，另一方面为那些亟待从废墟中救出亲人的家庭提供情绪支持，帮助安排死者葬礼仪式等工作，以履行自身的责任。他们还积极动员和协调相关团体、机构和社区进行灾害应对。此外，日本作为灾害多发国家，其灾害应对的全过程（包括防灾、减灾、救灾）都有类似的安排，因此赋予了社会工作者或福利服务人员在其中较为重要的角色任务。

在我国台湾地区，早在二十世纪就有社工介入灾后应对。如矿难及地震灾害的介入，特别是1999年“9 · 21”大地震后的介入。再如2009年的“8 · 8”风灾，社工亦有不同程度的介入。

在我国大陆，2008年“5 · 12”汶川特大地震（包括之后的“8 · 30”凉山攀枝花地震）之后，社会工作专业第一次较大规模地介入灾后应对。而此后，在2010年的玉树地震和舟曲特大山洪泥石流、2013年的芦山地震、2014年的鲁甸地震等重大自然灾害中，社工都有介入。此外，2008年春节南方大暴雪及广东台风暴雨灾害期间，也有不同程度的社工服务介入。2015年，天津大爆炸发生后，专业社工也首次介入了事故灾难后的相关应对服务。

（二）社工在灾害应对中的主要角色

随着社工服务越来越多地介入灾害应对，其在灾害应对中的角色也日渐明晰。例如有总结指出，社会工作者及相关救灾人员在灾害中可扮演灾民安置、伤亡抚恤、殡葬处理、悲伤辅导、家庭重建、社会照顾、就学辅导、小区重建、心理辅导、就业辅导等角色。而在紧急救援过后的灾害救助中，社会工作者的任务则主要包括以下几个方面。① 心理辅导及精神支持。协助受灾者家属调适情绪，辅导受灾者及家属了解情况确认事实、重建家人信心与强化家庭功能，推动受灾者自立自强，并建立未来人生计划。② 提供积极性、建设性的生活照顾。包括就业辅导、子女教育协助、医疗补助、协助受灾者制订经济计划、比照低收入户予以特别照顾等。③ 追踪辅导。对受灾者进行经常性访视，提供随时的服务以帮助其解决各种具体困难。在通常情况下，社会工作者介入救助工作的任务次序是：首先为受灾个人及家属提供支持，其次是协助个人获得援助物资，再次是防止灾民有更严重的身心健康问题，第四是预防个人、家庭的瓦解，第五是改变受灾居民周围人际环境，增强其发展能力和福利水平等。

概括而论，就国内外社工介入的情况看，社工在灾害应对中的角色任务可以从灾难救援、生活重建、社会救助与资源管理，以及学童辅导这几个方面来把握。

1. 灾难救援

社会工作者在灾害发生后第一时间的灾难救援中也扮演着重要的角色。例如，当1984年我国台湾海山、煤山矿灾后，台北县的社会工作人员制订了整体性的辅导计划，包括：① 心理辅导及精神支持，协助案主家属调适新丧情绪，辅导案主家属了解情况、确认事实，重建家人信心与强化家庭功能，辅导自立自强，并建立对未来的计划；② 提供积极性、建设性的生活照顾，就业或转案辅导、子女教育补助、医疗补助、协助案主制订经济计划、比照低收入户予以特别照顾等；③ 追踪辅导，经常性访视，提供实时的服务与困难解决帮助。而这些任务尚未包括抢救过程中的紧急安置。

依 Zakour(1996)的看法，社工在灾难救援中的任务目标有：① 提供所需资源给弱势者与脆弱的人口群；② 预防严重的健康与心理健康后果；③ 联结个人与资源系统；④ 使多种资源系统更具近便性；⑤ 改变微视与巨视体系以增进案主福祉。而相关研究发现，在我国台湾“9 · 21”震灾的紧急救援期间，社会工作者最常介入的任务依序是：① 对受灾个人及家属的支持；② 协助个人与资源的联结及增加多元性资源的近便性；③ 防止灾民有更严重的身心健康问题；④ 预防个人、家庭的瓦解；⑤ 改变微视体系，促进受灾居民之福祉；⑥ 改变巨视体系，促进受灾居民之福祉；⑦ 其他。但到了重建阶段(3周以后)，这些任务则有些许调整，顺序变成①、②、③、④、⑤、⑦、⑥，另增加一项排在最后的预防团体、组织、社区的瓦解任务。

此外，灾难紧急救援阶段可能还牵涉医务社工的介入，这部分专业人员有着一些特殊的目标任务。Shahar(1993)以波斯湾战争期间以色列一家医院的社会工作服务为例，列举了医院社会工作者在紧急灾难时的职责。① 直接提供对病人与伤亡者的服务，又包括：A. 治疗性介入伤亡者及其家属；B. 住院病人及其家属的后续管理；C. 保证持续照顾与离院后的追踪。② 运作成为公众的信息中心，具体涉及：A. 联结、协调与活化社区中的支持性服务；B. 集中社区中的紧急服务信息；C. 建立区域信息系统，以利大众和医院人员知悉；D. 设计一套特别的社区社会服务合作方案，帮助解决后续照顾的相关问题；E. 提供正式与非正式的咨询意见给医院人员。同时，Shahar 还指出了其间社工从“例行工作”到“紧急例行工作”的任务改变，即社会工作部门在灾后要立刻进行组织调整与治疗取向的改变。调整的重点如下：① 组织变迁，变迁工作程序与例行活动，改为 24 小时值勤；② 变迁工作团队，配合具体的家庭受灾情形与医疗专业需求，改变工作团队的组成；③ 职位轮替，设计一套配合社会工作者的个人与家庭因素，以及工作需求的轮值表；④ 实时信息；⑤ 志愿工作者招募与组训；⑥ 改变疗程。

除这些外，社会工作者参与灾难救援工作所涉及的方面可能还有教育、支持与训练等社区资源方案（Community Resources for Education, Support, and Training，简称 CREST）的实施。此为 1993 年美国密苏里河大水灾后在圣路易市所发展的综合性社区灾难救援的危机介入方案，其中社会工作者与心理学家、精神科医师、护理师、咨询师、活动治疗师等共同组成救灾服务团体，为受灾者提供灾后社区心理卫生的危机介入与后续服务。类似地，1982 年 5 月美国伊利诺伊州发生飓风后，社会工作者也提供了一套救援方案（Disaster Relief Project），协助灾民解决灾后创伤压力。1991 年 10 月，在美国加州奥克兰与伯克利交界的东湾区山丘发生的森林大火中，社会工作者也加入了提供“多种压力纾解（Multiple Stressor Debriefing，简称 MSD）”服务的团体。另外，1985 年 9 月墨西哥市发生的里氏 8.1 级大地震，造成了 2 万人死亡、50 万人无家可归，社会工作者也应当时的需求提供了一套综合的灾后介入方案。

一般来说，社工介入灾难救援时需遵循一些基本原则。比如，所有社会工作者参与救灾的经验都告诉我们，重视资源体系的开发与结合，及加强对弱势群体的关怀是社会工作者最被期待的两大任务。此处所指的灾难中的弱势群体主要指社会和经济地位低下人群、少数民族等，他们通常较少投保各种灾害保险，较不易接近救灾资源，也较易被救灾组织遗忘，其本身也较少参加救灾组织，他们所住的地区往往也较远离救灾资源集中的地区，所以应当予以特别关注。

2. 生活重建

我国台湾“9 · 21”地震后，当地有关部门制定的《灾后重建计划工作纲领》包括四大计划：公共建设、产业重建、生活重建、社区重建。其中生活重建又包括心灵重建、学校教学及学生辅导、社会救助及福利服务、就业服务、医疗服务及公共卫生等五项次计划，而其中的“社会救助及福利服务”计划主要由社工执行。其目标为：① 协助安置灾区弱势同胞，安定生活；② 辅导丧亲者走出悲伤，适应新生活；③ 透过生活照顾，协助恢复生机；④ 结合政府与民间资源，协助解决灾民困难；⑤ 凝聚社区意识，重建家园。该计划也提及要针对受灾对象之不同需求，结合宗教及其他民间团体的力量，制订各类求助措施，分工合作，提供灾区失依老人、孤儿、身心障碍者的生活扶助及其之后的协助与照顾，并结合组合屋协助建立临时社区意识，协助灾民重建生活。在实施中，此计划主要通过由社工团体运作相应的“生活重建中心”来开展相关服务。

此外，与生活重建中心类似的还有家庭支持中心。它们由一些灾区区县设立，主要是为回应灾区出现的有关问题，诸如片段且重复的需求调查，基层社工人力不足且素质仍待提升、无法满足灾后衍生的福利需求，民间供给服务的可行性差，既有社会福利体系不足或不当，灾后社会福利需求增多、但社区服务资源亟待发掘，以及失业问题亟待解决等。在具体规划中，“社区家庭支持中心”作为灾区居民接受服务的一线据点，按照受灾情形分三级设立：第一级设三个中心，第二级设两个，第三级设一个。而其任务主要包括四项：① 咨询与转介；② 个案辅导与管理；③ 居家照顾服务；④ 社区组织。在运作上，与生活重建中心差不多，“家庭支持中心”(简称为“家支中心”)的运作模式一般是由政府筹资建立，与民间团体签约由其承接业务。

总体上，以我国台湾经验观之，在社区生活重建方面，社工的介入有以下特点：它遵循几条原则，诸如尊重地方社区、发展社区能力；发展基层社区的合作组织与社区基层组织，重建居民与大社会的共生关系，如社区共生合作农业；发展地方自主教育等。某些家支中心(如南投的家支中心)还试图进行普及化、社区化、民营化的服务整合，或发展社区组织等。在服务上，以南投县的 23 个家支中心为例，在灾后一年中，共提供了 10 802 人次的咨询、1 723 例转介个案、2 787 例辅导个案、201 位老人与 115 位身心障碍者的居家照顾服务，以及 192 项专业服务活动，由此可以看出其专业服务的类型与数量。

3. 社会救助与资源管理

在我国台湾地区的救灾中，社工还会承担政府震灾救助金(慰助金)的发放工作，并负责联结和协调民间救助资源的工作。这些工作都是获得制度安排或授权的，也由此表明社工在此方面的服务已经明确嵌入了救灾体制中。

4. 学童辅导

这是社工在灾后应对中承担角色任务之最后但并非最不重要的一个方面，相反，实际上它是社工比较普遍而重要的一项任务。

如在我国台湾“9·21”地震后的灾后重建计划之“生活重建计划”中，除开其他，也有“学校教学及学生辅导计划”之内容。一些县市因为有学校社会工作者的设置，因而参与学童心理重建就成为学校社会工作者的职责。其具体包括：① 追踪辅导因震灾而暂时失学的学生；② 机动性工作团队，支持灾区学校不足的辅导人力；③ 扮演教育局与灾民的沟通桥梁；④ 加强学校儿童少年灾后心理辅导；⑤ 扮演学校与区域性的社区资源间的桥梁；⑥ 提供教师相关辅导信息，以协助教师辅导受灾学童。事实上，汶川地震后，大陆社工也有不少介入学校社会工作服务或其他儿童服务领域的。之所以如此，是因为学童在灾害发生后的某些反应是有别于成年人的，基本上，儿童是最脆弱的人群，更应被特别照顾。有研究显示，美国的安德鲁飓风给南佛罗里达州造成20万居民无家可归，当时灾难心理健康服务团发现儿童在灾后的丧失感、退化、焦虑及恐惧都特别明显；而服务人员就用游戏替代言谈等介入策略，让儿童把创伤经验“玩”出来。

1999年9月，弗洛伊德飓风侵袭美国东南卡罗来纳州之后，该地小学的社会工作者在灾后为学童进行治疗性休闲服务（Therapeutic Recreation Service），以减轻儿童的灾后创伤压力。该校治疗性休闲服务包括四个层次：

(1) 征募休闲器材，以利催化学童的成长与发展；

(2) 为学童建筑新的游戏场；

(3) 培训服务人员使用上述休闲设施的能力；

(4) 有系统地介入学童灾后的生活与功能受创的复原。

除了治疗性休闲服务方案外，教室的危机介入（Classrooms Crisis Intervention，简称CCI）也是灾后教师应有的职责，不只是学校社会工作者要有这方面的认识与能力，班级教师或辅导教师也应参加一些基本训练，而社会工作者与辅导教师要协助班级教师进行教学危机介入。通常教学危机介入由两位教师（可加入其他专家）担任催化员，如果学生较多，可增加催化员的人数，适当的比例是10位学生对应1位教师。

CCI的过程是：① 引导；② 提供事实与澄清传言；③ 分享事件始末；④ 分享反应；⑤ 充权；⑥ 结束。这个程序有点像前述的纾解过程，如果学生仍然有不适应情形，教师应将个别不适应学生转介给心理治疗师或精神科医师，以便对其进行详细的评估与诊疗。

基于各国和各地区的经验，有人总结了社工介入灾害应对在不同阶段的角色模式(林建成、蔡纬嘉，2011)(见表1－1)：

表1－1　社工介入灾害应对在不同阶段的角色模式

灾害发生阶段	社区工作模式	社区工作阶段任务	社工角色	功能任务
一、预防规划期	社会计划模式	1. 分析问题 2. 和居民讨论优先顺序	教育者 资源整合者 告知者 需求评估者	1. 防灾观念的教育与倡导 2. 物资和资源的准备 3. 受灾影响社区的评估
二、发生后初期	社会计划模式	1. 评估需求和分析资源 2. 形成有效率的策略方案	规划者 资源提供者 信息提供者 需求反应者	1. 人力、物力整合与运用 2. 紧急安置/救助启动 3. 分析社区问题 4. 评估并满足足居民基本生理、心理及社会需求
三、暂时安置期	社会计划模式	1. 领导居民行动 2. 成效评估	支持者 执行者 协调者 咨商辅导者	1. 创伤压力症候群与悲伤辅导 2. 分配资源及补给物资 3. 协助居民适应新居住社区生活
四、重整复原期	社会行动模式	1. 问题具体化 2. 提升居民意识	组织者 个案管理者 团体催化者 社区工作者	1. 长期重建中心建置 2. 恢复原有生活、就业、就学机能 3. 制订家庭与社区的重建方案
五、重建发展期	社会行动模式	1. 行动组织 2. 赋权增能	使能者 增权者 倡导者 研究者	1. 扶植自立能力，重回生活轨道 2. 建立社区资源网络 3. 培植社区人才 4. 计划评估与研究

在前述基础上，按照国内常用的灾害应对分期(主要指自然灾害救助)，本书按紧急救援、过渡安置、恢复重建三个阶段分别划分社工的角色如下。

(1) 紧急救援阶段的社工角色，包括：资源整合、需求评估、应急心理社会支持。其中，资源整合又包括整合志愿者队伍，协助整合其他救助资源(来自社会各方面的人力、物力等资源)；需求评估包括对受灾群众各种需求(特别是紧急需求)的了解评估，对有关需求信息的反馈(向政府、受灾群众本身及关联方面反馈)；应急心理社会支持则包括对相关人员的应急心理疏导(除了受灾群众还可能包括救灾人员等)和社会陪伴(以人的方式提供具体有形的陪伴与支持)。

(2) 过渡安置阶段的社工角色，包括：持续社会心理支持、社区照顾服务、调解。其中，持续社会心理支持包括为有需要的人群提供持续性的心理干预支持，并协助进行社会关系重建；社区照顾服务包括为儿童提供的紧急保护与照顾服务(汶川地震后国务院妇女儿童工作委员会办公室与联合国儿童基金会及有关各方开展的“儿童友好家园”服务即是其例)，为老年人提供的社区照顾服务，以及为其他受灾民众提供的社区照顾服务(如本书后面将会讨论到的绵竹青红社工开展的地震伤残人员小组服务)；调解主要是协助调解灾区有关方面之间的矛盾，本书将要讨论的汶川地震灾区某小学遇难学生家长的介入工作案例，就是这方面的一个实例。

(3) 恢复重建阶段的社工角色，包括：持续社区照顾、社区发展、社会发展。持续社区照顾即根据需要，将在过渡阶段的照顾措施延续到永久性住宅区，继续正常提供(例如“儿童友好家园”从对儿童的震后紧急保护措施走向常态化，发展为常设的社区儿童服务设施即“儿童之家”)；社区发展即开始重新整合社区，推进其结构功能的完善与发展、增强集体行动能力，以更好地满足居民的多方面长远需求，主要体现在各种社区组织的培育发展上；社会发展则可能指向更为宏观层面(首先是地方层面)的社会活动与发展，推动社会结构的改善等，例如在农村受灾地区尝试建立城乡合作的公平贸易机制，促进当地社会组织、专业社工机构及其他社会服务发展，推进社会工作专业人才队伍建设等。

当然，还必须指出，社工在灾害应对，特别是灾后介入中的角色，从已有的实践来看既有上述那些一般性的情形，同时还与不同地方的灾害应对体制或救灾体制有关，也与不同的具体灾害有关。通常，在很多地方，灾害的应对及灾后救助是由政府主导的，因而不同地方的政府如何确定灾害应对及救灾的体制、做出不同的制度安排，在其中是否赋予社工相应的职责与权利角色及怎样赋予有关职责和权利，也就很大程度上影响到社工的实际角色扮演。前面曾提及，日本的灾害应对中，尤其赋予福利服务相关人员在防灾环节以职责任务，因此，在前面的例子中，社工或类似专业的角色延伸到了灾害发生前的宣传教育与预防工作。另外的可能是，某些地方的政府未建立明确而完整的灾害应对与救灾体制，或者虽有这种体制，但对于社工在其中的职责任务并未有明晰的确认与界定，而是比较模糊。在此种情况下，社工实际上是需要自己去探索和把握在其中的角色作用的，可以通过他的参与行动，而建构出相应的角色。例如在汶川地震的应对中，社工之角色即表现出这样的特点。

（三）灾害社会工作作为专业领域的发展

随着社会工作专业愈益介入灾害应对尤其是灾害救助，灾害社会工作作为一个专门领域获得了发展。迄今为止，国内外都已经可以见到数目不少的相关专业文献，也有一些定期不定期的会议讨论相关主题。

在我国，灾害社会工作逐步在社会工作专业教育和研究中被确立为一个特定领域。2013 年，中国社会工作教育协会成立了灾害社会工作专业委员会，数十所院校社工专业的教师及部分实务机构代表加入，标志着这一专业领域的教育研究组织正式建立。近两年，全国性和一些地方性的社会工作行业组织、社会工作者社团也开始关注灾害社会工作，组建了救灾社工的队伍，也标志着其实务性活动的某种组织化。

2013 年，中国具体主管社会工作事务的政府部门——民政部发布了《关于加快推进灾害社会工作服务的指导意见》（民发〔2013〕214 号，以下简称《意见》）。该指导意见的发布标志着灾害社会工作服务作为一个特定的服务领域得到了官方的认可，是对其地位的某种制度化确立。

在该《意见》中，灾害社会工作被界定为“以受灾群众、家庭和社区为服务对象，运用社会工作专业方法，帮助受灾对象修复受损关系、提升发展能力、增强社会功能、走出生活困境的专业服务”。同时指出其具体包括灾后心理社会援助服务、灾区儿童抗逆成长关爱服务、灾区老年群体社会照顾服务、因灾致残人群社区康复服务、临时安置点和新建社区服务等。民政部《意见》明确要“构建服务平台”，在有需要的乡镇设灾害社工服务站点，通过政府支持（购买服务、税收优惠等）成立服务机构，并以减灾防灾服务机构设岗等途径和方式吸纳灾害社工相关专业人才；要“健全服务政策”，建立灾害社工应急服务机制，制订需求评估指南和服务指引，制订服务规程与预案、明确服务程序和措施等；还要“建立服务动员与资源整合机制”，畅通民政部门与社工行业组织、服务机构、高校和研究机构的沟通协调，发挥社工宣传倡导、组织动员优势，建立社工与志愿者联动服务机制，应急响应要同安排、同部署、同实施等；最后提出“建立投入机制”，将灾害社工服务纳入财政支持、政府购买服务范围，并以“三区”计划等专项重点支持。如此，灾害社会工作在当下中国，更成为政府有关方面积极推动和支持发展的社会工作专业领域。

除以上不同层面灾害社会工作作为专业领域的发展之外，其自身的理论与方法等在实践与研究的推动下也在发展。其基本的态势是，一方面，传统的社会工作服务手法在运用于灾害领域的过程中不断得到深化与发展（包括个案服务、小组工作和社区服务等），并结合灾后应对的具体情境而不断得到丰富和细化；另一方面，伴随整个社会工作发展的一般趋势，灾害社会工作又特别体现出灾害领域的特点，一些新的服务模式与方法获得了更多的尝试与运用，例如，整合的社会工作实践模式与方法、社区发展与“社会发展”的视角及方法模式，以及新近的“发展性社会工作”理论与实践模式，就是其中尤为突出的例子。这也回应了当今灾害更多具有综合性、普遍性的特点，是从专业上做出的自觉开掘。

第二节　发展性社会工作的理论模式

“发展性社会工作（Developmental Social Work）”作为社会工作中的一个实践理论模式，是2000年以来逐步提出并得到阐述的。虽然与它相近的理论模式“社会发展（Social Development）”从二十世纪八十年代左右起就被美国学者米奇利（J. Midgley）等提出并获得了比较多的讨论。2010年，米奇利等的 Social Work and Social Development： The Theory and Skills of Developmental Social Work（《社会工作与社会发展——发展性社会工作的理论与技巧》）一书的出版，可以看作是该理论的正式面世，并据此得以基本确立。

一、发展性社会工作的起源和形成

如上已述，发展性社会工作是社会发展视角落实到社会工作具体实务中的产物，而社会发展作为广义社会工作或社会福利实践的一种视角则起源于南半球发展中国家的探索，特别是非洲一些殖民地独立前后的实践尝试。主要经由社会政策、社会福利及社会工作领域的一些西方学者自二十世纪八十年代以来的倡导与论述，最终它在最近几年成为当今社会工作中一个引人关注的理论模式。同时，在中国，差不多同时也有人在探讨这一理论模式，并已出现了对它的明确运用与实践。

（一）发展性社会工作的缘起、演变

米奇利认为，注重向前的取向和较为整体性的满足福祉需要的手法的发展性社会工作，其基本理念实际上可以追溯至专业社会工作在西方国家诞生之初。当然，南方世界的有关实践探索则更是为社会发展视角和发展性社会工作理论模式的产生提供了直接的经验基础，最后在某些学者们的概念化努力下，它在世纪之交前后才初步形成。

1. 发展性社会工作的理念之根

发展性社会工作的基本理念可追溯到社会工作专业发展的初期阶段，即十九世纪后期欧美的睦邻组织运动。该运动的创立者与政府社会福利干预措施的倡议者们互相呼应，提出一种替代补救性、治疗性个案工作模式的福利干预与服务方案。这样的方案重视对社区层面的介入，寻求相对整体性地解决工业化城市中下层民众的长久贫困、匮乏等问题。睦邻组织作为社区中心，面向社区居民提供教育、娱乐性的活动，动员当地民众改善他们的邻里关系，增进他们自我发展的能力。同时福利国家主义者也极力争取扩张公共社会服务以及在政府机关中大规模的任用社会工作者，寻求从结构性安排上来回应社会问题，而不仅仅是局限在个别的救助上。这些替代方案都挑战着个体化的个案工作取向。但是，在当时它却无法削弱个案工作在社会工作中的垄断地位。

虽然社区社会工作在这个时期仍然只是专业中的次要领域，但它提供了一个应用发展性理念的机会。尤其是透过美国睦邻运动领袖珍妮·亚当斯及其拥护者的努力，他们对睦邻组织工作和邻里的建设，以及对倡议与政治游说的贡献，有助于形塑社会工作的整体宏观关切与社会变迁功能，从而构成了社会工作之发展性取向的最初根源。

在美国，二十世纪三十年代末的经济大恐慌期间，强调支持人们工作就业与社会变迁的社会工作使命受到进一步激励，美国的社会工作者们开始涉入各式新政方案。罗斯福政府内阁的重要成员，与社会工作专业的兴起密切相关。而新政所提出的许多方案都具有发展性的特质，它们结合经济与社会政策，并谋求保障充分就业。

2. 南方世界的社会发展与发展性社会工作

如同在西方各国一样，南半球发展中国家的社会工作最初也多半呈现矫治或补救的取向。在那里，许多国家的社会工作是“二战”后由殖民政府所引进的，以应对当时出现的都市社会问题，如青少年犯罪、儿童疏忽照顾、乞讨与流浪者等，进而建立了现代型的社会福利服务。

不过，随着许多发展中国家从欧洲帝国的统治下独立出来，经济发展逐渐成为其首要的追求。而为了促进经济现代化并提升公民的生活水平，政府往往力求减少消费支出，以为经济增长提供积累。在此种情况下，这些发展中国家的新兴社会福利方案常被认为是消耗有限资源的“非生产性”活动，因而遭受到了持续的批评。当然，多数社会福利官员会尽力反驳这种以经济增长为优先的批评，而另外一些官员则试图证明福利服务的干预措施有助于经济发展。在印度，以社区为本的活动体现了其发展性潜力，其与当地领袖如甘地、泰戈尔合作，为国家实施社会发展方案奠定了基础。在西非，普遍存在的公有谷仓与合作农场被福利管理者发现，他们认为当地百姓的需求可以通过社区发展的方案予以满足。他们主张，借由社区为本的干预模式，诸如识字教育、造桥铺路、地方灌溉系统，促进小规模农业和畜牧业，发展手工艺与村庄工业，以及建造社区健康中心和学校等方式，可以强化福利部门的救助功能。

而社区发展与社会发展的做法从第三世界走向全球性的扩张，当主要归功于联合国和其他国际组织。联合国在二十世纪中叶积极推行社区发展和社会发展战略，并通过提供技术建议和资金等方式，协助发展中国家的各国政府实施社会发展方案。为此联合国还召开了数次国际会议和研讨会，以探讨社会发展的具体干预措施。如 1969 年在纽约召开的联合国社会福利部长国际会议，来自世界各国的部长们讨论了社会福利的各种功能，认识到补救性的服务在满足社会需求与对抗社会问题中扮演着重要角色。同时，他们也达成共识，应在补救、维持与发展的不同干预之间取得适当平衡，尤其是社会福利服务应当对国家发展有所贡献。虽然在社会发展相关文献中，这次会议很少被提及，但其实它对主流的补救性的社会工作所提出的质疑，有力地促进了社会发展理念的传播。

3. 社会发展与发展性社会工作的概念化

二十世纪七十至八十年代间，有关社会发展的理论工作因国际社会发展跨校联合会的创立而得以开展。最初，一批美国的社会工作教育者通过召集会议和出版名为《社会发展议题》的新期刊，向美国的社会工作者引入“社会发展”的概念。与此同时，明尼苏达大学举办了相关的社会工作课程，旨在为社会发展领域提供教学与赞助。在约翰 · 琼斯的领导下，该课程对“发展性社会工作”的概念化做出了重要贡献。

从 1981 年开始，有社会工作者开始参与到“社会发展”丛书的撰写中。然而，在若干年中，这些相关的出版物反映出社会工作者对社会发展取向还缺乏一种典范性的定义，其本身充满着浮夸式、劝诫性的主张，虽有激励作用却缺乏明确实际的实务处遇指引。例如，基于早期功能学派的个案工作理念，一位笔者为“社会发展”所下的定义就体现了这种缺失，“人们变得越来越能够适当而有责任感地互动，而促进建立一个相互关怀、共同分享之社会的过程”。

这种情况直到 1995 年米奇利发表 Social Development：the Developmental Perspective in Social Welfare(《社会发展——社会福利的发展性视角》)一书才有所改变。此后，米奇利又单独或与人合作出版了诸多相关论著，包括 2006 年中文翻译版的《发展型社会政策》(安东尼 · 哈尔、詹姆斯 · 梅志里著，英文版原名为 Social Policy for Development)。实际上，在《发展型社会政策》这部书中，米奇利有关区别于传统主流的城市为本、补救取向、个案化社会工作形态的“发展性社会工作”之思想已经呼之欲出。而到 2010 年，他与康利(A. Conley)合著发表的《社会工作与社会发展——发展性社会工作的理论与技巧》一书，则标志着“发展性社会工作”的概念化基本完成。

(二) 发展性社会工作在中国

事实上，在米奇利明确使用“发展性社会工作”这个概念之前，中国已有学者提出相似的概念。2008 年前后，云南大学社工系向荣副教授在学术研讨会上使用过“发展型社会工作”的题目并做了初步阐论，而中国青年政治学院社会工作学院的硕士研究生兰小伟，在其学位论文中更明确提出了“发展性社会工作”的概念（虽然他的含义更多侧重于社会工作服务及专业机构自身的可持续性方面）。

2008 年“5 · 12”汶川地震后，中国青年政治学院以社工专业师生为主组成了“青红社工”，在四川绵竹汉旺镇等地开展救灾社会工作服务。期间，团队明确使用“发展性社会工作”作为概念和理论指引来进行服务实践。随后几年中，该团队的负责人及核心成员陆续通过学术研讨会及专业期刊公开发表了若干篇关于该理论模式及其实践运用的文章及书籍。如陈涛、陈锋、王小兰：“震后社区生计项目实践与发展性社会工作的探索——绵竹青红社工服务站的经验及反思”（载《社会工作（学术版）》，2011 年第 2 期）；陈涛等：“发展性社会工作的探索与思考”（载朱健刚、赖伟军主编，《公益研究》，2012 年第 1 辑）；陈涛、钟丹：“第五章　以社区为本的康复社会工作——以绵竹青红社工服务中心为例”（载欧羡雪主编，《灾害康复社会工作》）；陈涛：“社会工作专业使命的探讨”（载《社会学研究》，2011 年第 6 期）；陈涛：“重构社会工作专业的使命”（载王思斌主编，《中国社会工作研究》第 8 辑）；以及李硕：“发展型社会政策视角下的社会工作介入”（载《漯河职业技术学院学报》，2010 年第 3 期）；兰小伟：“生计发展取向的社会工作服务研究”（中国青年政治学院 2010 年硕士论文）。

此外，在国内还有北京大学社会学系的有关教师也发表过相关论文，主要是介绍米奇利等的社会发展视角或发展性社会工作理论模式的基本内容。例如：米奇利著，吴利娟译，“社会发展——社会工作实践的一种取向”（载《中国社会工作》，1998 年第 3 期）。

二、发展性社会工作的理论特征

从理论特征上看，发展性社会工作有自己特有的一些理论概念或范畴，同时具有某些基本的取向特征。

（一）理论范畴

1. “变迁或变革”的概念是发展性社会工作的核心。

在发展性社会工作里，变迁的理念是进步的，且是线性的，是种不间断的改善过程。在直接社会工作实务中，变迁的观点意味着个人成长；而在宏观的社会工作实务里，变迁的观点意味着集体改善。

发展性社会工作中，变迁概念还带来变迁的相关因素与干预的概念，并充斥于变迁的目的和本质的理论性讨论中。这些概念包括优势、充权（增权）、意识觉醒/提升、能力、资产及能力建设或增进等。

2. “社会整合”和“正常化”也是发展性社会工作理论的核心。

这些概念间接提到的目标是，社会工作介入应促使案主或服务对象整合进社区当中，并促进正常的社区生活。这既包括社会关系的部分，也包括经济活动的参与与卷入。

3. “社会权利”的理念对于发展性社会工作来讲也相当重要。

这一理念意指那些社会工作者所服务的人群不仅应当被视作有权利做决定的人，而且应能从社工的服务与支持中获益；它也意味着认同所有人都有其固有的价值与尊严。

4. 对“社会结构”议题的关注也是发展性社会工作的理论重点之一。

发展性社会工作的理论一直关注社会与政治的议题，这种倾向超越了社会工作实务的一般视角。而这些社会、政治议题包括和平、民主参与、宽容、平等与社会正义等。

（二）基本特征

首先，发展性社会工作在取向上具有三个突出特征：社区为本（Community - Based）、发挥才能（Utilize Capabilities）、促进增权（Foster Empowerment）。

与通常的社会工作不同的是，发展性社会工作更加强调受助者的力量和充权的重要性。而且它要求社会工作者从政策、策略等方面，为其服务对象提供实质的社会投资，来真正提高受助对象的能力，并促进他们参与社区生活以及“生产性”的经济活动。更具体来说，发展性社会工作的取向特征有以下五个。

1. 强调服务对象参与的重要性，鼓励和支持服务对象提出解决方案。

发展性社会工作强调案主的参与、自决或问题解决。而实务工作者比起一般的心理治疗，更加倾向于使用发展性的治疗方案，而不是给予处方。

2. 主张把投资策略应用于专业实践之中。发展性社会工作不仅强调服务对象的优势和增权的重要性，而且要求社会工作者提供给服务对象能够提升他们的能力和促进他们对社区生活及生产性经济的参与的有形的社会投资(马凤芝，2014)。

3. 强调社区为本的实践介入的重要性。发展性实务工作者相信绝大多数的服务对象可以在社区内接受服务，尽管许多人面对着各种挑战，但他们却可以在社区内自立生活。因此，发展性社会工作者会避免采取将遭遇困难的人们与社区隔离的安置措施。

4. 倡导践行权利为本的取向和诸如民主参与及平均主义的社会正义等更广泛的社会目标。发展性社会工作主张社会工作者与其他进步组织和团体联合起来，希望集合各种团体的力量，并利用他们的游说和倡导技巧及人脉资源，为实现这些理念做出贡献(马凤芝，2014)。

5. 强调国际意识。发展性社会工作认为，不同国家制度上发展中的创新，可以被经常而审慎地加以调整以适合其他国家的实践需要(马凤芝，2014)。

三、发展性社会工作的实务技巧与策略

发展性社会工作除了具有一些独特的理论概念与取向特征之外，随着其实践的积累，也形成了相对常用的实务技巧与操作策略。当然，在这一方面，它还有很大的发展空间，或许尤其适合中国去做出探索与贡献。

(一) 主要实务技巧

1. 人际关系技巧

与通常的社会工作实践一样，发展性社会工作基于实务工作者与案主间所建立的关系来开展工作，社会工作者运用专业者已经建立的知识体系，并运用这些价值与伦理原则来开展实务活动。在此点上透过人际关系运用这些技巧、知识与价值，是所有社会工作类型的特质。当然，发展性社会工作尤其强调机构政策与程序的运作及其中人际关系的作用。

2. 资源连接技巧

发展性社会工作尤其注重与更广泛的资源系统相连接，以实现发展性的助人目标。虽然在社会工作领域中，这些资源系统的有效运用长期受到重视，但在发展性社会工作中，帮助当地团体与社区提升掌握资源和网络的能力，因其具有高度的优先性而成为一种重要的资源技巧。这需要实务工作者熟悉当地服务情况，以及更广博的社会政策与方案等信息。

3. 其他某些通用技巧

除了以上人际关系技巧、有效运用网络与资源的技巧外，对发展性社会工作同样适用的还有其他许多社会工作实务类型的通才技巧。例如，直接实务中有关心理辅导及其相关的技巧；在邻里能力建立方面，促进当地社区团体形成与确认能组织行动的当地领袖，也是广泛被运用的技巧；此外还有倡导技巧和动员当地民众与团体投入社会行动的技巧等。

(二) 社会投资策略

由于发展性社会工作与南方世界发展的历史渊源，它主要关注的是贫穷与剥削环境中个人、家庭与社区之物质福祉的改善，虽然鲜有人认为西方国家大部分的社会工作案主也面临同样的贫穷与物质挑战，但实际上这些个人与家庭的问题同样多半与贫穷密切相关。而面对这些问题时，发展性社会工作者广泛采用特有的提高生活水平的干预技巧。在他们促进经济参与以及提升所得与资产上，这些干预是生产主义式的。也就是说，它们能够促进经济参与，并提升收入和资产。在使用这些介入时，发展性社会工作者相信，经济参与是增权的一个主要源泉。但这些策略并不是同更广泛的社区为本的介入分开使用的，而是要求形成一种旨在提高全体人口生活水平的促进整体发展过程的国家政策(马凤芝，2014)。

简言之，在实务策略当中，发展性社会工作的突出特点就是运用社会投资策略，以促进所服务人群的经济、社会等综合发展。大体上来讲，发展性社会工作的这种注重社会投资的实践策略主要包括以下几种。

第一，人力资本投资项目。虽然人力资本投资项目或计划主要关注反复灌输人们有效参与生产性经济所需要的知识和技巧，但它们也包括健康和营养方面的投资。通过促进经济参与，这些项目计划可以为消除贫困做出贡献。一般认为，人力资本是通过更广泛的教育和健康照顾系统产生出来的，然而，通过发展性社会工作者的积极促进，它也能够获得提升。例如，成人识字、岗位培训、学前儿童照顾中心、妇女教育计划等类似的项目，全都是与低收入社区中的社会发展介入相连的，这也可以成为发展性社会工作的基础策略。特别是，贫困儿童学前中心的作用是发展性社会工作者的特殊兴趣所在，这些中心通过创建一种不同的社区为本的取向，来重新配置传统的儿童发展服务，可以起到人力资本投资的重要效果，从而有助于发展性目标的达成。

第二，就业和自主创业项目。发展性社会工作也赋予了就业和自主创业项目计划以优先地位。虽然雇佣就业可以产生收入和提高生活水平，（这一点早已得到了广泛承认），但是在传统的社会工作中，就业有关的活动一直未受重视。另一方面，社工需要面对的社区人群中，包括残疾人士、流浪儿童、失业青年等在内的许多服务对象恰恰迫切需要就业。因此在发展性社会工作实务中，即从残疾人庇护就业开始，将促进就业的活动和安置计划逐年扩展，直到促进更多有特殊需要的服务对象都尽可能在开放的劳动市场中就业。除此以外，就业促进活动也被更广泛地运用于接受长期社会救助津贴的案主身上。这些“从福利到工作（Welfare to Work）”的计划为需要的对象提供岗位介绍和安置、培训、支持，以鼓励他们参与经济活动。发展性社会工作还广泛使用合作社、小微型企业的方法，推动穷人和有特殊需要的人进行经济参与。

第三，以津贴补助工资的投资或者颁布最低工资或生计工资标准的项目或计划。以津贴补助工资的投资和颁布最低工资或生计工资标准的项目或计划，也能有效促进人们参与生产性经济。倘若工资太低不足以维持体面的生活水准，或者假如雇主无耻地剥削工人，那么就业则很难成为一个消除贫穷的有效机制。虽然最低工资法要求雇主满足规定的最低收入水平，但这个水平在许多国家经常会受到通货膨胀的侵蚀。在美国，最低工资愈来愈多地被生计工资补充。

第四，资产积累项目或计划。虽然社会福利政策和计划一直主要关注维持收入，但资产积累的重要性也越来越被认识到，尤其是谢若登（M. Sherraden）的著作发表之后。谢氏批评社会福利中传统的消费取向，并为那种帮助低收入家庭积累财政资产的政策辩护。其最初提出的方案是在儿童出生时给予一个储蓄账户，后来修正为面向所有低收入储户提供配对的储蓄账户，即“个人发展账户（IDAs）”。

第五，社会资本项目。发展性社会工作者已经认识到，在两个方面之间有着密切的联系，即一方面是社区组织和社区建设，另一个方面是当地经济的发展。今天，受发展性取向引领，有越来越多的学者寻求把社区组织与经济发展项目联系起来，以提供更多的发展机会，如获得信贷的机会、岗位开发、微型企业发展、资产建设等。尽管社会工作历来就比较关注组织工作、规划和建设网络，不过现在更多的兴趣是把这些传统的活动同经济发展项目结合起来。

第六，消除妨碍经济参与的障碍并创造平等机会的计划。发展性社会工作也强调消除妨碍经济参与的障碍并创造平等机会，借助于对社会正义的实际承诺的反思并使用倡导，发展性社会工作向经济参与的制度化障碍发起挑战。这些障碍包括建立在种族和民族、性别、国籍、失能、年龄和其他因素基础上的歧视。倘若这些障碍不能被消除，那么社会投资项目或计划将是无效的。此外，阻碍人们实现其目标的收入和财富不平等也需要加以解决。虽然教育机会尤其是高等教育机会均等已被承认了多年，但在美国以及其他不少国家，由于高等教育成本不断攀高，这些机会已经消失了。

第七，使用有成本效益的介入，以及能够促进有效实践的证据为本的方法。发展性社会工作要求使用有成本效益的介入，以及能够促进有效实践的证据为本的方法。社会工作以往不强调通过严谨的评估来确定其介入是否有效。人们通常假定，专业人员的判断和专长是有效性的保证。但这正使得这个专业日益遭到批评：社会福利计划是浪费，是出于政治原因引入的，有料想不到的负面后果……近来，对社会工作和社会福利介入进行系统评估的需求被认识到，使用证据为本的介入也被更严谨地倡导。由于发展性社会工作承诺使用那些对案主、社区和整个社会都将产生积极回报的介入方法与措施，所以迫切地需要去证明，专业实践中的社会投资确实实现了这样的目标(马凤芝，2014)。

四、发展性社会工作于灾后介入的相关性

发展性社会工作模式本身的发展，使得社会工作实务已出现了两种基本不同的形态，即发展性社会工作与照顾性社会工作。应当说，发展

性社会工作的理论假设及实务策略，更加适合社会工作对灾害的应对与介入。

(一) 社会工作的照顾性与发展性之分

随着发展性社会工作理论模式的提出及不断完善，目前，大致可把社会工作的基本形态划分为发展取向的社会工作与补救(治疗)取向的社会工作两种，或者是“发展性社会工作”与“照顾性社会工作”两种。

概括地说，“发展性社会工作”理论模式的基本假设包括：①“发展”包括“经济发展”是人的一项基本需求，也是社区重要的基础性需求；② 人和社区都存在着经济发展与全面发展的动力和潜能，但在某些情况下(如灾害的影响与过度市场化)，这些动力和潜能可能得不到有效发挥，进而导致发展受阻并产生关联问题；③ 社会工作专业应当且适合介入有关人与社区经济发展和整体发展的领域，并通过运用其整体分析视角和助人自助的技能来消除障碍、增强能力，以促进人与社区的经济社会协调发展；④ 通过支持体现社会面向的经济发展行动，促进有关人群经济发展与社会发展的统一，可以有效解决某些社区和群体发展受阻的问题，并对改善群体问题起到积极作用。

而在此理论模式中，社会工作介入的总目标是：促进人包括经济发展在内的发展能力的释放和发展潜能的实现，支持其更好地满足自身经济发展需求和其他多样的发展需求。具体目标则是：针对经济发展能力受限或潜能受到抑制的人群，协助其克服限制和障碍，探索能满足自身经济发展需要的有效行动路径，逐步实现其经济发展需要；关注整体发展，以改善社会性发展的能力和状况为焦点，全面协助其身心恢复发展、经济生活发展等，支持有关人群迈向自主性的全面可持续发展进程(童潇，2014)。

该理论模式下，社工介入的手法策略是综合运用个案工作、小组工作、社区工作等直接服务方法，并以社区经济发展组织工作(即“基于社区的经济发展性组织”工作)为中心，进行教育、倡导、行政等活动，支持形成以相关人群为主体的集体经济发展行动体系。其中社工的主要角色不再是服务对象的“照顾者”，不再通过工作者的服务等行动来满足服务对象的具体特定需求(虽然初期还需承担此种角色)，而其主要是服务对象的“陪伴者”和“同行者”，通过与服务对象相伴共进来支持其走向自主的可持续的经济发展进程，并借以解决其他需求和问题。

（二）发展性社会工作模式可应用于灾后介入

此处以汶川地震后的情境为例，简要阐明这种相关性或适合性。

首先，震后生计问题对于灾区的许多群众来讲是比较突出的，也是灾区政府较为关切的问题。其次，虽然投入生计重建的行动对于受灾群众既是眼前的现实必要，更对其震后复原与正常生活发展具有重要的意义，但与此同时，包括政府在内的有关各方也注意到，要使群众行动起来则中间还存在着一些不小的障碍。可以说，正是这两个方面共同决定了发展性社会工作的介入既有需求也有必要(陈涛、陈锋、王小兰，2011)。

更具体地分析，以发展性社会工作进行灾后介入的需求可再分为两个基本维度及其结合，即社区团结与生计发展的结合，也就是社区生计项目的开展。针对地震灾后不少居民存在生计重建与发展能力不足等问题(尽管其相应的需求却很强烈)，为实现其有效的生计重建和发展，与此同时也为了追求当地社区社会的发展，并使两者可以相互促进实现综合的可持续的发展，即协调一体的社会经济发展，以“社区生计”为介入战略和项目框架，来统摄一切具体的介入与服务活动就显得尤为必要。具体来说，这个项目设计所要开展的一系列介入服务旨在培育社区力量来共同开展生计行动，即促进社区集体的生计实践并谋求成功，居民的生计重建和改善活动是在社区中、通过社区和由社区(组织)来进行的，社区也为了生计实践、经由生计实践并在生计实践中得以增强行动能力、获得结构的改善与发展，即成为和谐和可持续发展的社区。换言之，作为一个项目框架，既可以称为“社区生计项目”，反过来也可以叫它“生计社区项目”(兰小伟，2010)。

需要明确的是，社区生计项目要达到的目标是两个方面的结合，即社区团结和生计发展。就各自的意义来说，“社区团结”强调通过项目工作和社工的具体服务介入，当地社区在有机的联系性、有序的组织化、有效的行动力等各个方面都有提升，概而言之可说是更趋向一个和谐、团结、共进的社区，也更能为其成员提供多方面的(包括生计活动方面的)支持与满足；而“生计发展”更强调通过项目介入，社区单个成员或若干群体在实际上成功地进行了生计活动，取得实质性改善生计状况的效果，即既能更好地进行自己的生计活动，又能实实在在地从自己的生计活动中得利，生活也因之而得到改善。作为衡量项目成效的标准，这两个方面可以分别来看，即单看社区的团结性指标方面有何变化，或单看成员生计发展的情况如何，而完整的评估则须综合这两方面的结果得出。但是，在项目的设计与执行上，这两个方面却不可以被分开，而必须被视作一个整体、当作一枚硬币的两面来对待和把握。而这些，既是发展性社会工作的核心逻辑；同时，也是灾后许多民众所需(陈涛、陈锋、王小兰，2011)。

第二章

紧急救援阶段的社工服务案例

在灾害发生后的紧急救援阶段，一般来说，社工的角色任务主要是参与提供、协助、整合志愿者等人、财、物资源，满足受灾人群各种紧迫而基本的需要，同时更及时而深入地了解受灾者的需求和需要并设法做出快速的传递与反馈，还包括为有关人员提供应急心理社会支持，包括心理疏导和社会陪伴等。如第一章关于灾后人类反应的特点所指出的，在此阶段，受灾人群的某些责难情绪及冲突性行为可能开始出现，这既指向应急心理社会支持的需要，也引向社工作为协调者或调解者角色介入的必要。事实上，由于这个阶段本身与灾后的第二个阶段“过渡安置阶段”的界线可能并不是那么截然分明的，为第二阶段所需的一个突出的社工角色即“调解者”角色，也完全有可能从此时就开始扮演和发挥。本章的两个具体实务案例，即分别是关于社工的资源协调者角色和调解者角色的，虽然第一个案例中专业社工的介入不是十分突出，但有关手法对社工是完全适用的。

从基本角色模式来看，此阶段社工的主导角色是受灾人群的“照顾者”，无论是整合和提供各种急需资源给他们还是亲身给予他们心理与社会的陪伴支持以及开始回应他们有关公平正义的诉求，都是在尽力试图满足他们当时的特殊急迫需要。因而，这一阶段社工要扮演好自己的角色，首要的要求是必须深入或接近受灾人群，切实准确地理解其处境和了解掌握他们的需要，包括物质的、生理上的需要，更包括心理与精神上的需要以及社会性的需要，同时既要关注群体整体，也要很好地关注到亚群体与个体。而恰恰正是这样的一些要求，使社工在此阶段的出现与存在具有很大的必要性和重要性，因为通常只有他们能够比其他专业或其他部门的人更好地满足这些要求。这是社工应当从这时起就介入灾后应对并在其中扮演重要角色的充足理由所在。当然，秉持发展性社会工作理论模式的社工在这一阶段介入承担有关角色任务时，在提醒自身做好各种照顾职责的同时，还需要充分考虑并增进受照顾者的能力，加强他们的力量；或者，其照顾是以充分尊重受照顾者的优势与潜力（特别是当他们彼此联结起来，作为有组织的一群人或作为一种社会网络可以展现出强大能量）为基础进行的。

第一节　紧急救援阶段社会工作服务概述

在中国，社工介入无论是在自然灾害还是在其他灾害的紧急救援阶段的实例还不多。而事实上，其他地方的情形与我国也差不多，各种灾害发生后的紧急救援中社工的身影并不很突出甚至比较少。通常的情形是，除了政府有关应急救灾部门开始转动起来，出于尽快抢救生命财产、避免更大伤亡损失这个第一位的任务需要，消防人员、相关专业救援人员等也作为主体力量行动起来，有时候还需要军队等力量。接着，医疗救护人员、卫生人员等也成为重要主体。倘若灾情严重，还造成了较多道路、通信等设施损毁的情况，相关工程技术人员也是此时需要介入的重要队伍。或许相比之下，这个时候普通志愿者在其中的身影要远远多过社工，也远远比社工活跃得多。因为志愿者只要有好身体，能够扛东西、搬石块和瓦砾，并服从指挥和安排，就可以起到帮助作用。因此，似乎此阶段社工身影的缺失是正常而合理的。

但是，如前面已经指出的，如果说灾害刚刚发生之后最紧急的那段时间(如大地震爆发后抢救生命的“黄金 72 小时”到接下来约一周)，社工的介入服务看来既无必要也不可行，但这绝不意味着整个该阶段社工的介入和服务是不需要的。其他地方的例子显示，从灾害发生到受灾民众基本上相对稳定地住进帐篷或活动板房之类的过渡安置设施、也就是转入灾后的第二个阶段期间，社工应该而且事实上会伺机介入，一般也会尽快进入现场开始承担各种角色任务，发挥相应的服务功能。汶川地震后的情形亦然。从 2008 年 5 月 12 日地震爆发，仅隔两周左右已经有社会工作相邻专业的心理辅导人员进入现场。而专业社会工作者在当时民政部的有关部门和中国社会工作教育协会、中国社会工作协会的组织下，以专家工作队的方式于 5 月底 6 月初已经奔赴四川受灾地区现场都江堰、彭州等地，除了进行受灾群众需求的调查评估外，也开始为群众和地方救灾人员尽力提供一些心理社会支持的服务。随后，来自广东、北京以及四川省内的专业社工队伍，更较长时间地深入灾区一线(如汶川映秀、德阳绵竹等地)，投身于紧急救援阶段的应对服务中。此后国内的几次较大自然灾害(如芦山地震、鲁甸地震及广东台风暴雨）发生之后，一些社工队伍的介入也是比较快的，都积极参与了紧急救援阶段的有关服务工作。从社工介入灾害应对的完整实践来说，应当对紧急救援阶段其介入服务予以更多的关注和研究，因为它既有突出的需要，也是构成后续介入的有力基础。

一、紧急救援阶段的情况分析

当较大灾害发生后，灾害应对即进入紧急救援的阶段。此阶段正是围绕着“紧急”这两个字的含义而展开。它既意味着受灾害影响地区和人们的情势处于高度紧急状态，也意味着当地的需求是紧迫与急迫的（可能暂时顾及不到更长远的），还意味着救援的工作需要紧急地开展、争分夺秒地进行。而所有救援之重心，也是为了首先解决最紧急、最迫切的那些问题，以满足受灾群众最基本而重要的需求。

归纳起来，此阶段受灾地区、民众和相关方面呈现出以下一些情况。

（一）不同程度的信息混乱与行为失序

由于灾害的发生通常具有某种突发性，超出了人们既有的认知或预期。当它发生时，受影响的人们的第一反应是努力重建对事态或情境的认知和解释。但是，严重的灾害可能同时损害了其他的正常信息渠道，不能够及时提供权威性的认知解释。为了达到“合理的”认知与解释，人们设法通过各种途径和方法寻求信息，结果充斥的信息都不完整、不准确。此时的情况并不一定是有意造成的，整个围绕灾害的场域中可能出现大量的“谣言”，而人们却难以辨认甚至主动相信且传播它们，这只是表达了他们想要尽快重建对情境的认知与解释的某种本能性的需要。

由于通常难以完全避免这种信息混乱（区别可能只在于混乱的程度），相关的人们容易发生某些行为的失序，这也是灾后紧急时刻较正常的情形。比如，人们可能对灾害的性质及严重程度没有准确的信息和认识，或许会采取一味逃避躲离的行为，甚至因此造成集体性的拥堵乃至慌乱中的相互暴力。又比如，场域中离事发地不同距离的人们可能对事件的感知与认知不尽相同，结果采取了不同甚至相反的行为，造成整体的失序状态。还有一种情况并不少见，即出于担心灾害之后基本生存物资匮乏不足以支撑度过（当然也有信息偏误因素的作用）困境的想法的驱使，某些人可能以采取越轨行为的方式去谋求获取这些物资。

当然，以上情况达到何种程度不仅与灾害相关应对的制度和技术体系有关，而且与灾后各方整体的反应介入水平有关，还受相关人们的文化和社会特点所影响。

（二）受灾者普遍感到震惊麻木，进而表现为对所发生之事的不接受

在受灾害影响的相关人群，尤其是直接受灾者的身上，此阶段典型的心理反应会表现为惊诧、惊吓等，甚至出现麻木、脑海里一片空白的情形，再到不敢及不愿相信是真的、不接受它所代表的现实等情形。有的受灾者会将这些心理历程外显表达出来，例如痛哭等发泄方式；而有的受灾者没有如此释放出来，则可能形成内在的“创伤”，在过后的特定时间产生对当事人的不利影响。实际上，在此过程中，某些人群或个体已经发生创伤后心理障碍或创伤后应激障碍（PTSD），只不过他们自己不一定能觉察和意识到。

不接受现实特别可能出现在那些因为灾害而遭受巨大的个人和家庭损失的人们身上。比如，有家庭成员遇难者、自身在灾害中致伤致残者、房屋财产受巨大损失者等。这些人在最初的震惊或麻木过后，开始回过神来看到眼前的实际情况，接收到各种真切的损伤信息，然而如果承认它们，意味着对自己的巨大打击和痛苦，这样的打击和痛苦是他们此刻还未曾完全做好准备去承受乃至消化的。所以，他们通常的反应是不相信事情是如此的，或者，不能接受它就发生在自己身上。回避或不接受损伤和丧失的现实可以有多种具体的表现形式，能够为此哭出来实际已是迈向接受的一步；相反，如果没有哭泣，只是不断地想要向一切可能的地方寻求所谓确切的消息，反复找寻各种线索以证明事实并非那样，或者根本不去想那件事，让自己完全不理会与它相关的说法或消息，又或者努力去找出造成损伤或丧失的其他人为原因，并拼命寻求对其责任的公平追究等，则距离接受现实更为遥远。就其实质而论，此种不接受损伤或丧失之事实的诸种不同表现，与前述信息混乱与行为失序的内在机理是一样的，是有关人们寻求重建对“不合理情境”之“合理化认知与解释”的近乎本能的要求使然。

（三）受灾者的自救自助、互救互助和外界的救助行为均显著增多

从受灾者本身的情况来看，此阶段会出现较多的自救自助与互救互助行为，求助的意愿也增大或上升。

同时，大灾害也引发外部社会及其成员的更多救助行为。政府有关方面、社会上的各种组织机构和团体、普通的个人志愿者，都纷纷愿意伸出援手，有钱出钱、有力出力，给受灾人群和地方以各种救助支援。这种意愿的显著提高和行为的显著增多，一方面可能是因为灾害造成的受灾民众的实际损失令人同情，的确需要更多外界的帮助才能使其不陷于某种悲惨境地；另一方面，是因为它提供了外部各类组织和个人体现其价值与重要性的机会，表明其拥有某种能力或优势的机会。事实上，许多从外界前往灾区做志愿者、参与提供各种服务的人，正是体验到了那种价值感，甚至是为了获得这样的价值感而行动的。

（四）大量资源在较短时期内向受灾地区的集中及资源调配的压力

与上一点相联系，除了以各类救灾专业人员和志愿者为主的外界人力救助增多并在短时期内向受灾地区集中之外，其他各式各样的物资、资金资源也一时蜂拥而至，投向这些地方。某些情况下，这些资源可能多到了超出某种程度，不但输送装卸难以承受、无法应对，连受灾地方的民众也接收不过来、吃不消用不完，最后只能听任其过期或废弃，造成浪费；或者，部分地方政府不知道怎样可以把以救灾款等名目接收来的大把的钱花掉。

一方面是数量的问题，的确可能出现各种资源的量超出了救援乃至整个救灾所需的情况；另一方面是资源结构问题。一些资源的具体形式或内容对不上受灾地区的需要，或某些符合地方需要的物资无法到达那些地方，而只能给到可以达到却不需要的地方。这些情况既造成浪费，又造成真正需要的地方的人群不能较好地获得需要的满足。

不管是上述哪种情况，在紧急救援阶段，受灾地区资源调配的压力比较明显地存在着。处理不好，还会引起公平等社会问题或贪腐等政治问题，造成更为复杂的整体情势。

(五) 受灾地区不同群体内部相互间的责难或某种冲突开始渐增

随着最紧急的时段过去，受灾地方的人们开始把心情略微平定下来。面对满目疮痍的家园，耳闻目睹家人、亲戚的噩耗和自身的不幸变故与遭际，心中可能越来越多地泛起不解与不满的念头。在各种复杂因素的影响作用下，他们中间可能很快爆发出更多的相互责怪情绪并采取相应的行为，并且将过去关系中未曾解决的问题或困扰带出来，进而导致愈趋激烈的对立和冲突，尤其是在普通民众与地方政府或其他被视为历来强势的势力之间。受灾民众会开始围绕救灾资源的分配是否公平提出各种有理或无理的指责，遭受严重生命财产损失或身心创痛者会责怪有关方面救援不力、支持不足，甚至追究其从前的过失与错误，视之为造成他们痛苦不利处境的主因等。有时候冲突可以严重到某些群体之间(尤以普通民众与政府官员之间为甚)产生极端敌意的言辞乃至肢体对抗或其他激烈对峙的状态。例如在汶川地震发生之后的一段时间，围绕遇难学生家长与地方政府之间的严重冲突，就是一个突出的例子。在地震伤残人员这一群体与当地基层政府之间，实际上也有类似的冲突情形，只不过未曾演变到同样的尖锐程度。应当说，此种互相责难甚或冲突的情形并非完全不正常，而可视为灾后反应的常有现象。

二、紧急救援阶段社工服务要点

针对紧急救援阶段的基本情况特点，此时介入的社工在开展服务时应当首先注意选择好合适的时机，以适当的方式进入受灾地区现场或其他合适的位置，同时应当注意密切配合其他救灾主体，发挥自身紧密接触受灾民众的优势，重点做好提供心理社会支持、收集了解反馈需求和协助管理志愿者、分配物资及整合其他资源的工作。

(一) 协助救灾主体救人

“救人第一”“不放弃任何一条生命”是救灾现场的最高指导原则，所有的救援行动都将围绕救人而展开。消防人员、军队及医生是紧急救援阶段的救灾主体，但由于受灾人员众多，并且受灾情况和程度各不相同，因此在救援过程中，救灾主体还需要设计各种救人的策略，根本无暇对受灾人员进行心理疏导及安慰。而这个时候，受灾人员特别需要陪伴和安慰，社会工作者的参与就显得尤为重要。由此，社会工作者需要协助救灾主体陪伴受灾人员，不仅包括陪伴正在获得救援的受灾人员，为他们提供心理疏导，而且包括陪伴已经被成功救出正在接受治疗的受灾人员，协助医护人员安慰受灾人员。

（二）稳定受灾人员情绪

灾害发生的瞬间，几乎所有的人都会受到惊吓、恐惧甚至麻木、失控；灾害发生后，人们又忙于寻找亲人，处于急躁、慌乱的状态。情绪几乎处于崩溃状态的人们，极易造成行为上的失控。在紧急救援阶段，稳定受灾人员的情绪，避免出现灾后混乱显得至关重要，社会工作者应担当起稳定受灾人员情绪的重任，主要通过提供物资和信息等方式合理疏导受灾人员的情绪，增强受灾人员战胜灾难的信心；告知受灾人员灾后慌乱的危害并说明当前需要的是冷静；传播自救和互救的意识和知识，合理引导幸存者积极协助救援；告知受灾人员准确的灾情，以消除错误消息及谣言的传播。

（三）提供心理疏导

许多受灾人员在灾后都会出现不同程度的心理问题，且大多数人都无法摆脱灾害造成的心理阴影。通常需要进行心理疏导的受灾人员主要包括：直接卷入灾害的人员、死难者家属及伤员；与第一类人员有密切关系的个人和家属，他们可能有严重的悲哀和内疚反应，需要缓解继发的应急反应，包括现场的救援人员和灾害中的幸存者；从事救援或搜寻工作的非现场人员以及在临近灾害现场时心理失控的个体。在紧急救援阶段，社会工作者要凭借专业的心理干预技能，为以上几类人员提供心理疏导，主要包括运用评估、干预、教育和宣传等相结合的方式，提供心理救援服务；进行灾害社会心理监测和预报，为救灾人员提供处理受灾人员紧急心理事件的预警及解决方案。尽管受灾人员的心理创伤持续时间不一，但实际上尽早的干预和介入，更有利于受灾人员心理创伤的恢复。

（四）协助管理志愿者

灾害发生后，自发、零散的救灾和互救不仅不能最大限度地帮助受灾民众，而且还可能因为这种无组织的救援行动给灾区以及受灾民众带去更多的麻烦。比如，因为没有统一的指挥和协调而导致紧急救援通道的阻塞，给救援行动造成损失以及不必要的资源浪费。因此，在紧急救援阶段，志愿者的组织和协调需要社会工作者的介入，根据灾区需要对志愿者实行统一的管理和调度，比如优先安排志愿者协助救人。另外，社会工作者还可以根据受灾者的特殊需求向社会及社会组织招募志愿者，比如招募专业的心理疏导专家等。

（五）分配物资及整合资源

灾害发生后，灾区的生活和生产遭遇严重破坏。灾区民众急需食物、水、药物以及帐篷等物资，这些物资直接关系到灾区的稳定。在灾害发生后，大多数社会工作者都难以进入救灾前线。因此，处于灾区后方的社会工作者应积极开展救灾物资的募集工作，比如动员社会力量捐款捐物、献血等。而随着大量的救灾物资源源不断地运往灾区，对资源的调配以及物资的发放成了紧急救援阶段的关键。此时，社会工作者应根据掌握的信息，对不同的受灾区域进行物资需求评估，协助政府对物资进行合理的调配和发放。

第二节　绵竹市灾后援助社会资源协调平台的实践

2008 年 5 月 12 日，四川汶川发生 8 级地震。面对这场大地震，全国人民用各种方式及时向灾区人民提供救援。全国各地的志愿者、专业救援团队、捐赠的物资等第一时间涌向了灾区，保障了紧急救援阶段灾区社会生活的基本稳定。特别地，部分学者称 2008 年为我国的社会组织元年，在救灾过程中，大量的社会组织参与其中。据四川省民政厅统计显示，地震后全省范围内 6 000 余个社会组织、15 万名志愿者参与到了救援工作中。但是，由于物资过于集中且缺乏管理和调配，在安置阶段各方逐渐产生了矛盾，并发生了一些不为乐见的情况。首先是志愿者的聚集，部分地区缺乏统一管理，乃至影响到正常的救援工作。此外是物资调配的不均衡，影响了这些物资及时发挥功效。例如为某地调配了足够的方便面和饼干，却没有饮用水等现象。且从地域分布而言，“明星灾区”的物资支持明显多于非明星灾区。同时，在同一灾区的不同志愿者团队之间，也存在着重复劳动的现象。为了解决这一系列问题，在实践过程中，始于绵竹市遵道镇后拓展到整个绵竹市的灾后救援社会资源协调平台的实践，是一个及时进行资源协调的好模式。在这个模式中，政府、社会组织、企业形成了良好的多元主体共同治理的局面，也成为灾害救援工作中一个难得的案例。

一、遵道的灾情和平台的缘起

绵竹市遵道镇，距本次震中直线距离仅 30 公里。地震对其损害十分严重，全镇超过 90%的房屋被毁。全镇 482 人在地震中遇难，包括该镇的书记和多位副镇长。地震发生后，虽然该镇灾情很严重，但是受到信息传播的影响，遵道镇并没有成为明星灾区，因此受到关注的力度和与其紧邻的汉旺镇相比相去甚远。但是在地震发生后，幸存的居民在第一时间开始组织自救。由于资源有限，救援效果亦十分有限。在灾害发生的第二天开始，逐渐有零星的志愿者来到遵道镇参与到灾害的救援过程中。

地震发生当天，正在北京举行成立一周年庆典的友成企业家扶贫基金会(以下简称友成)在庆典会场收到了地震发生的消息。友成的会议议程马上变为“立即投入到赈灾行动的决议”，并开始着手准备相关救援方案。在与时任绵竹民政局副局长联系以后，由友成理事长亲自带队，友成筹集的多车物资开赴绵竹市。5 月 15 日，原本准备支援绵竹汉旺镇的物资由于道路拥堵并没有到达灾区，在副局长的建议下，车队及时调整了方案，开赴遵道镇。在初步认识到灾情的严重后，友成将 7 卡车的救灾物品留在了遵道镇，并将遵道作为友成的重点关注地区进行救援。就在这几天，来自贵州、深圳等地的志愿者都来到了遵道镇并逐渐开始开展专业的志愿服务工作。由志愿者团队带来的各种物资也逐渐增多。同时，在万科大型机械的帮助下，成功地建起了镇上的首批帐篷区。

但是在服务的过程中，问题逐渐开始显现。首先是在志愿者方面，由于最初志愿服务团队之间缺乏沟通，很快就发现了不同团队之间存在着重复劳动的现象。同时，随着团队和个人志愿者越来越多地来到遵道镇，志愿者队伍的素质和专业能力的差异逐步开始显现。由于部分志愿者的专业能力和意识差异性很大，若不及时进行管理，将会出现服务秩序的混乱。除此以外，在物资发放的过程中也出现了不少的问题。例如物资的种类、配给方式，物资的分布形式等方面都需要全镇进行较为统一的调配。全镇由于各家区位条件不同，出现了处于地理劣势的灾民，即家在较为偏远的地方受到交通限制而得不到相关的资源或服务的情况（边慧敏等，2011）。综上，在遵道小镇开展志愿服务过程中很快出现了信息不对称的现象，具体来说，是志愿服务的提供和灾民紧急救援的需求之间多种不对称的情况。因此，急需一个统筹全镇灾后紧急救援的信息平台，对相关的资源和需要进行组织化管理，再进行资源等的对接工作。

灾害发生之后，紧急救援阶段同时存在着多种信息需要进行统筹管理。首先是灾民需求的信息，包括了生理、心理、社会等生态系统多个层面的需求，以及灾民分布等相关的信息。其次是在供给方面，志愿者团队需要根据自身的性质、擅长专业、专业程度等状况进行分类，同时还需对团队服务提供的方式进行调配，更需对相关的物资进行管理。在供需之间进行尽可能的调配和对接，才能在紧急救援阶段资源宝贵的情况下，最大限度地发挥资源的效用。

当时，在灾害中受到重挫的镇政府的组织能力极其有限，由于办公楼在地震中全部倒塌还没有办公地点，政府工作人员也有重大的伤亡。同时，灾害发生之后政府还需协助军队积极开展幸存者的救援工作。再加上之前并没有相关的工作经验，种种限制让灾害救援信息的统筹变得不可行。

在这样的情况下，友成基金会、万科、深圳登山协会等多个志愿服务组织开始建立初步的联系机制，实现了信息的沟通。这个行为也得到了镇政府的支持。5 月 19 日，共青团绵竹市委、友成、万科、深圳登山协会等多个机构联合成立“遵道镇志愿者协调办公室”。在遵道镇团委的指导下，对个人志愿者及志愿者团队、社会组织进行统一登记、统一调配志愿服务项目，从而有效利用资源、有序开展救灾志愿服务工作。经过一段时间的运行后，2008 年 10 月，志愿者协调办公室更名为“遵道镇资源协调办公室”，后于 2009 年 5 月停止服务。这是首个由政府和社会组织合作成立的资源协调平台，在紧急救援阶段发挥了重要的作用。正是因为该平台的成立，吸引了不少外来资源，推动了遵道镇的重建工作。

二、“遵道办公室”的功能

遵道办公室虽然在中间一度易名，但是发挥的作用一直是持续的。实际工作中，办公室承担了资源协调平台和直接服务者等多种角色。在此，对“遵道办公室”发挥的主要功能进行简述。

（一）各方协调

遵道办公室成立后，迅速与在辖区范围内开展服务的各级政府和企业、社会组织、志愿者进行了联系。在与政府的联系方面，政府将志愿者、资源协调等相关的功能直接赋权于办公室。同时对资源缺失等相关信息直接与办公室进行紧密的协调，做到日常进行每天的信息交换。在与企业的联系中，以公司作为资源背景的企业志愿者团队，团队执行力强，工作方式规范。如果能在为社区服务的大前提下达成共识，充分发挥各自优势，求同存异，相互补充，那么志愿工作最后会有突破性的成果。万科、TCL 等企业前后轮流加入到协调办公室中，除提供直接协调服务外，还带来了大量的物资资源和相关专业资源，为办公室开展相关的服务打下了坚实基础。

在志愿者团队和个人沟通方面，办公室发挥了重要的作用。首先是作为对接窗口，与来自各地的志愿者团队或个人进行第一时间的对接、了解和统筹，让团队在整个镇上的服务发挥更高的效率。此外，对志愿者团队进行管理。办公室从信息的沟通统筹和能力规范等方面进行管理，集中各方面意见，编制了《志愿者工作手册》等资料，让全体志愿者形成了规范。最后，办公室还发挥类似于社会工作督导中志愿者支持的作用。对志愿者的能力进行建设，促进志愿者更好地在提供志愿服务同时得到成长。

此外，办公室还发挥着运用网络等媒体向外界发布遵道的救援实时状况和相关的需求信息的作用，保证前方工作和需求信息能及时向后方传达，为遵道镇的志愿服务工作协调了大量的人力和物资资源。

（二）需求调查

协调平台在面对供给方进行协调的同时，面对受灾群众也及时开展相关需求调查。在调查中，特别关注有特别物资需求的群体，对他们进行建档管理。5—10月，办公室基本完成了对全镇近1 000户2 600余特殊人群的入户调查和资料建档。为后期进一步有针对性地为0—3岁婴幼儿、孕产妇、残疾人、五保户、70岁以上老人等弱势人群提供奶粉、营养米粉、食用油、驱蚊水、婴儿用品、妇女卫生用品、棉被、衣物、热水袋、手套、保暖袜、炊具等物资做好了前期准备。[①] 在后期的进一步跟进服务中，将重点放在相关人群上，动员志愿者和周围村委会、邻居等，提供有针对性的志愿服务或帮助。

（三）物资发放

在确保满足所有辖区内灾民的基本生活物资需求的状况下，办公室开始结合前期的需求调查，着重对特别需求群体进行倾斜。其实物资发放在政府行为中是一个容易引起矛盾的过程。物资的分配不均很容易引起相关冲突（在下个案例中，将呈现服务对象与政府之间由于物资分配而产生的情绪冲突）。在灾害的事件背景下，需要尽可能在注重效率的情况下，兼顾每个人的需求和公平。

办公室在承担相关物资发放的功能时，首先是对普通基本生活物资的发放。基本生活物资是事关灾民基本生活需求的相关物资，需要以效率为原则。办公室在发放的过程中，直接与村里的村民小组进行联系，以小组为单位进行发放，之后由小组进行内部分配。其次是对特殊需求物资进行发放，这个过程就需要结合需求评估的成果，对整个镇的重点关注对象进行有针对性的物资发放。在物资发放的过程中，志愿者首先对企业等社会捐赠物资进行发放，而后参与到政府的物资发放工作中，提高了发放的效率。

① 资料来源：《遵道志愿者协调办公室工作总结》，数据截至2008年10月13日。

截至2008年10月，共发放企业物资如下所示(不完全统计)。[①]

友成企业家扶贫基金会：提供各类应急物资50吨，包括食品、矿泉水、帐篷、衣物、消毒液等，总价值接近500万元；

贵州民间助学促进会：大帐篷32个，食用油6箱，军用被160床，卫生巾、卫生用品10箱，彩条布32卷等，总价值近10万元；

深圳登山协会：帐篷120顶，睡袋148条，蚊帐1 000顶，彩条布500卷，募集衣物若干，总价值近30万元；

上海磨房：1 000套书包、文具；

宁波特警：1 803双童鞋；

乐施会：食用油150箱，价值近4万元；

爱心互助：10台电脑、20台电扇；

陕西十家社会组织：东北大米50吨，总价值近20万元；

深圳衣典公司：冬衣324箱，共计8 804件，总价值约400万元；

各方个人志愿者：各类物资总价值近60万元。

(四) 直接服务的提供

在基本完成了相关的居民安置工作后，办公室开始承担集中安置区的公共服务工作。

1. 公共卫生服务

居民在公共安置点的帐篷中安置完成后，还有很多配套的生活设施需要进一步完成建设工作，同时相关的公共服务也需要进一步开展。例如居民区附近的公共卫生需要共同建立相关的维护秩序，建立相应的管理机制。5月21日，办公室与镇政府指定负责卫生工作的人员召开了会议，议定在四个居民安置点进行公共卫生服务。通过倡导宣传、志愿者行动、动员居民参与、促进社区自我管理等方式来协助四个安置点进行有效的公共卫生管理。在帮助社区进行卫生清洁工作的同时，主要侧重于促进社区的自我行动，激发社区的协作能力。

① 资料来源：《遵道志愿者协调办公室工作总结》，数据截至2008年10月13日。

2. 基础设施建设

在办公室的协调下，有大量的建设相关的机械和专业志愿者。办公室组织志愿者，在原新田村五组和马跪村六、七组帮助村民搭建过渡性大棚屋36座，总面积2 130平方米，参与村民128户，4—8户共同使用一座大棚屋，使545人从低矮、狭窄的窝棚迁入相对宽敞、整齐的大棚屋，居住条件得到了很大改善。与此同时，对相关的受损房屋进行排危工作，确保居住地的安全。此外，办公室还协调志愿者进一步加入到基础设施的建设中来，例如加强对卫生间、垃圾收集堆等地的处理，以尽量维护紧急安置地的生活环境。

3. 公共空间建设

在安置点的建设上，办公室根据社区发展的经验，不仅满足于对一般的居民房进行建设，同时提出了建设居民公共空间的设想。这对于整合安置点的居民，使其能够尽快对社区形成认同感有着重要作用。这些公共空间将作为集体的资产在社区发展的过程中发挥出更重要的作用，这也是发展性社会工作在运行过程中的重要视角。办公室在六一儿童节前，为遵道镇建立了一个儿童活动中心。万科的建筑团队和专业的建筑志愿者一起加入到建设过程中，由友成联系相关的硬件设施，共同建成了儿童活动中心，为接下来服务的开展提供基础。此后，其对社区文化中心的建设，也是在办公室的协调下进行的。在社区文化中心的基础上，开展了覆盖各类人群的福利服务工作。

4. 福利服务的开展

在紧急救援工作初步稳定之后，办公室开始策划针对辖区内的服务群体开展相关福利服务的活动。首先开展的就是针对儿童的服务。经过大量的准备工作，并协调了多家教育机构的物资支持后，办公室在双土、棚花、马跪、秦家坎四个村的临时学校与校方一起合作，为学生们组织了丰富的文娱活动和互动游戏，现场还向同学们发放了来自全国各地的书包、文具、橡皮泥、公仔等礼物，陪伴他们一起度过了一个别具一格的儿童节。同时，办公室也组织志愿者深入到11个村和社区，为未能参与学校活动的孩子们发放礼物。

在此之后，办公室又策划了一个为期两个月的儿童暑期夏令营活动，为儿童提供可以依赖的稳定的学习和活动场所，并提供心理服务，促进其在地震过程中的身心和社会关系得到恢复。办公室在全国范围内招募志愿者参与组织和教学，通过流动教学的方式，为遵道镇的学生开展丰富多彩的教学、游戏、拓展等活动。让学生们在快乐中学习，顺利渡过灾后的特殊时期。最终办公室在全镇设立了 12 个教学活动点，每个教学点配备 5 到 10 名志愿者，接纳 20 到 100 多名学生。截至项目结束，参与此项目的志愿者共有 211 人，共设计 5 次课程，完成 5 次教案撰写，组织 1 次创智夏令营活动，合计为遵道镇 1 297 名学生在复学前提供了丰富多彩的教学及活动机会，陪伴孩子们度过了一个安全、快乐的假期。①

5. 生计恢复和经济发展

办公室组织志愿者和村民一起，加入到生产自救的工作中。同时，进一步结合遵道镇森林资源丰富，已有一定旅游业的情况，为镇上不同村庄的未来发展方向进行了初步规划，如发展年画、花卉、养殖等不同的产业。又如实行家兔养殖业，借鉴小母牛的工作模式，开始了为期一年的养殖业发展。

综上可以看出，遵道社会资源协调办公室的服务是多元化的。除了处理相关的信息及进行协调之外，办公室还进一步组织联系相关的志愿者加入到经济救援过程中，从实际物资的调配到福利服务的开展，从个人到整个村落社区，从目前最需要的基础物资到未来生计和产业的发展，都做出了相应的努力。当然，在整个服务过程中，也有着较为复杂的协调过程，但这并不影响其在紧急救援和日后恢复重建工作中的作用。此平台在最多时聚集了 400 多名志愿者，形成了政府、企业、社会组织联动的模式（朱健刚、王超、胡明，2009）。

三、从遵道到绵竹

在遵道的实践上，体现出了协调机制在资源调配和信息处理方面的作用。同时也让行政单位和社会组织进行反思——如何成立层次更高的资源协调平台，来应对绵竹市仍然存在的资源调动和管理方面效率有限的问题。在友成的最初提议下，在绵竹市政府和友成、麦肯锡咨询公司的共同协商下，绵竹市政府最终确定在绵竹市层面成立灾后援助社会资源协调平

---

① 资料来源：《遵道志愿者协调办公室工作总结》，数据截至 2008 年 10 月 13 日。

台。2008 年 7 月 17 日，以“接受资源，展示援助”为宗旨的“绵竹市灾后援助社会资源协调平台”正式成立。该平台凝聚了在绵竹服务的社会组织，由绵竹市政府主导建设和维护，友成基金会与麦肯锡咨询公司提供人力资源、技术平台等方面的志愿服务和协调支持。自此，绵竹开始了对“政府主导和社会参与相结合”的灾后重建原则的实践。以下是友成基金会网站上展示的相关成立过程，这足以令我们体会整个建立过程的努力。

6 月 21 日，“绵竹市灾后重建多方协作友成论坛”在成都召开，这是友成整合多方资源、建立多方协作平台的开始。

6 月 26 日，友成召集专家志愿者、麦肯锡咨询公司团队召开“关于与绵竹市政府共同建立社会资源协调机制”的协商会，讨论和确定了在绵竹市建设灾后重建资源利用机制的基本框架和工作模式。

7 月 4 日，“绵竹市社会资源协调机制”筹备会议在绵竹市市政府会议厅召开。友成及其专家团队受绵竹市政府的委托，帮助其建立灾后重建的社会资源协调机制及供需匹配平台。

7 月 17 日，需求信息发布平台在绵竹市政府网站上线。这标志着社会资源协调机制的建设取得了重大进展。此平台的主要职能包括：探索与建立一套完善的社会资源协调流程、相应的数据库、信息平台与管理方法，从而更有效地动员与服务各类援助机构，使各类智力、财力、物力与人力资源能够切实高效地发挥作用，满足灾民生活与灾区重建的各种需求，并在重建的漫长过程中持续发挥作用。

8 月 8 日，友成绵竹志愿者驿站在完成第一阶段的社协平台的建设工作后，决定将该平台作为志愿者驿站的长效工作，继续为该平台提供人力支持和服务。

自 2008 年 7 月至 2010 年 12 月，该平台协调社会资源价值 8 000 多万元人民币，通过社协平台的协调与整合资源，直接受益人群超过 5 万人。

四、绵竹平台的运行和功能

绵竹平台所发挥的功能是结合绵竹市自身的属性，在遵道已有实践的基础上对组织架构和功能进行的一定整合。明确了整个组织是在绵竹市的领导下，在友成和麦肯锡的支持下开展运营和服务的。通过梳理，确定了项目与应急、组织与宣传、综合与管理、发展与合作四个工作小组开展工作。同时整合供需管理和支持两个平台，开展不同层次的服务工作。

（一）工作职责与工作方法

项目与应急组的工作职责，主要是根据当下具体环境和具体人群的需求，对项目进行策划和评估。项目更加从可持续发展的角度思考，同时针对突发事件制订相应的应急方案。组织与宣传组的工作职责是在日常工作中进行宣传和组织，对需要拓展的大事进行推广，对新闻稿、简报进行撰写，接待媒体并进行公益活动的报道，并招募临时志愿者。综合与管理组的主要工作是社会需求评估，形成相关的需求数据库，整理归类特困人群，并做好平台日常行政工作的管理。发展与合作组的主要工作是平台的能力建设、社会创新和社会合作方面的策划组织和推动等，更多是面向在绵竹服务的社会组织，为其提供更广阔的能力和资源支持。

具体的工作中，综合运用供需管理平台和支持平台，侧重于供需管理平台的运行。在供需平台的运行中，首先需要对所需资源和服务两个层面的需求进行评估统计，之后再运用网络平台向社会发布相应信息。同时平台也收集相关的资源信息，完成将其和有关需求进行对应的对接工作。同时，为对接成功的志愿者团体、资源提供落地服务的支持。在支持平台运行中，其更多作为后台的相关数据存储平台为其他工作提供人力、物力和财力的支持。

（二）平台工作内容

在以上的工作职责和方法的基础上，平台主要进行四方面的内容运行。第一是基础工作方面。平台主要运用并管理社会资源协调平台的网站，对绵竹辖区内行政体系的相关工作人员进行培训，指导其更好地运用网站发布和了解相关的需求信息。网站直接与绵竹市政府首页链接，以更好地通过窗口展示平台。同时对外与众多媒体合作以推广资源平台网站，引起更多民众的注意，扩大影响力。第二是收集需求信息，对各个部门相关个人或群体的相关信息进行进一步整理和发布。同时深入到安置点去进行直接的评估和走访，挖掘不易发现的需求。第三是资源的落实和管理。

首先将与需求对应的资源进行落实，并在日后的具体运行过程中进一步跟进支持。同时，将没有找到相应需求的资源进行建档保存，形成相应的储备，或运用各种形式让资源发挥优势。第四，是民生项目的开发。灾后援助社会资源平台，以群众的发展权为目标，以开发和实施更多可持续发展的民生扶贫项目为主要工作，更多地吸引、实施和发展可持续的民生扶贫项目（边敏慧等，2011）。

（三）社会组织联席会议机制

作为重灾区的绵竹，其灾后重建工作吸引了很多社会组织前来提供服务。为了进一步整合社会组织，加强社会组织之间、社会组织与行政系统间的信息沟通与交流，强化服务的可持续性和针对性。绵竹市政府、友成基金会和在绵竹提供服务的30多家社会组织共同形成了联席会议机制。联席会议是组织协调、通报监督、倡导社会组织工作的议事机构，是社会资源协调平台的再次创新。让在绵竹提供服务的社会组织有了进一步沟通交流的平台，以便相互促进服务的开展。

从资源整合到组织整合、从对接服务到发展性服务，政府与社会组织、企业形成了良好的沟通协调机制，从多个方面对绵竹市整体情况进行了有针对性的协调，发挥了平台协调和组织发展的作用。在整个平台服务的过程中，可以看到经济和资产等相关概念在服务工作中的影子，从多个视角丰富了平台的作用发挥。值得一提的是，社会组织协调平台在2008年建立后一直发挥着作用。2010年，绵竹下属的清平乡发生重大泥石流灾害，造成清平乡6 000余人全部受灾。绵竹资源协调平台在紧急救援工作中再次发挥了其资源协调的作用。而这种工作模式也被友成基金会进一步推广运用到雅安芦山地震中。

第三节　FX二小地震遇难学生家长介入

“5 · 12”汶川大地震发生后，社会工作者进行了不同程度的介入。在各种介入活动中，浮现出社会工作者的几种基本角色。例如，社会工作者作为特定范畴服务的提供者，以特定的服务方法和技术，遵循特定的服务程序，面向有关受灾人群提供特有的照顾性服务；又如，社会工作者以各种方式陪伴受灾群体，为当地各方提供培训和各种知识，起到了宝贵的支持者的角色作用。同时，另一种角色也在此期间展现出来，即调解者的角色。它是指社会工作者作为第三方，在震后出现的一些冲突情境，特别是“官民冲突”的情境中，发挥桥梁作用，进行多方沟通调解工作，促成冲突化解和有关各方重趋和谐。这一方面的一个典型案例，就是笔者亲自参与的四川灾区某地围绕遇难学生家长工作的介入行动。

2008 年 6 月下旬，应四川省有关方面派驻某灾区的遇难学生家属工作组的请求，国务院某机构办公室委派笔者率前后两批共十人的专家工作队（成员主要是来自几所不同高校的社会工作专业教师）前往该地协助开展对家长的工作。[①] 在为期近 20 天的介入活动过程中，工作队实际上主要扮演了“第三方”角色，进行了一系列遇难学生家长和当地有关政府方面间的沟通调解工作，并使这种角色基本上得到了有关各方的认同。

一、汶川地震与调解者角色

（一）灾害事件的事态发展和特定情境与社会工作者担当调解者角色的可能机会

汶川地震发生后约一周时间，灾区不少地方出现了这样的事情：在地震中遇难的学生的家长聚集起来，要求调查孩子死难中学校建筑质量方面的原因和相关方面的责任，包括政府方面的责任，并试图追究所涉及的有关方面及人员的具体责任。家长们的有关行动逐渐向“群体行为”转化，出现了集体静坐、游行等行为，引起了当地社会的不安，也引起了境内外

① 第一批专家工作队中，领队和一位队员来自中国青年政治学院社会工作学院，另一位队员来自中华女子学院社会工作系，还有两位队员分别来自北京大学精神卫生研究所和上海市精神卫生中心，在介入地的工作时间是从 2008 年 6 月 22 日至 7 月 1 日；第二批工作队的领队来自中国青年政治学院社会工作学院，三位社会工作背景的队员分别来自山东大学、长沙民政学院、西南石油大学，另一位医学背景的队员来自成都市人民医院，工作时间是从 2008 年 7 月 2 日至 7 月 10 日。

媒体的报道及分析。可以说，遇难学生家长群体及其行动构成了震后不久各方关注的一个重要事态。

2008 年 5 月 19 日，四川某地的遇难学生家长聚集在因地震而倒塌的学校教学楼前，要求当地政府负责人就这一情况追究有关孩子的死难原因和相关方面的责任问题，并要求政府方面予以答复。随后，该地遇难学生的家长多次集体到当地市政府上访，造成了当地的骚动，并使得市政府有关责任人数次当众下跪致歉。这正是笔者后来前去参与并介入实务活动的地方。

针对这种事态的发展，四川省政府于 2008 年 6 月初即组织派出了工作组，到各灾区市、州指导处理遇难学生家长有关的问题，工作组的统一名称叫“遇难学生家长工作组”。四川某地的工作组由省政府某机构办公室的负责人带领，也于同期前往该地开展工作。

在此期间，笔者则正在参与国务院某机构办公室和某国际组织合作的汶川地震后介入的有关项目活动，也正是由于参与了有关活动，笔者得知了四川某地遇难学生家长工作组的基本信息(因为当地工作组的组长原所在省政府的那个机构正是国务院该机构的下级单位)。

2008 年 6 月中旬，国务院该机构办公室的人告知笔者，某地工作组向其提出请求，请上级组织速派专家前往支援当地的工作。用该单位人士的话说，当地工作组向他们发出了“SOS”求救信号，他们也十分着急，希望笔者尽快组织专家出发。同时，据该人士的意思，当地工作组最先想要的增援力量是心理学方面的专家，例如心理咨询或精神卫生方面的专业人员。但经过考虑并在得到笔者应允的情况下，最后决定由笔者带队，组织以社会工作教师为主，再加上另两位精神卫生方面的专家，组成第一批五人专家工作队，前去协助当地工作组开展工作。

关于此行的使命和任务，国务院该机构办公室向笔者提出委派任务的那位人士则只有很简单的说明，基本的意思是希望我们充当“第三方”的角色，前去当地协助处理好有关矛盾，并强调到了工作地点后主要听当地省工作组组长的意见，配合其做好有关工作。2008 年 6 月 22 日，第一批工作队的两位社会工作教师先期出发赴当地工作，6 月 24 日，笔者和另两位精神卫生专家也到达当地。7 月 2 日，第二批由四位社会工作教师和一位医生组成的专家工作队也接续第一批工作队前赴当地。

回顾以上过程，可以清楚地看到，就这次笔者参与的四川某地的介入行动而言，它是在当地围绕遇难学生问题而出现的明显事态发展的背景下发生的，特别是在当地有关政府方面尝试用传统工作方法去应对有关事态但遇到严重困难时。而笔者由于此时与有关方面有所联系和了解而获得委派，组织、带领有关专家承担有关的介入工作任务。

这中间看似有不少偶然因素，但实际上却又包含着某种必然。事实上，遇难学生问题所引发的有关事态，只是汶川地震后需要调解介入的各种基本情势中的一种突出表现，是矛盾最集中的一次爆发表现。笔者到当地工作后，从那里的遇难学生家长口中了解到，他们其实早在地震过后不久就对学校和当地政府有关方面有强烈的不满和意见，只是考虑到紧急救援期间的实际情况，才在过了一周后开始行动。

而当地有关政府方面不能用自己的方法有效应对这一事态，则更清楚地说明了前面指出过的担当调解者角色、起到调解作用的更应该是像社会工作者这样的第三方专业力量。据笔者到当地后了解到的情况，事实上，当时情势已经处于这样的状态——遇难学生家长和政府方面的沟通非常困难，家长们基本上对各级政府官员都不信任。按照当地工作组成员的说法："只要是政府方面的人，谁的话他们都听不进去。"

至于看似更偶然的由笔者率领的以社会工作教师为主的团队前往灾区，这一安排背后也是由于有关方面已有较自觉的认识，即社会工作者的专业视角和工作方法或许更适合去担负起这样的任务。如国务院某机构办公室人士所说："震后很多问题是很复杂的社会问题，不只是心理问题，社会工作者更适合担当这次的任务，一定要有社会工作者参加这个团队。"而到了第一批工作队即将撤出，笔者受委托继续负责组织第二批工作队时，有关方面更是完全同意由笔者自行决定组成主要由社会工作教师来承担任务的工作团队。

因此可以说，汶川地震后围绕遇难学生问题而出现的"官民对立"和某种冲突事态以及政府有关工作组介入未取得效果反而陷入僵局。幸运的是，相关负责人对社会工作专业有一定了解，最终使得这次社会工作者的介入行动获得机会、得以发生。

不过，需要指出的是，对于调解者角色的担当和扮演来说，尚不能说有关事态和情境为社会工作者担当和扮演有关角色提供了明确而现实的机会。恰当地说，实际上只是提供了这种可能的机会。

一方面，在当地工作组和国务院某机构办公室相关人员向笔者所带领的工作团队提出任务请求和委派时，都不同程度地明确使用了“作为‘第三方’”“去协助化解矛盾和冲突”这样的用语，表明他们多少认识到这次以社会工作者为主的团队是可以担当调解者角色、发挥调解者作用的。这也是笔者所在团队到了当地后，很快想到可以运用这种而不是惯用的那些角色模式开展具体实务工作的一个根据。但是另一方面，还不能就此认定有关方面明确接受了以社会工作者为主的这个团队此次前去实际上主要扮演调解者角色、以此基本定位来进行具体活动。一是因为实际上国务院某机构办公室向笔者提出委派任务的有关人士本身在布置任务时的说法有些矛盾，即一方面说是作为“第三方”去，另一方面则多次强调到当地后主要听工作组组长的意见，配合其工作。二是到了当地后，一开始和工作组沟通时的确感到对方更希望我们多做些心理安抚和疏导方面的工作，这可能也是最初他们要求心理学专业人员去的一个原因。正是因为这几个方面的原因，当工作队队员们包括笔者本人起程前往当地时，也并未明确地意识到将去开展的是一项以调解者角色为主的介入实务活动。

可以说，就这次行动的实际发生过程而言，在特定事态背景和有关情境下，社会工作者担当调解者角色去进行实际的介入活动的机会的确呈现出来，但这是不是一次真实的机会，到此还未见分晓。

（二）社会工作者在介入实务活动中调解者角色的自觉运用与调解实践的实现

整个实务活动的过程是通过不断调整而展开的，而其中的主线是围绕扮演调解者角色及其他角色进行的。

第一批工作队先行的两位队员到了当地，并已开展了两天的工作后，笔者才和另两位队员赶到当地开展工作。笔者很快了解到，头两天的工作主要是对一些遇难学生家庭进行个案访谈，并尝试在家长群体中开展小组活动。基本上，接下来一开始所定的工作思路也是继续这样做，这实际上属于为家长们提供心理社会支持的服务。同时，因为两位精神卫生专家已经到位，也可能要由他们负责去进行某些所需的心理治疗性活动。

但是，在随后几天的实际工作中，工作队内部意识到有可能需要进行工作思路的调整。因为通过深入接触家长包括其中的领袖人物后，我们发现他们非常关切为孩子的死“讨说法、要公道”的问题，虽然他们并不排斥工作队队员们为其提供各种安慰和帮助，但试图回避那一方面的问题几乎不可能。另一方面，通过跟当地工作组和有关政府方面沟通则发现，他们恰恰对家长们关切的那方面问题闭口不谈，或者是坚持明确的“底线”不去碰触。很快，笔者意识到，我们真正面对的是一种高度冲突的情境，这也正是此前当地工作组身陷其中的一种局面。经过工作队内部的讨论，工作队的介入思路开始朝着扮演真正的调解者角色的方向转变。尤其是在第一批工作队第一阶段工作任务的中后期，随着主要针对家长领袖做劝和工作发生了一定的效果，工作队开始注意把工作的方向转向对当地工作组及其所代表的政府方面施加影响，目的是创造一种基本的可能性，即让各方可以坐下来谈，而不是之前一直采取回避和不正面对话、实际上时时有可能发生各式各样冲突的状态。

到第二批工作队接着开展第二阶段的工作任务时，工作队总体上继续沿着调解的思路开展工作，而其间，实际上政府方面和家长间的对话已经在以自己的方式进行，工作队更多地侧重面向家长群体的一些调停活动。当然，这次介入活动的整个过程，除了调解者角色的活动之外，也始终没有中断支持者角色乃至其他角色的活动。

现在回顾起来，此次介入活动在主要的时间里是循着扮演调解者角色的思路进行的，这主要表现在从第一阶段中期开始，除了仍有一部分工作队队员在做对家长的支持服务包括辅导之外，工作队主要的精力此时已放在直面家长和政府两方在学生遇难原因和责任方面的冲突观点和立场上，试图促使双方以各种方式面对和对话，直到产生一种新的相互行为和关系的状态，即沟通对话的状态。但必须承认，这种在两方之间进行调节的努力，由于各种原因，还是比较多地指向家长方面，即对家长特别是后来明确地对家长代表进行劝导，说服其努力寻求与政府有关方面进行对话，而不是采取之前对立或对抗的行为方式。在对政府方面，相对来讲，投入的时间没有对家长方面多，策略和方法的考虑与运用也很不够。不过通过工作队的努力，我们很高兴地看到，在经过一段时间的工作后，以当地工作组为代表的政府方面也采取了明显的积极姿态，主动与家长代表进行对话沟通。直至 2008 年 7 月中下旬，在新的双方相互行为的格局下，当地未再发生各种冲突，可以说有关事态得到了平息，并且没有发生比较严重的不利后果。

就此过程进行总结，很清楚的一点就是，社会工作者在实际情境中扮演调解者角色依赖于其在实务活动中的自觉，正是在主动自觉地运用这种角色的过程中才呈现出运用这种角色的现实机会。

前面已提到，实际上在一开始的时候，当地工作组并不是心甘情愿地让以社会工作者为主的工作队扮演调解者角色，去中立地在他们和家长群体间进行具体的调解干预活动，或者可以说，他们期望并施加压力将工作队限制在其他角色中。例如，当工作队提出家长们关切的问题需要认真对待，政府应做适当考虑时，当地工作组基本上是拒绝的，常强调不可动摇的"底线"以堵死有关的可能性。用工作队队员的话来说，感觉遇到了他们竖起的一道"墙"。而如果是这样的话，顺利调解的可能性就很小，甚至让人感觉工作队的角色只是帮着当地工作组和政府方面去说服家长接受他们已经定下来的东西。又比如，在很长的时间里，当地工作组并不同意工作队提出的与家长直接对话的请求，而宁愿只站在"外面"，不走进家长们中间。

但是，工作队在内部讨论后，仍决定想方设法尽力按照调解的思路去影响当地工作组方面，包括通过其他方式如培训等去影响当地政府有关方面，直到促成工作组及当地政府有关方面与家长代表的直接对话。而在这种对话发生并获得可以预料的良好效果后，工作队及时给予鼓励，支持它继续开展，尽力去巩固这种情况。可以说，正是在努力推动有关方面去尝试行为改变，然后让大家看到行为改变的效果后，工作队才拥有了更大的空间和机会来继续进行这样的调解活动。

当地工作组方面对工作队的信任显著地增强了，也更愿意听取工作队的意见和建议。家长方面的情形也类似。其实刚开始时，工作队队员可以感到更安全的策略是不去试图和他们谈论对有关争议问题的不同意见，但这也就意味着无法去行使调解者的角色。然而，当工作队队员勇敢地试着去谈论时，发现存在着这样的机会，并且随着工作队队员推动他们与政府方面进行沟通对话得以发生并产生好的效果时，他们也更乐于让工作队在此中扮演调解者的角色。举一个例子，在他们对某件事吃不准自己应当怎样反应，对自己的行为有可能引起什么样的不利于维持与政府沟通对话状态的后果时，他们会寻求工作队的意见。而当他们自己做出了某种行为但担心某种影响时，也会很快向工作队说明其行为的意图。

当然，相对而言，可以感觉到，在这次实际扮演调解者角色的过程中，面对家长，工作队主动运用这种角色比较容易引起他们的积极反应，从而呈现出更多可以这样进行调解的机会，从而使这次实务活动可以在相当程度上成为一次真正调解的实务活动，并且也取得了调解的成效。

二、调解者角色的限制

在前面一节，通过对笔者参与的一次介入行动的案例进行分析与讨论，可以得出这样的基本结论：汶川地震后存在着社会工作者担当和具体扮演调解者这一重要角色的机会，本次介入行动和有关具体的实务活动过程本身，可视作这种担当和扮演的一个成功实例。

不过，一如帕森斯等在《整合社会工作实务》中论述社会工作者的调解者角色时所指出的，社会工作者担当和扮演调解者角色也许有许多危险和限制，需要社会工作者予以充分认识和警觉。因此，对这次案例过程进行反思后可以发现如下几种限制。

(一) 调解者角色扮演中的限制

首先，很直接的限制存在于调解者角色扮演的具体过程中。这是指社会工作者已经承担了比较明确的调解者角色任务，但在实际扮演这种角色、从事所要求的具体角色活动中存在的各种限制。

前面已经谈到，当笔者和工作队其他队员一起到达某地实际开展有关实务活动时，在相当多的时间里，虽然已经认识到针对所面临的实际情境工作队应该扮演调解者角色，主要开展面向遇难学生的家长和政府有关方面两方甚至多方的调停促和活动，致力于促成双方及多方尽可能以理性对话和沟通的方式来寻求解决问题的局面，并且这种角色在原则上也得到了有关各方的认可，但事实上，在过程中还是存在着诸多障碍和困难，时时能够感受到一些限制。

例如，前面已提及，当地工作组一直表现出某种对居间调解活动的抗拒，甚至一开始是明确拒绝的。最初，当地工作组和工作队方面是有每天沟通交流情况的工作制度安排的，工作队将此视作一种开放的讨论问题情境的机会，特别是后来更意识到这可能是对当地工作组方面进行调解活动的重要方式。但在工作队开始表示出这样的意思并做了相应的一两次尝试后，工作队注意到当地工作组对这项制度安排不再那么强调和重视，后者多次不遵守有关时间约定，并抗拒与工作队进行这种沟通交流，或者对这种活动的规则做出改变。而且，工作队也留意到，在其他可能的场合，当地工作组的人也比较回避和工作队队员进行沟通交流，似乎是不想给工作队对他们进行有关调解活动的机会。这种限制，现在分析起来可能是源自当地工作组的身份限制。事实上，一方面，因为深入的调解涉及某些更高政策层面的立场，这可能是他们本身无法做出反应的。另一方面，当地工作组中也有人曾经表示，他们自己也是来协助当地政府工作的，既不能过多干涉当地政府的工作，也并不能完全代表当地政府。进一步分析，实际上这是来自政府方面的，对工作队在具体扮演调解者角色、进行针对他们的有关调解活动的一大限制。工作队是应该省工作组组长的要求而由国务院某机构办公室派出的，但工作队之前既未与工作组的人有过明确的工作协定，更未与当地其他政府方面有过任何直接接触或者相关约定，然而工作队所调解的情境本身却是由这些方面参与构成的。在某种意义上可以说，工作队其实一直并未获得过冲突方中的重要一方(政府)的明确授权来扮演调解者角色。只是由于工作队的坚持努力，特别是当地工作组方面后来认可了工作队的这种角色和角色扮演后，工作队才有了此种机会。但直到这次介入活动结束，工作队都未曾有明确的机会直接与当地政府的工作人员接触，也没有机会实施有关调解活动。

另一方的情形也与此类似，实际上，当地遇难学生的家长方面同样也未明确授权给工作队在他们和有关方面之间担当和扮演调解者角色。因而在很长一段时间里，那些家长十分关心工作队队员的身份，尤其是在工作队队员言谈举止中可能表现出某种偏向时(特别是过分偏向政府时)，他们会明确要求工作队队员出示身份证件或反复说明身份。出于这种情况，他们也曾经误会工作队队员可能完全站在政府工作组一方，觉得工作队队员可能是中央派下来察访真实民情的，因此队员对他们表现出了更多的理解。而当工作队队员试图明确告知他们工作队作为调解者的角色位置时，他们常常无法理解和接受。

因为事起仓促，工作队在角色扮演中遇到的这些限制应当说情有可原，同时，这也印证了帕森斯等在谈到有关调解者角色的限制和危险时所说的这样一点：一个第三方的调解者不能被当事者中的某一方或某几方选择来为他们进行调解。

另外，角色扮演中的其他限制则来自工作队队员作为社会工作者还缺乏对调解者角色扮演的充分理解，缺乏相关知识和技能。事实上，围绕这次介入活动，工作队内部有过很多争论，对于要不要扮演调解者角色和怎样在具体活动中扮演这一角色一直有不同的声音，因此使有关实务活动的方向始终存在反复或者不完全统一。在这背后，其实既有工作队队员对于社会工作者应有角色在认识上的冲突和不一致，也有个人自身在这方面的内在角色冲突。正是这些冲突从自身内部的角度给工作队具体扮演调解者角色、进行有关实务活动带来某些限制，也影响到其朝着应有的方向产生出更好的效果。同样，这在相当大程度上可以得到谅解，因为事情紧急，而团队的组合比较仓促，并且在一起工作的时间并不很长。

(二) 担当调解者角色的条件限制

从此前的分析和讨论基本上能够发现，在这次汶川地震后以及在特定的围绕遇难学生问题引起的具体情境下，社会工作者是有条件担当调解者角色的，笔者参与的这次以调解者角色为一大明显特征的介入实务活动得以发生即可说明这一点。不过，这的确不能得出结论，说社会工作者在相关背景下担当调解者角色的条件是充分具备的，而必须要说，这中间角色担当的条件仍有很多限制因素。

除去之前已经讨论过的某些特定的情境因素构成某种限制之外，此处更主要的是指出以下两方面的限制，它们都涉及宏观环境，并表现为两个相反的方面：第一方面是调解者角色的担当需要某种文化，某种认同调解和调解者角色的文化；第二方面是社会工作者担当调解者角色更需要处理好专业内部的伦理冲突，特别是围绕着“公平”议题的有关伦理冲突。

第一方面，必须指出，这次汶川地震后，国家和社会都表现出某种开放与积极的态度，各种信息比较公开，也愿意正视各种问题并寻求比较理性的方式去对待和谋求问题解决，而不会动辄采取对立的方式和做法。总体上说，我国政府和民众中的“和谐文化”也有利于在某些特定情境下进行调解者角色的担当和扮演。不过，另一方面，我国仍为“强政府，弱社会”的现状，而在这次汶川地震后灾区情况比较复杂的情势下，仍表现出相对强势的治理模式，中间既缺乏运用第三种力量来制度化地发挥重要调解作用的明确安排，又没有第三方调解者角色发挥作用所需的充足的社会政治文化积淀。就具体情况来说，无论是政府方面还是群众方面，都还容易持非此即彼的看待事物的态度和立场。如果发生矛盾而出现了第三方，矛盾双方要么要求他站在自己一方予以接受，要么因为他不站在自己一方就以为他一定站在对方而加以排斥。事实上，这也是一种基本的信任缺失。在某种意义上，之所以社会工作者更要重视去担当和发挥调解者的角色作用，是因为既然有此种限制，就更应该通过自己的行动去力求打破这种限制。

然而第二方面正好与此有些矛盾，即从社会工作者担当调解者角色的一个基本前提来说，就是不违背自己的专业承诺，其中非常重要的一条就是对公正的追求。事实上，这常常构成社会工作者在特定情境下担当调解者角色的一个限制。也就是说，他不应在明显有违公正的情况下去试图担当调解者，或者说，去为本不公正的情境进行调解。然而问题是，某些待调解的情境可能本身就是在某一方看来不公正而另一方看来是公正的，或者两方以及多方看来都是不公正的。此时社会工作者如何选择？在我们所讨论的中国具体背景下，一个比较棘手的问题是：我们的主流价值体系中比较欠缺关于公正的具体说明和标准，使社会工作者亦较难借以做出具体判断，获得伦理困境的解脱。就社会工作专业内部的伦理论述来说，一直以来也都比较侧重于关怀、照顾和幸福的部分，而对公正伦理而言却大多不详。这样，可以理解的是，许多严肃的社会工作者被困于有关公正问题的伦理限制中，而在面对是否承担某些情境下的调解者角色时举步维艰。

如果以上这两个问题不能很好地解决，那么，虽然社会工作者可能有担当调解者角色的机会，但可能仍旧没有充足的条件去担当这一角色。

（三）调解者角色作用效果的限制

在很多情况下，调解者角色的运用是有时间限制的，这在调解者角色以“问题—解决”为基本属性和集中关注行为改变上有所显示。笔者参与的四川某地的介入活动，同样很明显地属于较为短期的介入活动。这使得关于其作用效果的讨论很有必要。

若以此介入实务活动来看，目前尚不能完全肯定地说其效果和作用全属积极并且可持续，虽然工作队主观上希望做到在扮演调解者角色的过程中努力争取不留后遗症地解决问题，不过有一点是清楚的，从化解当初相当严重的冲突情境的角度来说，这一次的调解可以说是成功的。这一点本身也表明了调解活动是有作用和效果的。

但是，就笔者之后继续保持的与当地有关家长乃至政府方面有关人士的联系，并从中所了解到的情况来看，虽然这次介入活动在调解冲突方面起到了很好的效果，但并不能说那里的问题已经被完全解决。就家长们的反应来说，虽然说后来还有一段时间也仍可以听到他们说起对政府方面的某些具体不满，但现在其实已经较少针对当地政府方面表示某些不满，他们现在时常表达的是自己在生活中的痛苦情绪，和对于自己未来生活的无方向、无意义的感受。而就政府方面有关人士来说，就在事件平息之后的一段时间，仍旧能够听到他们对于家长们的某种不满意见，例如说他们这个群体占据了政府太多的时间和关注，过分特殊化了，也影响到了灾区其他更需要帮助的人群的关怀。

由此看来，或者从家长们的角度说，扮演调解者角色似乎已无必要，但是，他们的问题仍还需其他介入。例如，需要持续地给予他们心理社会支持，使他们能真正走出丧子之痛的阴影。而对政府有关方面来说，也许仍有某种对他们扮演调解者角色的必要，使其能够更好地看待有关事情。这或许正呼唤着社会工作者在接下来的介入行动中去担当和扮演更多其他的角色。

三、社会工作者的调解者角色

关于社会工作者的调解者角色，国内社会工作专业界似乎缺乏明确的界定。权威性的教材对社会工作者这一角色的论述基本上是缺失的。以王思斌主编、高等教育出版社 2006 年出版、被列为“普通高等教育‘十五’国家级规划教材”和“面向 21 世纪课程教材”的《社会工作概论》(第二版)为例，关于“社会工作者担当的角色”有以下六种：“服务提供者”“支持者”“倡导者”“管理者”“资源获取者”“政策影响人”，但没有“调解者”这一角色。

不过，尚不能据此就认为国内社会工作专业界包括王思斌本人的观点就是完全排斥社会工作者的调解者角色，而毋宁说是有关论述没有详细阐述调解者作为社会工作者的一种角色范畴。例如，在上述有关观点中，所列社会工作者担当角色中的倡导者和政策影响人，正是调解者在扮演角色中常常要做的具体工作，亦可视为隐含地接受了调解者角色的必要和可能。又如，在同上所引教材同一章的“社会工作的主要功能”一节中，笔者指出了社会工作的两大功能——“助人功能”和“维序(维持社会秩序)

功能”，而在阐述维序功能时实际上涉及了许多与调解有关的活动，这在相当大的程度上可以看作是从总体角色的层面认可与肯定了社会工作者在社会生活中的调解者角色。

相比之下，国际社会工作专业界对于社会工作者的调解者角色则持更加明确的肯定态度。这种明确的肯定态度既是在社会工作实务活动中社会工作者担当的相关角色层面(可称之为较具体的工作角色范畴)上的，也是在社会工作整体对整个社会生活发挥的功能角色层面(可称之为基本使命角色范畴)上的。

关于后一种角色范畴上的明确肯定，可见于沃尔特·洛伦兹在其于20世纪90年代初所著的《变化中的欧洲的社会工作》(Social Work in a Changing Europe)一书中。这位出生于德国、长期辗转于爱尔兰和英国等欧洲不同地区从事社会工作实务和教学活动的笔者，对全球化和欧洲融合导致的多民族、多文化的新社会现实比较敏感，在“多文化社会工作(multicultural social work)”的整体主张下，强调了社会工作的调解者角色的必要性和重要性，甚至明确宣传社会工作的根本使命(mission)就是在不同个人和社会之间进行调解。在沃尔特·洛伦兹的有关阐述中，他将社会工作整体在整个社会生活中的角色定位于调解各方、达致真正和谐，这可以说是在对社会工作新的理解视野下极富启发性的见解，也更适用于观照和把握当代受后现代思潮影响下的全球社会工作实践。

至于对前一种较具体工作角色范畴上的肯定，有代表性的则可见帕森斯、乔根森、赫尔南德斯在《整合社会工作实务》一书中的论述。作为美国社会工作“通用模式”的当代新发展——“整合社会工作实务模式”——的重要代表，三位丹佛学者以“问题—解决”框架重构整合实务，从介入焦点对准社会问题(而不是“案主”)出发，逐一讨论了社会工作者的六大角色，即谘商者角色(the Conferee Role)、使能者角色(the Enabler Role)、倡导者角色(the Advocate Role)、经纪人角色(the Broker Role)、调解者角色(the Mediator Role)和保护者角色(the Guardian Role)。十分突出的是，在其《整合社会工作实务》中，调解者角色作为社会工作者担当的第五种角色被明确列出。而在相关章节的具体阐述中，笔者讨论了调解者角色的运用(包括如何承担调解者角色、调解的理论基础和调解者角色的定义)，探讨分析了有关冲突的各个方面，并提出了扮演调解者角色的行动框架(从对冲突情境做出探究和评估、使对立各方坐下来商谈、把人和事情分开、集中关注利益而不是态度，到创造使各方满意的新选择并为选择新方案确立标准，直到恢复关系和达成结果等），最后还指出了担当调解者角色的限制和需警醒之处。应当指出，帕森斯等三位笔者在整合社会工作实务的视角下对社会工作者在具体实务活动中的调解者角色既持非常明确的肯定态度，也做出了相当深入、全面的阐释，这对有关实践具有重要的参考价值。

综上所述，可以认为，在社会工作专业内部，特别是当代以来，学者对于社会工作整体在社会生活中与社会工作实务工作者在具体的实务活动中可以和应当扮演调解者角色、发挥调解者功能与作用是持肯定态度的；在基本的使命角色定位上，相关的论证能够支持社会工作作为一种整体的力量去承担起在一个日益多元和充满多样性的世界中努力调解各方、谋求可持久的真正和谐相处与共存局面的使命；在特定的实务活动中，针对各种可能是很复杂的实际冲突情境，社会工作者可以尽可能地保持一定程度的中立性，同时善用自己的专业视角和能力，在不违背基本价值立场的前提下，去进行具体冲突的调解，致力于达成真正有利于各方的和谐结局。也许通过科纳韦和金特里关于调解者角色的下面这段话，可以让我们对社会工作者的调解者角色及其必要性有更清楚的认识。

调解者角色是在两个或多个冲突方之间去促成和解、解决、妥协或理解的角色。它是一个助推对立方之间围绕利益进行沟通的过程。调解专注于行为方面的改变不是态度改变，尽管态度的改变很可能随行为改变而发生。这一角色是基于问题且在本质上是以“问题—解决”为基本属性的。它所期望的结果是有关各方互相同意的行为协定。这一过程假定卷入的各方能做到将争议问题、利益、立场、其他选择方案及资源区分开来，以找到各方都同意的解决办法。其策略是不去关注人格改变、态度改变或参与者的治疗程序。人的改变如果发生也属于次级结果。担当调解者角色意味着为参与者创造能显著改善其生活质量的选择。

综合以上分析和讨论，笔者认为，在汶川地震后，社会工作者有一定的机会去担当和扮演调解者角色，当然，在这种担当和扮演中也存在着各种限制。笔者深知，关于社会工作者的调解者角色还有许多重要的问题值得讨论，而对于这一次介入行动的分析和总结，包括具体实务层面的反思也还有许多方面没有来得及涉及或深入。此外，从方法论的角度来说，以此一例能否说明太多的东西也值得思考。尽管如此，笔者在此郑重指出，对于社会工作者担当和扮演调解者角色的有关思考，实际上触及社会工作者的自我理解与行动的一些关键方面，或许必须联系社会工作在当代的根本使命和基本伦理所关切的有关问题来加以省思和探讨。同时，更重要的是，社会工作者需要投身于实践，在实践中加深有关思考与认识。愿更多的社会工作者以各种方式加入这场地震后的介入行动，因为一个最基本的声音是清晰的：那里的受灾群众需要社会工作者，那里的政府和方方面面的人也都需要社会工作者，社会工作者应和他们共同面对灾后的困难与挑战。

第四节 案例评析

从传统的社会工作概念上讲，紧急救援阶段，应该更加专注于运用一些治疗性的手法针对仍然处于应急状态下的灾民，运用危机介入模式等相关技术手法，从生理、心理等方面进行紧急介入。

一、关系的调节与平等

在本章提到的两个案例中，社会工作者在其中发挥的作用是调解各方的关系。这其实体现出了工作者在实际工作中，运用更加整合的方法来看待问题。社会工作专业在实践过程中一直倡导与服务对象之间保持一个平等的合作关系。社会工作者在倡导公正的过程中，看到了与服务对象之间可能存在的不平等关系或信息不对称关系，才促使了其希望运用一定的角色来调节关系，实现平衡。而这种调节关系实现平衡的视角，与传统的治疗性视角形成了鲜明的对比。发展性社会工作的视角希望运用宏观视角或社区组织的方法，来对传统的治疗取向进行超越，从而实现社会整体变迁的目标（Midgley & Conley，2012）。

绵竹社会资源协调平台的实践就很好地突出了组织的方法。在实际实践中，平台作为一个实践者，努力地调解居民、政府、志愿者、社会组织、资源等多方面的关系，试图让其在供需过程中实现平衡，达到真正变迁的目的。在这个整合过程中，政府、社会组织、企业等不同的主体都被看作是相互之间平等的状态，被统筹整合在平台上，更好地为受灾居民提供高效的服务。在平台内部和平台运行的过程中，都体现出了社会工作对关系的调解和平衡。

在遇难家属的调解工作中，社会工作者尽量保持了自己“第三方”的特性，没有仅从心理治疗、情绪干预等方面单方面地去“责难”遇难家属。同样也没有运用社会运动的方式组织遇难家属直接“责难”政府，而是注重其中的关系，将两者视为平等的主体，尽量调节关系并创造机会让两者主动实现沟通对话。而从沟通对话到根本解决问题，才是实现总体关系变迁的关键。

放下独立的主客二元视角，而运用关系视角，让服务对象与其他系统之间的关系进行调节，实现整体的变迁，是本章的两个案例着重突出的部分。同时，也可以仔细体会出，从关系平等的视角下社会工作是如何运用社会性视角来调节相互之间关系的，而这种视角恰好可以跳出治疗性的维度，让社会工作在宏观上将推进变成可能，也更能体现出社会工作专业的“社会性”特点。

二、相关概念的重新认识

在以上两个案例的实践过程中，可以对很多熟知的概念引起反思。这种反思其实就运用了一种新的视角，即更灵活地运用相关的概念和方法，让多层面的工作成为可能。

首先是社区的概念。发展性社会工作中，社会工作者需要促进服务对象在社区生活的所有层面的融入，他们积极投入社区，与社区群体密切，获取资源建立网络，形成具有当地特色的工作方法（Midgley & Conley, 2012）。在我国的传统概念中，社区更多的是一种行政性单位的社区，但是在社会学的相关概念中，突出了社区形成的三大要素，即地域、人群和互动（郑杭生，2003）。在紧急救援阶段，这种原有的社区社会关系被打破，如何认识社区对开展相关恢复工作有着重要意义。在紧急安置阶段，居民们更多聚集于同一个安置点，因此更广阔的地域层面也可以在灾害中被看作是一个社区，从而推动宏观层面的社区的变迁。在社会资源协调平台的案例中，最初遵道镇就被看作为一个共同的社区，来到遵道镇提供服务的志愿团体等，就可以看作是对整个社区进行的资产投资。因此，资源协调平台的作用就是进一步整合在镇层面的资产，来推动整个遵道镇的社会关系重建和整体的变迁。后来在绵竹市形成的平台也是相同的视角，将整个绵竹市视为一个社区，外来的相关资源看作社区拥有的资产。在运用这些资产进行整合的同时，也让社区发生了变迁。因此确定了平台运用调节和服务相整合的方法发挥作用，其实质就是对社区内的资源进行整合，丰富社区中的资产量，这个整合的过程是让已有的资源发挥出更大效用的过程，也是一种进行社会投资的过程。同时，米奇利也指出，帮助本土团队与社区掌握资源和网络的能力，具有高度的优先性，也是一种重要的技巧。从这方面来看，其突出了资源调节过程对于发展的意义。

其次是发展的概念。在以往的理解中，更多的学者认为数量的增长和变迁是一种发展的表现。而其他学者对社会发展有着不同的看法，认为社会发展是“人们变得越来越能干、适当的有责任感的互动，而促进建立一个相互关怀、共同分享的社会”的过程（Midgley & Conley，2012）。这样的表述突出了发展的实质，即在发展过程中每个个体能力和责任的增加。在资源协调平台的案例中，若将志愿团体和社会组织看作是服务对象的话，资源平台的作用就是让这些平台上活动的细胞能够更好地、更有责任地运行。同时，平台在链接资源的同时，积极推动针对日常生计恢复的项目，能促进灾民承担起对自己未来生活的责任，这也是一种较为典型的发展性的理念。

同样，在遇难家属调解过程中，更需要对社会工作专业性、角色和功能等方面进行一个深度的反思，在上文案例的论述过程中已经提到，此处不再赘述。

三、整合的方法

在灾害社会工作中，大众更希望突出运用整合的方法贯穿整个服务，很多学者关于灾害社会工作的研究中都提到了这一点（张和清，2011；文军，2015）。从这两个案例中，同样可以体现出各种整合的结果。

在社会资源协调平台的建设过程中，社工队对服务对象既兼顾了特殊群体其特殊性需求的微观层面，也兼顾了整个镇的所有居民普遍性的需求层面；在关注目前最为紧急需求的物资层面的同时，也关注了精神与社会关系层面；既理解到了紧急救援阶段对于物资需求的层面，也考虑到了日后重建发展时进一步发展层面。整个案例中，平台作为服务提供者，同时也是服务的接收者，从政府、社会组织、企业到个人的志愿者，多个层面多个主体都成了整个项目中的服务对象。这个服务项目贯穿了生态系统空间视角和时间发展视角。同时，在具体的工作方法上而言，社工队没有特别割裂地仅运用一种或两种直接服务的方法，而是针对不同的对象、平台运行和紧急救援的阶段目标综合运用个案、社区和间接服务中督导支持等方法。

在遇难家属的调解工作中，也没有突出运用哪一种工作方法，而是针对促进调解的目的，综合运用了不同的视角和促进技巧，对政府和学生家属的双方关系进行调节和促进，实现了调解者的工作角色。在社会工作服务，特别是灾害社会工作这类目标特别明确的服务中，一定要注意目标和手段之间的关系，以及运用专业中常提到的变迁、优势视角、增权等实务理念和模式，综合通盘的考虑来促进目标的达成，而不是隔离地运用不同的工作手法。

需要指出的是，在第一个案例中，若把相关的资源看作是社会投资的话，其推动社会发展的做法是较为典型的发展性社会工作的实践，在下面章节的案例中笔者将更加细致地介绍相关理论和实务技巧。本章更希望通过这两个案例，让读者体会在紧急救援阶段社会性的视角及其影响，避免仅从治疗化的模式来看待本阶段的服务对象，希望用更宏观的视角来发挥社会工作者在关系调节和经纪人方面的角色。

第三章

过渡安置阶段的社工服务案例

在过渡安置阶段，受灾民众的生活相对稳定下来，尤其是居住的地方相对固定不变。此时社工可以更加有系统地介入并提供相应的服务，协助各方进一步摆脱灾害带来的冲击性影响，帮助受灾民众初步适应新的生活状态，并更好地处理因灾害引发的某些复杂矛盾，进而开始投入新的行动，走向灾后的新生活。一般来说，社工在这个阶段除继续扮演支持者角色，并将心理社会支持的重点聚焦于某些问题和需要更突出的群体及个人之外，开始更多地承担为一些特定人群（如老弱病残者）组织提供社区照顾服务的工作，其作为组织者和协调者的角色以及直接提供照顾和辅导等服务者的角色愈益增强，此外其可能需要更多地扮演调解相关矛盾冲突的调解者角色。整体上，社工如前一阶段一样仍以受灾人群的“照顾者”基本角色为主，但是开始逐渐增加“陪伴者”或“陪伴支持者”这一基本角色的内容，并考虑向“同行者”基本角色的转变。本章的两个实务案例，第一个更多地反映社工作为受震灾影响的当地居民基本的照顾者，包括心理社会支持者、社区照顾服务组织协调者的角色情形；第二个则既体现这些角色的担当与内容，亦开始展示其朝陪伴者乃至同行者的某种转变与过渡情况。当然，在发展性社会工作的模式中，尽快启动这样的转变是非常重要的。

第一节　过渡安置阶段社会工作服务概述

在关于灾害救援的研究文献中，多数时候并未将过渡安置作为一个相对独立的阶段进行探讨，而是将其置于更为漫长的恢复重建阶段进行探讨，其理由是：在某些情况下，我们很难将两个阶段截然划分开来进行研究，但中间的前后连续关系是自然而然地发生的。在经历了四川汶川地震以及云南鲁甸地震的社会工作服务过程后，笔者也强烈地感觉到过渡安置阶段和恢复重建阶段灾区情况的复杂性、交叉性和连续性，似乎很难简单地将某些问题与需求划分为过渡安置阶段的还是恢复重建阶段的。本书之所以在结构上将两者分开叙述，完全是出于对灾后救援工作的整体结构的完整性和表述上的便利性，因而采取了权宜性策略。在具体行文上，笔者试图去勾勒两个不同阶段的轮廓及社会工作服务的侧重点，同时又特别注意保持灾害救援工作中社会工作服务的“真相”——这是一个连续性和持续性的过程。如同吉登斯所说的，这是一种连绵不断的“实践流”。在这个实践流中，社会工作服务特别注重对问题的回应、对行动的反思和对进一步行动的思考。

一、过渡安置阶段的情况分析

由于很多灾后重建住房都是异地重建，原有的工厂、商铺、土地等维持生计的载体已经分崩离析，形成一个既非人们所愿又不得不被卷入的新的社会系统。在这个新的社会系统里，无论是微观层面的个人和家庭关系系统，中观层面的人际交往和社区关系系统，还是宏观层面的社会结构和文化系统都面临着诸多的问题和压力，需要灾区民众自己和各种救援力量做出努力。

严格意义上讲，在地震灾害的援助中，多数社会工作服务在过渡安置阶段集中形成，并发挥重要作用。这个阶段的情势不同于紧急救援阶段的“刻不容缓性”和以保障生命财产安全与稳定民众情绪为最重要任务的具备较强政治色彩的“维稳不添乱”主张。随着紧急救援阶段的过去，过渡安置阶段的情势出现了新的局面。

（一）生理、心理康复的需求凸显

在紧急救援阶段，伤残人员得到及时的医护治疗。在紧急治疗后，这部分人群进入了漫长的康复过程。在此期间，他们需要根据不同的伤残程度接受治疗和康复训练，如有需要，还会在治疗结束后配备各类辅助器械（如拐杖、轮椅、假肢等），以便最大限度地恢复行动能力。生理康复的需求在此阶段集中显现，而此种需求只有在相关专业医护人员的指导、训练和建议下才能得到有效满足。

在危机发生后，受灾民众在心理上会进入所谓的“解组”期，也就是灾害对人的负面影响的集中爆发期。根据受灾程度的不同，人们会有焦虑、抑郁、悲伤、愤怒、害怕、绝望等情绪。受灾害影响较轻的民众经过一段时间自我防御和调节机制的作用，会逐渐克服灾害对其产生的负面影响，较好地应对出现的各种困难。受灾害影响较重的民众（如致残、丧亲、失去家园等）则会出现较为严重的情绪困扰（如逃避、过度悲伤、过度担心未来的生活、对未来失去信心、绝望甚至产生轻生的念头等），这就需要相关专业人员给予及时的辅导、疏解、陪伴和支持，从而使他们面对现实，从非理性的情绪状态回归到正常的生活。

（二）对新居住环境的适应

对于灾区环境而言，由于地震对于居住环境的毁坏，处于过渡安置阶段的受灾居民都从帐篷搬到了板房区。板房区的环境和居住条件是民众最初无法接受的，包括居住的卫生状况、居住的空间等，特别是搬进板房后正值夏天，板房里会显得特别闷热。在服务中，很多服务对象都告诉机构人员他们对板房环境的不适应。同样，在完成永久性住房建设和搬迁后，对于新社区同样是需要进一步完善基础设施和社会环境建设的。此外，在灾后相当长的一段时间内，可能都会有相关的次生灾害发生，例如近年来，每年夏天下暴雨时，四川地震灾区内都会形成规模不同的泥石流和滑坡灾害。这种对于保证案主周围环境安全等需求，在过渡安置阶段的工作中需要多层次的合作进行回应。

（三）社会关系网络的恢复与重建

个人的社会支持网络的重建，是社会性相关的重要方面。在紧急救援阶段，灾区民众被安排在帐篷中居住，然后被安排住进过渡安置房（如板房）进行为期1—2年的过渡安置，2—3年后才会住进永久性安置房。每一次的搬迁过程，都是打破原有居住秩序的过程。在一起居住的邻居多次更换，可能板房区中很要好的几个朋友选择了相距很远的永久性社区居住。社会支持网络需要在这些新的环境中多次进行重建。随后，很多工厂可能面临着搬迁，部分受灾群众可能会搬到一个全新的环境中，这或许会打破整个家庭的生活秩序。多次对原有社区体系秩序的打破、每次环境的变换，对受灾民众来说都意味着其社会支持网络需要重建。

（四）解决生计问题的需求逐渐显现

在过渡安置阶段（同时也是后文要讲的恢复重建阶段）的另一个重要需

求——灾民个人及家庭的生计问题逐渐显现。生计问题不能简单地等同于个人的经济问题或家庭收入问题，它涉及围绕家庭经济生活而发生的一系列生产、生活方式和谋生策略的问题。灾害带来的破坏，不仅造成了物质性损害和民众的生理、心理伤害，同样也打破了原有的生产生活方式、人际交往和社会关系结构等多方面的生态。

在生理、心理和社会生活趋于稳定后，生计问题和发展问题则成为灾区居民继续生活的根本。地震后，部分工厂进行了搬迁，在异地投入生产。原有的个体商户不一定在新的城镇中拥有条件继续进行经营活动。此外，对于大量从较为分散的农村社区迁到新的社区中集中居住的居民来说，也是对他们生计方式的根本性改变。同时，受个人社会支持网络的影响，很多居民的生计状态都会发生变化，即使坚持原有生计方式，他们的状态也会变得不同。此外，生计问题是与家庭经济相关的问题，对于家庭的影响特别深远，可能会影响到家庭的生活方式和社会节奏，例如现在备受关注的流动儿童、留守儿童其实都是由于其家庭生计模式不良造成的。生计的不良，可能会进一步影响家庭成员间的关系等。对于这一需要，社工既可以帮助重建，更可以基于一定的基础促进其进一步发展。因此，对于生计问题的重建和发展，是灾害社会工作恢复发展阶段的一项重要问题。关于生计问题，绵竹青红社工在实践中始终在回应这样的需求，后文将详细介绍。

二、过渡安置阶段社工服务要点

从政府工作的角度，在进行灾区民众生命财产的紧急救援告一段落后，确保受灾群众生活保障的全覆盖，让灾区群众尽快恢复正常生产生活秩序是过渡安置阶段的重要任务。当然，这一阶段显现出来的问题和需求，对社会工作服务提出了新的要求。相对于紧急救援阶段社会工作服务的“盲目性”，这一阶段，社会工作者需根据实际情况弄明白如下问题，否则社工的服务很可能无法有效开展甚至中途夭折。

（一）社工如何落脚灾区？

社工参与灾害应对工作，无论是从情理上，还是从专业上，看起来都责无旁贷、理所应当。但是，在社会工作介入灾害救援工作并未体系化、规范化的当下，在社会成员对社会工作并未有充分认识的当下，社工如何参与其中，如何能够找到一块可以落脚的地方，就可能成为一个较难解决的“问题”。在四川汶川地震、青海玉树地震、云南鲁甸地震甚至是天津爆炸事件的社会工作服务介入的实况中，都无一例外地反映出，如果社会工作力量不是依靠各地政府对口援建的框架有计划地介入，或其本身具有较强的官方背景以及出身“大户人家”，他们几乎是很难在灾区立足的。在过渡安置阶段，“帮忙不添乱”“稳定压倒一切”的救灾思想贯彻始终。在当地政府的各种顾虑之下，他们会非常审慎地对待外来救援力量，包括社工在内。如何寻找到一个合适的落脚点或者说已经开展的服务如何能不被叫停，则成为众多社会工作力量首先需要思考的问题。本章将以青红社工和云南鲁甸社会工作服务介入灾区的例子来进行说明。云南鲁甸地震后，民政部组织实施了“鲁甸地震灾区社会工作服务支援计划”，共组织五支“社会工作服务队”顺利介入灾区，而青红社工完全依靠大学师生组建而成，其介入灾区的过程则存在一些波折。

（二）灾区群众存在哪些困难和需求？

有较多的文献研究灾害发生后灾民及灾区会面临的问题与需求。但对于问题与需求的把握，可能不是依据已有的文献资料或某地的成功经验就能简单推敲和设想的；同时，也不是亲赴灾区一线走马观花似地做几次调研，和灾民一起聊聊天就能准确捕捉和把握的。对于“灾区存在哪些困难和需求”这个问题的回答，唯一可行的方式，就是融入灾区的环境、以参与者的身份和姿态直面灾区发生的一切，深入到灾区民众之间，去听、去看、去感受，并且重视对各类资源和状况的比较分析，综合考虑各类因素，从而准确把握灾区及灾民的需求，找准服务的切入点。本章将通过对青红社工介入灾区、评估社区需求全过程的呈现来说明准确把握需求的重要性。四川社会工作服务队在介入巧家县的第一时间，也运用灵活的手法，完成了相关的评估工作，抓住灾民在初步安定后的实际需求。

（三）社工可以提供哪些服务？

在灾害救援这样兼具应急性和持续性的服务工作中，社会工作（者）可以提供哪些服务？这个问题早已是学界和实务界探讨的热门话题，也形成了较多的理论成果。在此不一一赘述。概括言之，社会工作在灾害救援中针对不同的问题、不同的群体，根据各地的风土民情，提供的服务形式多样，包括心理援助、康乐活动、生计发展、资源链接、平台支持等，涉及直接服务和间接服务的方方面面。

但每一类人员和资源不同，要处理的问题也不同，提供的服务自然不同。归根结底，提供的服务应是因地制宜的、灾区民众急需的以及符合社会工作专业价值和伦理的。本章所要呈现的巧家县安置点社工队的服务和青红社工循着发展性社会工作理论而展开的家庭生计互助服务的探索能够较为充分地说明这一点。

(四) 社工如何有效开展服务?

对“社工如何有效开展服务”这个问题的回答取决于前三个问题是否得到科学衡量和有效解决。我们不能贸然地说某种方法或某种途径就一定能使服务变得有效，但我们可以尝试去总结那些较为成功的经验，以此做一些探讨和反思。专业理念和专业方法的指导，遇到问题采取民主协商的办法，增强服务对象的权利体验，致力于服务对象自助、互助能力的建设，注重服务对象群体领袖的培育和社区组织的培育，注重可持续生计的发展等则是笔者基于多年实践和反思，提出的有效开展服务的方法和策略。

第二节　云南 QJ 安置点社工队服务

2014 年 8 月 3 日 16 时 30 分，云南省昭通市鲁甸县(北纬 27.1 度，东经 103.3 度)发生 6.5 级地震。灾情波及周围多个区县，造成了 617 人死亡，经济损失达 4.602 6 亿元。

在初步完成地震的紧急救援阶段后，民政部 9 月 5 日启动“鲁甸地震灾区社会工作服务支援计划”，旨在统筹社会工作专业力量，为灾区群众提供心理援助和社会支持服务。鲁甸地震灾区社会工作服务支援计划由民政部社会工作司联合云南省民政厅具体实施。此次社会工作服务支援团下设五支社会工作服务队和一个社会工作督导培训组。由北京市民政局、上海市民政局、广东省民政厅、四川省民政厅和中国社会工作协会(现中国社会工作联合会)组建五支社会工作服务队，与云南当地社会工作者一起赶赴鲁甸县、QJ县等受灾群众较为集中的区域，开展专业的社会工作服务。社会工作督导培训组依托社会工作专家力量组建，先期将有10余名专家对灾区社会工作服务进行专业督导，对灾区有关干部、社会工作者和志愿者进行相关培训。这支被部分媒体称为“社工国家队”的组织，在过渡安置阶段对灾民生活的恢复和发展起到了重要的作用。

四川省民政厅牵头组织的“鲁甸社会工作支援团四川服务队”(以下简称四川服务队)由12位具有社会工作和心理学专业教育背景、并长期工作在一线社会工作机构的成员组成。他们在昆明经过了两天培训之后，于9月11日奔赴巧家县包谷垴乡安置点开展为期三个月的社工服务。

一、过渡安置阶段的需求评估

社会工作团队作为“社会工作国家队”，在行政力量的协调下，四川服务队进入服务现场是十分顺利的。这其中也有四川服务队与当地有关部门前期充分沟通的努力，在到达巧家县包谷垴乡开展社会工作支援服务之前，首先通过培训会与巧家县民政局取得了联系，从县级层面了解灾区包谷垴乡的基本情况，包括受灾损害情况、人口结构情况、地理环境、风土人情等。其次，通过巧家县民政局与包谷垴乡民政员取得联系，进一步了解包谷垴乡的情况。前期的沟通为即将介入的服务提供了基础信息支撑，有助于队伍前期筹备服务相关事宜。

9月12日下午18时许，经过八个多小时的长途奔波，四川服务队从昆明顺利抵达巧家县包谷垴乡。在乡纪委书记的接待下，完成了团队的初步安顿工作。当晚，四川服务队立即与包谷垴乡政府开展座谈会，双方介绍了各自的情况，并对接下来的服务进行讨论并制订了沟通联络机制，即乡政府确定一名具体联络员，社工队由队长和副队长作为联络员，在接下来的服务中双方加强联系，约定信息沟通方式、途径等。充分的沟通为四川服务队与当地政府部门建立良好协作关系开启了大门。

社会工作专业关系的核心在于建立以“受助者为本”的专业关系。即社会工作服务开展是在专业关系的框架下尽可能地满足服务对象的需求的过程。因此在社会工作介入的第一步，都需要充分了解服务对象的需求。四川服务队在进入灾区的第二天，就马不停蹄地开始了需求评估。社会工作的需求评估方法是多样的：基于定量的调查、量表和质性的访谈、观察等研究方法都可以很好地了解服务对象的具体需求状况。在实际的评估过程中，需要进一步结合服务的实际情景对方法进行选择，避免需求评估变成一个机械的收集资料、分析资料的过程，而应与后面的服务内容进一步联系。

四川服务队在专业服务的初始阶段，面临两个重要的问题，这也是社会工作开展服务最初较容易遇到的，也会直接影响到整个社会工作的介入过程。第一个问题是社会工作是什么的问题。像很多地方一样，包谷垴乡的居民对于社会工作这个词都是第一次听说，因此需求评估的过程也是四川服务队向服务对象建构自身形象的过程。最初要让服务对象认识社会工作是不容易的，在四川服务队最初开展需求评估时，居民确实对社会工作者的角色产生角色混淆。部分村民认为社工是政府行为，代表政府来了解情况，也有的村民认为社工是外来的记者，报道灾区的情况。这种身份的混淆影响了评估信息的准确性。村民的反应有夸大的，有沉默的，有犹豫不决的，有欲言又止的，所以，针对这些信息，社工应从多维度收集信息，对信息进行辨别和验证，避免不当的回应影响关系的建立和后期的服务，更不能在这个过程中让村民对社工产生不恰当的期望。

与此相关的第二个问题是居民需求的多样性。在过渡安置阶段，居民的需求进一步丰富起来，其关注的内容从永久住房的建设，到家庭未来的生计方式，再到日常生活中的琐事都可能会向社会工作者反映。社会工作者如何在这些材料中找到与专业性相关的点，针对非专业范围内的内容运用恰当的方式进行回应，是服务队建构自己专业形象的重要方面。

四川服务队在需求评估中就运用了较为灵活的方法，很好地处理了前两个问题。四川服务队最初进入安置点，看到的景象是：一群老人在树荫下乘凉，不远处的树林里一群孩子在追逐嬉戏。因此，四川服务队决定将社工分为三队，一队留下与老人交谈，一队带领小朋友玩耍，一队在帐篷中穿梭挨家挨户地走访，运用参与式观察和活动等方法收集信息。在当天的四川服务队活动简报中，这样写道：

“与老人在树下闲聊，聊得更多的是花椒、核桃到了收获的时节，家里的年轻人都回到原来的村子里，抢收花椒与核桃。但是部分家庭种植面积较大，家里的劳动力不足以完成收获，老人们表现出了焦急与无奈。”

“大人们离开安置点在辛勤地劳作，为地震收获希望。小孩们活泼可爱自顾自地玩耍，但是仅仅由老人们在照看。小孩的安全、学习由谁来关注，才能让大人们放心地劳作？据了解，整个安置点大概有30名学龄前儿童，由于安置点没有幼儿园，他们的活动安全成了不小的问题。”

…………………………………

四川服务队运用的评估方法具有两个层面，第一是调查的方法。值得注意的是，调查的方法并不是直接运用一定的调查工具，如量表、问卷等直接的调查过程，而是加入到调查对象的日常生活中，避免过多干预服务对象的日常生活，再进行观察总结。社会工作者在树荫下参与和倾听老年人的聊天，其实就是这样方法的运用。只有尽量少地影响其他服务对象的生活并尽可能地参与其中，才能越真实地发现隐藏在这些日常生活中人们真正的需求。第二是直接通过服务来了解需求。就像一起聊天一样，需求评估的方法并非一定是一个问答的过程，可以在相对独立的环境或活动中进行观察。当社会工作者组织儿童进行玩耍的时候，其也在对这些儿童进行评估，了解儿童日常的生活状态和需要。在活动中，队员了解到安置点有两名小朋友是从废墟中解救出来的，其中一名小朋友因此有失语的倾向，于是立即安排队伍中的心理咨询师对他们进行个案跟进与治疗。这也显示了需求评估并非与服务割裂进行。

在这里，这些需求评估的实践其实体现出评估过程追求的核心：真实。四川服务队在评估过程中，并没有刻意追求运用一些“科学”的手法来进行分析。而是针对老年人和儿童等评估对象的特质，运用参与式观察和活动的方法，走到服务对象的生活中来观察了解居民的需求。从最接近于生活中的环境，来反映最真实的需求，尽可能地避免运用自己的视角代替村民的视角，避免评估过程中对村民产生误导。同时，需求评估的过程也是社会工作者建构自己形象的过程，若通过控制的手段进行评估，在评估中缺乏感情的交流，社会工作者的未来服务将会面临一定的障碍。因此，生活化的观察方法和服务的开展，不仅为四川服务队塑造了自己服务的形象，也方便与村民更好地开展后续工作。此外，对儿童开展活动也方便向其家长和周围环境宣传自己。因此评估的过程也是在安置点宣传自己形象的过程。

经过一周时间的评估，四川服务队基本了解了社区居民的多种需求：有的需求是直接的、紧迫的，而有的需求是隐形的，需要在服务过程中去发现，还有的需求是长久的、持续性的。经过对需求进行梳理，从社会工作专业的视角出发，再初步设想社会工作专业能起到什么作用。通过评估，四川服务队明确了当前安置点的居民最为主要的需求有[①]：

(1) 房屋重建及安置方案

这是村民目前最为关注的问题，他们希望能够尽快出台相关的重建规划和安置方案。这部分我们仅能提供一些政策沟通工作。本次行动需要做好和当地政府、社区之间的沟通，做一些适当的沟通协调对接，而不是盲目行动。

(2) 灾后恢复及重获力量

村民们经历了灾难之后，尤其是本身属于贫困地区的灾民，需要尽快恢复到日常的生活状态，并且重新获得信心和力量，而不是被灾难和原本的贫困压倒。对于当地村民来说，重建是一项十分艰巨的任务，在经济上、精神上都是巨大的考验。

(3) 生计需求

当地村民主要的收入来源是外出务工和种植花椒。由于地震，村民错过了最佳的花椒采摘时节，目前还有许多花椒需要采摘，此外还有玉米和花生也需要采摘。地震后，灾民们最关心的是重建的方案，有些人没有心思在恢复生产上，同时由于一些劳动力缺乏，或者需要留大人在家看护孩子(安置点没有幼儿园)，使得花椒采摘更为滞后。还有一些家庭由于家中有孩子或者亲属去世，使得他们在返回原址采摘花椒的过程中沉浸在丧亲的伤感之中，无心采摘。大部分的家庭成员还是希望能尽快将花椒采摘下来，能够获得一些收入，好投入到重建过程中。

(4) 儿童服务

安置点最明显的社区服务需求是儿童服务。安置点7岁以下的孩子有20个左右，却没有幼儿园，这些孩子没有一个活动的场所，只能在山坡、小树林中玩耍。同时，这些孩子需要看护和一些心理疏导。其中，有两个孩子是从震后土中挖出来的，他们目睹了同伴去世，有个孩子甚至得了失语症，震后再也没有说过一句话。此外，安置点上小学和初中的孩子也很

① 摘自四川服务队编写：《外部社工队介入灾区服务手册》。

多，有二三十个，这些孩子也没有一个写作业和活动的场所，平时只能在床上、板凳或者趴在地上写作业。

地震之后3个月内是较为适合做心理疏导和康复的时期，否则可能给孩子留下永远的阴影。让这些孩子走出地震的恐惧，获得希望和力量感，重新开朗阳光地成长是社区服务最为迫切的需求。

(5) 其他社区服务

除了孩子需要恢复和重获力量感之外，当地的老人和一般村民也都需要重获希望和力量感，并且使他们在临时安置过程中能将生活过得更加丰富快乐一些。

安置点在较为陡峭的山坡上，100余顶蓝色的帐篷一层一层地像“梯田”一样趴在山坡上。倾斜的蓬松的红土坡上挖掘出来的“坎”，连接着一层一层的帐篷。安置点的帐篷放着很多干粉灭火器，但是村民基本不会使用；同时安置点到处丢弃着矿泉水瓶等各种垃圾。整个社区都是蓝色的帐篷，缺少鲜活的色彩，我们希望这个临时安置的社区并不是单一的蓝色，而是在安全整洁的同时有归属和家的温暖。

二、明确服务思路，聚焦服务群体

在完成了相关的需求评估之后，四川服务队开始梳理为期三个月的服务思路。由于居民们需求的多样性，服务团队需要对需求进行筛选和排序。秉承以需求为本的理念，从多维度、可持续的角度，设计相关的服务活动。在已有的大量研究中，都显示出了在服务开展过程中，需要将需求按照一定的条件进行综合排序，如需求的轻重缓急，开展服务掌握的资源、环境，服务提供者的能力，活动的整体发展性的安排等。

在包谷垴乡的评估中，除了部分遇难亲属需要进一步快速介入外，四川服务队认识到，现在首要的可以立刻开展的服务就是针对儿童的相关服务。当下安置点在没有幼儿园和基础设施条件有限的情况下，对儿童的日常安全是很大的威胁。同时，儿童脆弱的心理情感系统在地震中需要更长的时间来恢复。团队中的部分社工有着很长时间的儿童服务经验，能够较快将服务开展起来。

其次面临的关键就是生计自救工作。生计问题在发展性社会工作的视角来看有着重要的意义。生计问题对家庭、社区等系统带来的影响是重大的，其可能对村民的情绪、家庭关系、社区内部关系等多层次的系统带来影响。同时，家庭的经济状况会进一步影响下一步恢复重建阶段活动的开展。因此如何更有效地协助村民尽快地开展生产自救活动，恢复家庭的经济状态，是四川服务队需要立即着手解决的问题。

最后就是更为宏观的视角，即安置点的社区关系的建设问题。在社会工作的社会性视角中，个人的状态是嵌入在社会环境之中的。我国台湾学者王增勇(2001)通过反思台湾救灾过程，对主流社会工作将“灾民”问题个人化和心理治疗化模式进行过深刻的批判。他举例说明了个人的行为背后有着大量的社会系统因素的影响。因此在救灾过程中，特别是在过渡安置阶段，需要考虑个人情绪与未来生计等多种问题，这更需要一个广阔的社会支持网络来支撑。从这个视角出发，就需要在安置点上的居民互帮互动，发挥社区的效果。对系统内成员的服务与支持由社区内部提供，让社区作为整体长效地运行，是发展性社会工作所追求的目标。

这样，四川服务队就初步确定了服务对象，形成了一个从个人到社区且随着生态系统从微观到宏观拓展的服务体系。四川服务队需要在这三个月的时间里，针对这三个问题进行介入。同时，考虑到服务队服务时间的有限性，需更注意激发安置点居民们自己的力量，建立新的秩序。让当地的生活秩序在服务队离开后仍可以自主地继续运行。因此团队确定了以下两个介入理念。

（一）助人自助、发展性介入

本书第一章已经谈到，社会工作的介入视角中存在着治疗性和发展性两个视角。这两个视角对服务对象自身的能力和状态有着不同的假设。四川服务队在整个服务过程中，更加关注发展的视角，将更多关注安置居民的优势，并对其进行增权。而尽量少地运用治疗的视角，将受灾居民看作是病态的状态。因此在服务中，四川服务队尽可能多地动员社区中的自有力量加入到服务过程和安置点重建的过程中。同时，在提供服务的同时，避免过多地介入居民的日常生活，让居民对社会工作者的服务产生依赖，或懒于参加到安置点的重新建设过程中。在以往的灾害救援中，就出现过志愿者过多介入灾后重建阶段的工作，而灾民打麻将、志愿者端茶送水的情况。助人自助是社会工作的核心理念，如何在短时间内激发出灾民自身的能力，让他们有动力加入到生产自救和重新建设中，而不是直接替代工作，是一件不容易的事情。社会工作专业性和发展性的理念要求必须激发出服务对象自身的能力，形成一定的生活秩序。社会工作者在其中，更多是以使能者和关系协调者的身份开展工作。

（二）宏观视角下的整合式服务

四川服务队基于自己有效的服务时间，不仅需要动员社区自身的力量，还需进一步培养当地的专业能力，因此需要尽可能组织起当地环境的秩序。同时，在团队离开后，能够有接替其继续工作的专业力量，实现基本照顾类服务的可持续。这就需要四川服务队在提供服务时，除扮演直接照顾者的角色外，还需进一步发挥组织协调者的角色。在提供直接服务以外，还需进一步发挥间接服务的作用，对当地的本土社会工作人员培训和增权，促进其专业能力的发展，同时发挥专业在政策倡导中的作用，为专业人才队伍发展提供有利的政策环境。

值得特别说明的是，在过渡安置阶段，服务对象的特征与紧急救援阶段有着较大的不同。紧急救援阶段的社会工作服务更多聚焦于关系协调和情绪的危机介入。而在过渡安置阶段，就需要进一步地用更宽广的视角来看待该阶段的任务，包括兼顾灾民的情绪恢复和进一步完成灾后重建任务等，关注的视角也从个人层面上升到了社区层面。而整个介入的视角都需要坚持社会性的视角。灾害的毁坏是全方位的，是从物质、精神到社会关系的毁坏。在过渡安置阶段，需要进一步聚焦于社会关系的重建和未来物质的发展，即生计的恢复和社会关系发展。因此，发展性社会工作的视角将在这个阶段发挥更重要的作用。

在这样的服务需求、目标和理念下，就形成了服务层面从个人到社区再到政策环境，服务方法从直接服务的个案、社区照顾、社区活动到间接的督导、政策倡导等多维度的社会工作服务网络体系。专业团队也将按照这样的服务思路，开展相应的服务。

三、具体介入过程

本部分将以时间发展的顺序，来简述四川服务队在安置点向不同服务对象提供服务的过程。大家可以顺着时间发展的顺序感受服务的发展性视角及服务层次逐渐升级的过程。

(一)儿童青少年服务

1. 情绪疏导

在开展服务的最初，四川服务队还是对受灾影响较为严重的儿童进行了情绪疏导，同时也为遇难儿童的家长通过个案的形式进行了跟进的情绪疏导。服务时间从9月到11月，团队中的社会工作者和心理咨询师通过运用“种豆子”“生长训练”的方法，让儿童在与泥土接触的过程中，逐渐对泥土的恐惧进行脱敏，从而纾解抑郁等情绪。在四川服务队的服务简报中，有这样一小段案例，说明了这种服务的效果。在已有的服务过程中，沙盘治疗等相关的服务技巧也很好。

第一天的心理疏导活动便使得一名5岁女孩说出地震之后的第一句话——“我想哥哥”……此后，安置点的孩子们越来越开朗，话语和笑容也越来越多。

2. 小苹果乐园与小苹果志愿者

为了更直接地解决安置点未成年人照顾和相关需要，服务团队决定运用社区照顾的模式，对安置点的儿童提供陪伴和支持服务，同时组织一些康乐活动，丰富儿童在社区中的业余生活。从到达包谷垴乡安置点的第二天起，社工就筹划在社区中建设一个类似于服务中心的固定服务场地。9月12—14日，社工在当地社区征询了当地居民的意见，平整出一块平地，并且带着小朋友们一块搬砖铺地、挖排水沟。9月15日，小苹果乐园搭建完成。接下来的日子里，安置点的小朋友们有了一个可以遮蔽风雨、日晒的游戏场地。以此为基地，社工以戏剧、绘画、音乐、手工、舞蹈、武术、游戏、故事与朗读、课业辅导等活动为载体，陪伴儿童共同度过震后关键的三个月时间。其中，周一至周五，主要的服务对象是学龄前的孩子，对于中小学生主要集中孩子们中午放学(11:30—1:30)、下午放学(4:30—6:00)的时间段开展课程和活动。周末，乐园的开放时间也将延长，活动内容增多。

在对儿童的服务过程中，四川服务队同样运用了优势和增权的视角，充分发挥了儿童和家长在参与中的主动性，除共同修建小苹果乐园外，社工队通过招募小苹果志愿者的方式，让儿童参与到小苹果乐园的环境营造中。在参与环境维护的同时，可以让儿童对小苹果乐园和整个社区产生更多的认同。

在此需要强调两点，第一是开展服务的及时性。四川服务队在服务的最初，敏锐地发现了儿童的相关需要，特别是学龄前儿童照顾的需要，并及时开展了儿童照顾的相关工作，对学龄前儿童和学龄儿童提供了一个较稳定的庇护环境，在综合考虑各种需要时，选择了这个点及时介入，最终快速有效地解决了问题。同时，开展服务的过程也是自我形象建构的过程，及时开展服务也有利于直接通过服务展现社会工作者形象，有利于与社区居民建立熟悉的关系，有利于进一步服务的开展。

第二是固定活动场地的建造。在社区中，拥有一块公共空间是非常重要的事。在已有的社区营造或社区发展的案例中，对公共空间的营造都是非常重要的内容。社会资本和资产的概念认为，社区公共空间作为集体共有的资产对社区的组织有着重要的作用（Midgley & Conley，2012；迈克尔·谢若登，2005）。作为社区的公共活动场地，小苹果乐园建立在过渡安置时期对儿童加强对社区的认同和归属感有重要意义，更进一步说，对整个社区所有群体的社区关系重建有着重要意义。在这个活动场地上，后来又进行了进一步的社区关系重建的活动。

3. 学校社会工作服务

经过与乡政府和学校的沟通协调，社工队在青山小学设立了社工服务站，综合性地开展相关服务，其中包括儿童服务、教师服务及学校管理改善等内容。首先主要针对儿童开展相关活动内容，周一至周五的11:30—13:30，服务内容有唱歌、跳舞、绘画、手工、游戏、戏剧等活动。从10月13日起，每天参与活动的孩子在150人左右，占学校孩子的半数以上。从10月中旬开始，社工为学校提供音乐、体育、美术课程，每周15节课。

除了日常社工站的服务运营以外，四川服务队还参加到学校的大型活动的策划组织中，为学校开展了一次运动会、一次大型文艺会演。同时，学校社工站还为老师开展团队建设和压力缓解的活动。

在学校社会工作服务开展的过程中，四川服务队也注意了激发学生自己的潜能。通过组织“社工助理”行动，很好地解决了这个问题。在同学们中间发展了一批志愿者——“社工助理”，试图通过“赋权”增强孩子们的力量感，锻炼其自我组织、自我管理的能力，同时培养志愿服务精神。社工助理负责青山小学社工服务站开放时玩具与书籍的借出、归还、日常保管、维护等工作。三个年级轮流服务，让志愿者能够直接应对社工站的日常运行。

（二）从生产互助小组到社区自治组织

社区中体现出来的对生计的持续关注，是社会工作需要进行回应的。当下社区的状况是，一方面家庭耕作模式受到了灾害的影响，同时有部分在地震中遇难或受伤的家庭同样面临收获的问题。同样，如何在坚持动员居民自身力量的状态下解决相关的问题？首先，当下能够解决问题的方法有两条，首先是提高生产效率，在收获的时节尽快完成相关工作；其次是建立支持网络，让一个相互联系的网络去抵御风险。以上的两种可能性都需要对村民进行组织并激发出他们自身的能力。而对团队的组织工作正好是社会工作专业所擅长的。

因此，社会工作者要做的就是建立生产互助小组，让居民在一定程度上进行组织，在共同工作中提高效率。建立生产互助小组是一个持续的过程，类似于社会目标模式中的小组。四川服务队在总结自己的相关工作中，提出了如下行动框架：

建立生产自救互助组的一般程序[①]

（1）评估需求：地里的庄稼在哪一个阶段、需要做哪些工作，比如播种、收玉米等。

（2）找到积极分子：通过走访找到社区中有想法又有执行力，既可以带动和调动村民积极性又容易沟通的居民。

（3）组织召开村民会议：将建立生产互助组的想法与村民沟通，听取村民的意见，请积极分子带动村民发表意见。在这个过程中，社工只是抛砖引玉，应更多鼓励参与者多发言，特别是让自己熟悉的居民畅谈感受。

（4）确认参与者：需要有一些特别的内容，增加大家对这个团队的归属感，如合影、有专属的衣服和Logo、优先获得学习的计划等。

（5）制订互助组的工作计划：工作计划要和参与者讨论产生，尽量

① 摘自四川服务队编写：《外部社工队介入灾区服务手册》。

鼓励每个参与者都发表意见，即使是同意也需要表态；在这个过程中，充分尊重大家的意见，也要注意一下内容。比如生产互助帮扶的顺序、谁来召集、需要怎样的后勤支持、社工在其中能够提供哪些支持和帮助等。

（6）制订互助组的行动规则：在讨论工作计划的同时，需要形成互助组的行动规则，包括参与行动的要求、如何请假、如何民主决策、应对冲突等，这些规则每一条都需要经过充分讨论，最好实施“一票否决制”，达成一致的共识，并切实实施。

社工在其中的作用就是成为关系协调者，需要将互助小组成员进行一定的团队建设，让小组成员相互之间建立信任和合作的关系，以便能以更好的状态投入到生产工作中。同时，在前期组织过程中需要让小组能够自主运行，成为其自身的自治组织，避免对社会工作者产生依赖。在四川服务队的实际工作中，其通过动员社长成为小组积极分子的方式，让其与社会工作者一起进行互助小组的组织工作。9 月 14 日晚对小组队员进行了团队建设的工作。第二天开始了生产互助的工作，社会工作者也参与到生产工作中。四川服务队在当天的工作简报中出现了这样的描述情景：

9 月 15 日早 8 点，四川社工与自助小组的村民相约汇合在安置点，共同乘坐摩托车前往花椒地。采摘过程中，大家都保持着极高的热情，但社工毕竟是第一次采摘花椒，经常会被刺中手指、刮伤手背。看到这种情景，互助小组村民边劳作边教社工采摘技巧，分享各自的采摘经验。村民在采摘的同时，还开心地与社工们谈起怎么种植花椒、花椒的价格等。看到一筐一筐的花椒被采摘下来，村民露出了开心的笑容。一整天下来，我们共采摘了七背篓花椒，保守估计有三四十斤，按照现在的价格估计，可以卖到 1 000 元左右。

村民自助小组通过第一天的运行就看到了较好的成效。我们期望通过龙塘社自助小组的建立，带动安置点塘子社、桥边社也成立村民自助小组，充分调动现有劳动力相互帮助，尽快地收获村民种植的花椒，使村民能够卖出一个好价钱，让村民看到生活的希望。同时村民反映，今天的团体劳作，比之前单独劳作效率高，大家在一起有说有笑，干起活来劲头十足。

自救互助小组完全由村民主导，从报名到行动形式、采摘顺序、后勤保障等多方面都是带动他们来决策进行。安置点共有 46 户参与了互助小组。其实互助互动的过程，也是社区居民相互关系进一步加强的过程。从这个视角上看，生产的产品又成为一种团结社区成员的资产，进一步吸引相关居民参与到关系建设过程中。

在完成互助生产后，服务队决定对小组进行进一步的建设和提升，于是形成了社区议事会。社区议事会主要通过一些会议培训来培养村民的公共意识，为后期的灾后重建工作打下一定的自治组织基础。议事会共召开了 2 次会议，参与人员 32 人，以开放空间的形式进行，主要讨论了恢复重建、生计发展、基础社区建设、年轻人的未来展望、山体排险、冬季过冬等问题，通过对这些内容的讨论，大家逐渐学会了从一个公共的角度来思考问题，形成了公共精神。

下表中为议事会组织的整个过程，我们可以认识到，这些问题的讨论过程，既是加强议事会之间组织的过程，也是运用地区发展模式，发现自己能力的过程，同样也是发现和组织社区的过程。

社区发展议事会召开的一般程序①

（1）发布会议信息，主要介绍会议的主要内容及会议的规则；

（2）邀请村民参加，并接受报名村民；

（3）确定参会人员名单，做好会议准备，特别是确定会议时间；

（4）召开社区发展议事会；

（5）整理会议纪要，并交给参会人员一一传阅和确认；

（6）引导村民积极投入行动计划中，并为之寻找可利用的资源。

注意：在空间的布置上要保证每个人的参与性，使之不容易被忽视，这需要充分利用场地的优势。

在四川服务队服务的期间，社区议事会成员还进一步发挥自己的作用，组织了一次社区活动，即农民运动会。农民运动会是一个完全由社区议事会组成的、由组委会组织的活动，社会工作者在其中仅仅起督导支持的作用。这些活动的举办过程，都是进一步组织居民和发掘每个个体潜能的过程。

① 摘自四川服务队编写：《外部社工队介入灾区服务手册》。

农民运动会案例[①]

农民运动会是在社区议事会基础上开展的。为丰富村民的文化生活、促进村民对社区公共事务的参与、锻炼和提升参与筹办的村民及村民互助组织能力，四川社工服务队采取由村民自主筹办运动会、由社工服务队进行支持和督导的形式进行。10月23日，通过邀请的方式，由下大坪三个社的9名村民骨干组成的农民运动会筹委会进行了第一次会议，会议讨论下面一些问题：

（1）为什么要进行这样一场农民运动会？

（2）可以有哪些与生产相关的项目？

（3）每一个运动项目相应的规则是什么，奖项设置是什么？

（4）需要准备哪些物料？

此后，筹委会又开展了第二次筹备工作会议，确定运动会的时间和场地、比赛项目和奖项设置、比赛规则和比赛流程等，还连夜敲开村民的帐篷进行报名，咨询村民意见和建议。最后给下大坪全体村民呈现出一场完全属于自己的运动会，所有的内容都是村民们自己想出的，比赛项目包括拔河、剥玉米、牙签夹花椒、南瓜搬家接力赛、斗鸡等。

村民一起在废墟上把坡地刨成平地，准备出运动场地，还准备了运动绳、玉米、南瓜等道具，社工队员担任报名、记分、裁判等职。比赛气氛非常热烈，村民争先恐后，全力以赴，不管输赢，个个笑逐颜开，平时最枯燥的农活，变成了运动项目，他们玩得不亦乐乎。

在比赛中，村民们展现了自己的顽强意志，他们抱着二三十斤的南瓜奋勇向前，在过程中听到加油声后又卖力冲刺。在拔河过程中，不论形势如何，甚至马上就要输的情况下，他们也不放弃，拼命保卫自己的领地，即使把手磨破了都毫不松手。在剥玉米比赛中，村民们也展现了自己的力量，一位50多岁的妇女拿着玉米双手齐动，1分钟内剥了3.8斤的玉米粒，让大家都感到震惊。大家深深感受到人的内在力量一旦爆发，潜力是无穷的。

在这次活动中，大家看到了村民们的自信。前几次活动，如大锅饭、游园会，社工是带动者；而这次，村民是完全的主角，反倒调动起我们社工的积极性。而人一旦有了主人翁精神，就会自发行动。赛后村民们纷纷表示：原来我们是这块土地上的主人，下大坪是个好地方，原来日子可以过得这么开心。最终，只有让村民走到“前台”，成为主场，激发他们的

① 摘自四川服务队编写：《外部社工队介入灾区服务手册》。

潜力，让他们充满自信的生活，才能建设出更好的家园。

从生产互助小组到居民议事会，再到发展服务社区事务的自治组织，这个团队在服务的过程中起到了重要的提升作用。而这个发展过程中，村民们的资产和社区公共社会资本在组织阶段起到了不同的作用，这是和发展性社会工作中社会投资的意义相关的。社会工作者如何作为协调者在整个组织过程中发挥作用，调节不同阶段中小组和资产的作用，是社会工作者专业性的体现。

（三）社区关系的重建

在上面的生产自救发展中，社会工作者已经对社区的关系进行了一定的组织和整合。除此之外，四川服务队运用社区活动等方法，尝试对更多的社区成员进行整合，在活动中促进社区成员的信任和团结。

四川服务队前后用多个主题活动的方法，让社区居民尽量自主地参与在活动中。如“缘来一家人，欢聚在一起”集体大锅饭系列活动，“元宝岁岁安，邻里处处情”饺子宴，“开心一刻”社区游园会，送电影下乡，“快乐童年　欢乐无限”集体生日会等。每一次集体活动都有上百人参与。活动过程中，安置点的居民都尽可能地参与到活动的组织和开展过程中。同时，以活动为依托，也促进了安置点之间居民的交流和互动。

在此，需特别强调下直接服务中活动与专业服务之间的关系。在四川服务队开展服务的过程中可以较清晰地感觉到，活动开展的过程是一个有目的的实践过程，活动仅仅是一种手段和方法，而在活动中实现对居民进行组织，促进居民间的联系是社会工作服务开展的目的。因此，在这个目的下，活动和社会投资一样，都是作为实现目标的一个工具。因此并不是每次服务都必须有活动或游戏，在实务中选择和运用工具的过程中，需要以目标为准，避免因果倒置，发生为了活动而活动的情况，让社会工作的实务变成“活动串串烧”。

（四）间接专业服务

以上已经呈现出四川服务队从个人到社区多个层面的直接服务操作，而发展性的服务过程需要进一步对本土的社会工作者进行培训和增权，尽可能地实现在四川服务队完成相关实践之后，能够保持一段时间一定水平的专业服务提供。

借助于四川省民政厅的支持，四川服务队和乡政府书记等领导进行沟通对接，双方共同商讨后，出台了当地社会工作培育和支持的政策文件，以培育后备社工人才队伍，促进社会工作在受灾乡镇的发展。

1. 政策出台

在四川社工队的支持下，包谷垴乡政府出台了《关于成立巧家县包谷垴乡社会工作领导小组的通知》《加强巧家县社会工作专业人才队伍建设的实施意见》《关于成立巧家县包谷垴乡社会工作服务中心的通知》等文件，这在巧家县尚属首例。

2. 本地社工后备人才培养

在政策出台的同时，乡政府和社工队共同选拔了当地的民政专员、大学生村官、妇女主任、学校教师、医生及一些有意愿和能力的积极分子（共19名）开展本地社工后备人才培养工作。培养方式为“培训＋实践”的参与式模式，开展4次的主题培训，同时培养对象将参与到四川社工队的工作中，以便开展一线实践。11月29日，下大坪安置点的卡拉OK大赛便是由包谷垴乡本地的社工全程组织开展的，四川社工队作为督导参与其中。

12月2日，四川社工队为巧家县政府相关工作人员组织社会工作专题培训，并邀请了外部专家和四川社工一起开展培训。培训内容包括社会工作概况及重要意义、专业社会工作方法和社会工作职业资格考试等，这些培训的开展进一步推动了巧家县社会工作的发展。

四、服务成果

四川服务队经过了三个月的服务工作，初步完成了既定的目标，在很好地处理了与服务对象的离别情绪之后离开了服务点。在这三个月的服务过程中，主要完成了以下的工作量。

服务量统计[①]

主要服务人群：下大坪安置点445人，青山小学229名学生、7名教师，共681人

辐射地点：新坪、洼落、红石岩、周家坪等村庄

① 摘自四川服务队：《鲁甸社会工作服务支援团四川服务队工作总结》。

常态服务：6 项
社区活动：13 项
个案：2 个
社工行政：1 项
安置点儿童服务站：小苹果乐园 1 个
青山小学社工站：1 个
生产互助自救小组：1 个
培训包谷垴乡本地社工：19 名
服务人次：12 475 人次
服务时长：69 442.5 小时

在本章最后一个部分，将结合下一案例进行相关总结。在此仅想通过案例已有的成果，在发展性社会工作的服务过程中回顾本案例的特点。首先是手法的整合性。这是发展性社会工作所倡导的，也是很多学者在反思社工专业在灾害中的作用而提出来的(张和清，2011)。特别在过渡安置阶段，由于任务的综合性，更需要运用整合的手法，应防止运用割裂的方法治疗服务人群。其次是整体服务层次的多样性。四川服务队的整体服务从个人到社区，从直接到间接，形成了非常完善的体系，尽可能地为满足需求和服务目标进行了多层次的介入，且这些介入都是连续性的，是层次逐渐深入的过程。最后是视角的发展性。在整个介入过程中，四川服务队随时都在动员本土的力量加入到服务和建设过程中，此优势视角和增权的过程，以及希望借助内部力量实现变迁的过程，都是发展性社会工作实务中倡导的核心理念(Midgley & Conley，2012)。而整个社会工作服务介入的过程，也是对受地震影响的社会关系恢复重建的过程。社会工作的专业性由此体现出来。

第三节　四川 HW 青红家庭生计互助小组

在社会工作介入灾害救援还不是自然而然、理所应当的情况下，在多数民众对何谓社会工作还是一知半解甚至闻所未闻的情况下，社会工作者介入其中并开展相关服务本身就是一件较为困难的事情。如果不是依靠体制性框架在“有计划”的前提下顺势而为(如依靠各省市“对口援建”的框架进入灾区提供服务，受政府相关部门的委派进入灾区开展调研或提供专业服务，或是有较大的社会团体作为“靠山”而进入灾区完成机构使命等)，社会工作力量介入灾区，且寻找到一个合适的立足点都是一个很大的难题，更别说获得一种合法的身份以及提供所谓的专业服务了。“落花有意，流水无情”的现象屡见不鲜。

四川HW青红家庭生计互助小组就是一个典型的例子，该小组经历了迂回曲折的心酸历程才得以建立。它诞生于灾后过渡安置阶段，蓬勃发展于恢复重建阶段，如今作为社区组织的雏形积极推动着所在社区的发展，未来或将可持续性地发挥培养社区领袖和推动社区建设的作用……

一、社会工作者从哪儿来，到哪儿去

(一) 灾难救助：阴差阳错，那份情结使然的契机

2008年5月12日四川汶川地震发生后，民政部及相关部门很快做出反应，委派北京各大高校专家前往灾区进行需求调研和紧急服务。中国青年政治学院C老师作为专家之一，奔赴灾区一线展开了为期一周的调研和服务活动。期间，他去了成都、都江堰、彭州等极重灾区，除了完成相应的调研任务之外，灾区人民的生活状况在他心灵深处也留下了深深的印记。作为一个社会工作专业的老师，他深刻感觉到社会工作应该做些什么，他自己应该为灾区做点什么。同时，作为一个四川人，回到北京的他依然心系着那方生养自己的土地，他随时关注并且准备着再次回去。那份为家乡人民做点什么的激情逐渐点燃。

半个月后，受国务院妇女儿童工作委员会的委托，C老师作为第一批专家组组长，带领几名专家前往绵竹市富新镇第二小学开展遇难学生家长的相关工作。[①] 在这里与家长们相处的每一天，都促使他去思考更多，也

① 该小学校舍由于地震倒塌，当时在教室内上课的学生几乎无一幸免。奇怪的是，在这个地方，除了校舍倒塌之外，周围的建筑都只是轻度损坏，不足以危及生命安全。因此，家长们倾向于认为是校舍的质量有问题才导致如此悲惨的结果，一定要向学校、向政府讨个说法。在专家组抵达以前，已经发生了好几起暴力伤人事件，家长们与当地政府和校方的矛盾已经达到了不可调和的地步，情况十分复杂。专家组的主要工作就是尽量促使矛盾的化解和抚慰家长的悲痛情绪。

慢慢形成了一定要为当地民众做点什么的决心和动力。回京后，他除了继续与家长们保持紧密联系、为他们提供支持之外，也开始逐步规划真正建立一个团队为家长们提供持续性的支持和服务。

就在这个思路逐步成型的同时，面临的困难也清晰呈现出来。就算有人、有知识和技能，但缺乏最基本的资金支持，行动也无法实现。在四处争取资源的过程中，偶然了解到中国红十字基金会设立了一个“5 · 12 灾后重建办公室”，专门从事四川灾后救援的相关事宜。该基金会设立了专项基金，并向社会公开招标灾后重建项目，对于投标成功的项目给予一定的资金支持。于是，C 老师带着他的那份激情与社会使命感，与团队其他两位专家共同制订并提交了关于遇难学生家庭社会工作服务的项目计划书。经过两轮激烈角逐，这个项目设计最终获得了基金会评委的认可，得到了为期一年的经费资助。

2008 年 12 月初，在考虑了各种因素之后，项目团队初步建立，主要由中国青年政治学院、北京师范大学、中国政法大学的社会工作专业的老师和学生组成。由于团队中大部分人都不是四川本地人且更没去过灾区，对灾区的情况不了解，并且这个团队要怎样进入到具体的场域，这些都是有待解决的问题。于是，在当月底，项目团队所有成员抵达灾区。由于之前 C 老师参与了国务院妇女儿童工作委员在四川开展的儿童保护服务，C 老师认识了绵竹市妇联主席；同时也因为 6 月份介入的遇难学生家长工作与四川省妇联、团省委和四川省总工会的相关领导建立了信任和合作关系（地震后，四川省成立了若干领导干部工作小组，以上三个部门的领导主要负责德阳地区的维稳工作，对于遇难学生家长的工作与来自北京的专家组有过合作）。到达绵竹当天，绵竹市妇联主席亲切接待了这个团队，向项目团队介绍了灾区的各种情况，同时也提醒大家情况非常敏感，遇难学生家长这块工作可能不易介入。同时，通过四川省总工会领导的介绍和引荐，项目组与绵竹市富新镇的副镇长取得联系，并且初步达成共识，当地政府接受我们在当地开展服务，还承诺会提供一定的办公场所，但其实这中间也会有非常微妙的关系。比如，办公场所的提供是为了便于监督项目的开展情况和服务人员的“所作所为”。但这一切也早在预料之中，因为在去灾区之前，项目组就做好了迎接挑战的准备。等一切谈妥以后（甚至觉得这一切来得有点容易），虽然从当地政府的态度和顾虑来看，将来的工作会有一定的限制和难度，但也不虚此行了。接下来，项目组就是做好各种准备等待年后具体落地、开展服务了。

(二) 辗转反复,绝处逢生

2009 年春节前，C 老师与富新镇相关人员取得联系，商量年后建站的各项具体事宜，竟发现其态度有些变化，每次联系总有推脱之词。隐约间，他感到有些不妥，但由于年关将至，也不便“有所行动”。春节一过，C 老师立即飞赴成都，找到四川省总工会的领导，与她商议如何突破目前的困境并期望获得她的支持与帮助。出于对 C 老师个人的信任和对社会工作的了解，她通过各种渠道给德阳市相关方面“打招呼”，但两天后等来的还是“不行”的消息。原因就是当地情况复杂，项目涉及的服务人群又极度敏感，加之清明节快到了，当地政府不愿意接受任何外来人员的“干预和服务”。如果真的要去做项目，一定要等过了这段敏感期之后才能考虑。话虽如此，但结果已经很明确，要做富新镇遇难学生家长的服务是不可能了。

这一始料未及的后果，对 C 老师无疑是个沉重的打击，这意味着他的激情、为百姓服务的那颗心将付之东流了。在失落和沮丧的同时，他仍然没有忘记那片曾留下过他的脚步和热泪的土地。他决定就算不能扎到家长们的生活世界中去，但也可以在外围为他们做些什么。在回京之前，他再一次带着笔者和他的另外一名研究生悄悄地来到富新，走在熟悉的街道上，看着熙熙攘攘的几个路人，来到那个夺去一百多条年轻生命的废墟，缅怀逝去的鲜活生命，他再次流下热泪，难道这一切就没有回旋的余地了?

坐在绵竹步行街空旷的广场上，三人无言以对。悲伤、失落、绝望的氛围笼罩着大家，甚至有点令人窒息。难道就这样放弃了吗? 此时此刻，C 老师是那么的彷徨与无奈，生平第一次感觉在信仰面前无能为力的揪心的疼痛。如果此刻作罢，对于中国红十字基金会的项目要求不易交代，更为重要的还是那份对家长们的难以割舍之情与社会工作的使命感让他无法对自己交代。最后，大家商议决定，与其坐在那里设想无数不可能存在的可能性，不如找当地的人出谋划策。于是，第二天三人找到了绵竹市妇联 Z 主席。Z 主席了解到项目组面临的困境之后，当即就给三人指了一条路：在目前的状况下，还是应该谨慎行事，先找个地方“落脚”，其他的再从长计议。三个人也觉得这个事情绝不能放弃，就算再艰难也要继续下去，因为相信最终情势会“回归主题”。

Z主席帮三人联系了绵竹市DF职业技术学校负责人S校长，让项目组先在该学校的板房区校址里安顿下来，把服务站先建起来。这个学校场地大，有足够的空间可供项目组开展服务。S校长当时很爽快地就答应下来，并带众人参观了校园，承诺给项目组提供一间办公室和一个活动室，还有两间宿舍。但在后来的交谈中，才发现他的爽快还是有"条件"的。他听说项目组是北京过来的，还具有团系统的背景，因此希望帮忙联系团中央的一个支持青年创业的计划(简称YBC)，争取能够达成合作。在这种情况下，三人明白这可能是种"交易"，但也只能无奈接受，因为当时还没有足够的能力和资源去寻求另外的"栖身之所"。在绵竹，除了Z主席，项目组暂时没有任何其他的"门路"。

于是，就这样，项目组初步确立将原定于在富新镇开展的遇难学生家庭社会工作服务项目改为对汉旺板房社区居民的服务。其实内心深处，还是希望能够关照到富新镇那边的遇难学生家长们。

(三) 初来乍到，举步维艰

与绵竹市DF职业技术学校达成合作意向之后，接下来就是调整服务方案，重新做好规划设计。2009年3月，项目团队在北京经过为期一个月的研究讨论，最终决定：由于对该学校所在的板房社区一无所知，只能从最简单的社区探访和一些康乐活动开始，再逐步聚焦，了解居民真实需求，而后再提供切合需求的服务，即"走一步看一步""摸着石头过河"。同时，C老师也向中国青年政治学院相关领导汇报了此情况，学校领导表示赞同，但同时也提醒项目组"一定要把握住政治立场，做一些真正惠及当地老百姓的实事"。

2009年4月，在绵竹市妇联和DF职业技术学校的协调与配合下，中国青年政治学院绵竹社会工作服务站(即绵竹青红社工服务站)挂牌仪式顺利举行，地点在绵竹市DF职业技术学校内。中国青年政治学院、四川团省委、总工会、德阳团市委相关领导，绵竹市副市长、妇联主席以及DF职业技术学校的相关领导出席了揭牌仪式，这标志着绵竹青红社工服务站正式落地。

一切看似顺利且按部就班地进行着。可问题接踵而至，偌大的社区，要掌握各种具体情况少说也得三五个月；如何接触一些潜在的服务对象等，都是服务站该思考的问题。而DF职业技术学校就是当前的一个"坎"。首先，校方明确要求项目团队不能去接触遇难学生家长，不能触碰政府的底线，否则会给学校带来麻烦；其次，校方"希望"项目团队在做社区探访的时候，有他们的工作人员"陪同"；再次，如果是做残疾人的服务，他们可以提供残疾人的名单，但服务要与他们对残疾人的就业培训相结合，对他们的教学有所助益；最后，还希望项目团队的工作人员去帮忙进行一些英语方面的教学活动。[①] 服务站的牌子也不能挂到学校门口，只能隐蔽行事。

这些要求的提出，使得项目组处于一个非常被动的位置。一切都还没开始，就已经失去了主动权，好似将要开展的工作就成了他们的附属品。那项目团队还能做什么呢？项目团队对当前所处的社区一无所知，与汉旺镇相关方面无任何关联，与其他救灾组织也没有相关联系；既无法提出请求，也无法得到回应。妇联 Z 主席也提出，现阶段项目团队不宜太公开地活动，一定要低调一点，且服务站的牌子先不要挂出去，免得太惹眼，引起多方的关注。

前线的项目团队成员一方面感到迷茫、孤单，另一方面对于项目理念的坚持也促使他们想要积极寻求突破，找到服务的生长点。

二、开展社区需求评估，融入社区环境

在经历了多番波折后，青红社工团队终于获得了开展专业服务的土壤和空间，接下来的重任就是"满怀希望，脚踏实地"地开展专业服务。四川 HW 青红家庭生计互助小组就是在这样的气氛下应运而生，并超乎预期地发展壮大着……

社区探访的工作是艰苦的，但又必不可少，这是评估社区需求、熟悉社区情况、初步建立社区关系的重要环节，也是做准服务定位的必要前提。

2009 年 4 月至 5 月底，在武都板房安置区里，每天都有青红社工穿行的身影。他们有时候推着自行车，有时候徒步，不分白天黑夜地进行社区探访。在这两个月期间，他们的脚步遍布板房区的角角落落，遇人(各类群

① 信息来源于青红社工服务站相关谈话纪要。

体，男女老少，残疾人等）就很自然地与之聊天，了解他们日常生活的情况、遇到的困难和急需解决的问题等。

在此之前，他们就已进行了长达半年的外围环境考察和实地局部走访。

社区需求评估的工作虽然辛苦，但也充满了快乐和成就感。社工们运用一切可以运用的机会，通过有意无意地结识社区“关键人物”，来认识社区、了解社区和融入社区。此处分享一件在需求评估阶段发生的意外且有趣的故事，供读者领会其中的奥妙。

……………………………

陈社工的鸟屎奇遇

5月，四川绵竹当地已进入炎炎夏日。多数时候白天气温会超过30度。过渡安置板房的塑料墙体十分吸热且不透气，室内温度能到40度左右。所幸的是，当地政府部门捐助了两台落地小风扇，能起到一定作用。可每逢停电的时候，板房里几乎没法待。社工们就会在附近寻找一些小树林、小竹林之类的阴凉处坐下来探讨工作。

又是一个停电日。午后，蒙着一层水雾的太阳咧嘴笑得灿烂。社工们（4位）照旧前往附近的一处小竹林。他们认真细致地回顾和分享前一阶段的工作，并不时地在记录本上做些记录。

谁料，寂寞的鸟儿也想凑热闹，给社工们送了一份大礼，从竹子枝头排出大大的一团粪便，直接掉在陈社工白白的T恤上。大家先是惊慌，瞬间转为捧腹大笑。那一团天上来物，愣是用了一卷纸也没擦掉它黑乎乎臭烘烘的身影。

在四川民间流传一种说法，鸟儿在头顶拉屎，是不吉祥的征兆，意味着这个人会走霉运。

可能是大家的笑声惊动了竹林旁边的一户人家。一位七旬左右的老妇人从低矮的屋檐下缓缓走出来，问我们是谁，发生了什么事。

陈社工不紧不慢地笑眯眯地对老人说：“老人家，我们是隔壁职业技术学校的志愿者哈。志愿者……你晓得不嘛？”（在灾区，“社工”还是一个陌生的词。志愿者，大家都听过。）

老人面带微笑：“志愿者嘛，我咋个会不晓得呢？现在我们这儿到处都是志愿者。”同时，老人将眼神瞄向社工们穿的衣服，继续说：“就是像你们这样穿起衣服的，是来帮忙的嘛。你的衣裳咋回事呢？”老人看着陈社工衣服上的一大团还未擦净的鸟屎，好奇地问。

陈社工无奈地说："你看嘛，就是刚才树子上的鸟儿害的嘛，好倒霉嘛……"

老人热心地说："我给你说，鸟屎拉到身上是要倒霉的哦。"

陈社工故作惊奇："啊？真的啊？那该咋办呢？老人家，你有没有方法帮我化解一下哦？"

此时，老人已经走到了社工们身边，她慢条斯理又故卖关子："办法倒是有，就是特别麻烦。"

陈社工表现出极大的兴趣和期待："你说来听一下呢？"

"办法就是，你要去找七户不同姓氏的人家，问每家人要一把米。然后，拿回去煮稀饭吃。煮稀饭的时候不能见到灰尘。吃的时候要在露天坝头吃。这样子就可以化解霉运。"老人家一副"专业权威"的样子。

陈社工："豁哟，这样子的啊……"

老人："必须这样子才得行哦。"

陈社工顺势往下："老人家，这样子嘛。你看，我们才到这儿来没好久。好多人都认不得。人家肯定也不得理我们。我也不晓得哪些人的姓氏不一样。你可不可以带起我去要一下米嘛。你肯定对这片很熟悉撒。"

老人有些顾虑："不得行哦，要去你自己去哦，我才不好意思的。"

陈社工开始发挥社工的聊天和动员技术："哎呀，老人家，你是不是觉得我们有可能是坏人，你不放心哦？"

老人略显尴尬(事实上她就是存着戒心)："我不是这个意思，只不过我一般都不咋出门了，老了，走不动了。"

陈社工："老了？你算啥子老哦。我八十多岁的老妈妈还经常到处去旅游啊爬山哦，精神头好得很。你看起来比我老妈妈年轻多了。多出去走一下对身体也好。你说是不是嘛。"

老人："我都75了，还年轻啊？不过喃，看你年轻人也不咋懂这些老规矩。我就带起你们去，但是要米的事情你要自己开口哦，不然不灵的哦。"

陈社工："好嘛，要得。"

于是，在老人的引导下，社工们走家串户，不仅毫无障碍地要到了7户不同姓氏人家的米，还多了一次深入村民家庭的机会。而后者才是社工的主要目的。

就这样，通过各种方式，运用各种机会和途径，社工们的社区调研之路缓缓地推进着……

………………………………

经过两个月的社区探访、基线调查，社工们大致熟悉了整个板房安置区的地理环境、人口数量与结构、人文环境、受灾情况、面临的困境以及社区资源（包括救援力量及其分布、社区组织及其关系、社区权力结构）等。在此基础上，他们形成了一份完整的《社区评估报告》（以下简称《报告》）。该《报告》从社区环境的优势与限制、服务对象自身的优势与限制、社工的优势与局限、可供运用的多种资源网络以及相关政策分析等五大方面进行评估与论证。

三、聚焦服务群体，明确专业理念和工作思路

针对需求评估报告中的"发现"和初步结论，社工们开始循着线索，聚焦服务群体，明确服务理念，探讨工作思路。

（一）聚焦服务群体

《报告》显示，该板房安置区人口众多（有两万多人），居民需要的服务种类也很繁杂，涉及物质帮扶、贫困救助、生理康复、心理援助、康乐服务、生计恢复、社区重建与社会发展等方方面面。已经在该地开展各类服务的国内外组织或团体也不在少数，涉及面也较广。

在武都板房区，伤残人员数量很多，且多数都是因灾致残。地震灾害给他们的身心带来严重伤害，也破坏了原本完整的家庭结构和功能。针对这类人群，已有好几个具有国际背景的组织和人员提供诸如医疗救助、生理康复、心理康复等服务。

当然，社工们也发现，这部分因灾致残人员除了上述需求以外，他们还有一个迫切的需求，即适应新环境，找准在家庭中的角色定位，并且尽可能地为家庭生计做出自己的贡献。换言之，他们一方面想尽量减轻家庭的经济负担，不成为家庭的累赘；另一方面，他们十分向往重新回归正常生活。

青红社工经过综合分析和研讨，同时也充分考虑了社工团队的优势及限制，为了避免资源的重复和浪费，他们最终将服务对象聚焦为该板房安

置区内的伤残人员及其家庭和部分遇难学生家长，为他们提供灾后家庭生计恢复与发展综合式服务。

由于资源有限，相关服务尚处探索阶段，因此服务的整体规模不宜过大。基本方向确立后，根据前期调研情况并综合考虑年龄、性别、家庭构成等因素，青红社工选取了部分伤残人员（有一定自理能力的、年龄不宜过大、有强烈生计愿望的、家庭经济状况尤为困难的伤残人员）作为潜在的服务对象，分别进行个别化、家庭式的辅导和动员。

最终，青红社工确定了 10 名伤残人员及其家庭作为主要的服务对象。其中，地震伤残人员 7 位、震前即为残疾人 2 位，另有 1 位身体健全但其孩子在地震中遇难的母亲。男女比例为 4∶6。在人员的选择上，项目负责人 C 给出了解释：

"我们锁定的人群是以伤残人员为主，因为他们在生计方面的需要是最为迫切的，或者说是比较突出的。另外他们需要这方面帮助的要求更为明显。以这部分人为主，同时适当地扩展开来，包括一些地震前残疾的，他们也是处于比较弱势的地位。还有就是为了保证异质性。如果我们社区生计的具体策略是要去发展生计互助小组，那么这个小组最好有一定的异质性，这样可以相互产生比较充分的动力。如果都是一类的话，可能会激发一些情绪，反而不利于我们干预的目标。所以，除了伤残人员，还有一部分原先就残疾的，还有个别的是遇难学生的家长。"

（二）明确专业理念和工作思路

在发展性社会工作理念的指导下，青红社工总负责人在开展具体服务时提出了"团结社区，发展生计"的目标。青红社工较多地关注并接受将专业社会工作服务与社会的经济发展结合起来，谋求社会工作服务可以综合地贡献于社会发展和经济方面的发展。在更具体的层面上，也较多关注并接受社工的介入和服务与居民生计的建设、改善和发展相结合，寻求社工的介入服务实现居民的社会性发展和生计改善发展的双重目标。

青红社工结合实际情境并经过慎重思考，基本上明确了开展工作的思路和服务项目设计的框架：针对地震灾后不少居民个体的生计重建与发展能力不足，为实现其有效的生计重建和发展，在这同时也为了追求当地社区社会的发展，并使两者可以相互促进实现综合的可持续的发展（即协调一体的社会经济发展），以“社区生计”为介入战略和项目框架，来统摄一切具体的介入与服务活动。具体来说，这个项目设计所要开展的一系列介入服务旨在培育社区力量来共同开展生计行动，即促进社区集体的生计实践并谋求成功。居民的生计重建和改善活动是在社区中、通过社区和由社区（组织）来进行的，社区也为了生计实践、经由生计实践并在生计实践中得以增强行动能力、获得结构的改善与发展。用项目负责人C的话来说，“作为一个项目框架，既可以称青红社工计划开展的是‘社区生计项目’，而反过来叫它‘生计社区项目’也同样恰当”①。

四、组建家庭生计互助小组，提供综合式服务

在上述初步遴选出的10名伤残人员及其家庭中，青红社工逐步推动其组建家庭生计互助小组，进而实现资助和互助的目标。然而，家庭生计互助小组的组建并非如我们所理解的只是建立一个小组并开展小组活动那么简单。从个别化的家庭动员到开展第一次小组聚会，从组员的彼此陌生到相互信任再到落实生计项目，从灾后能力不足者的角色转变为自力更生的典范，从面临相同困境的伤残者成长为积极推动社区的改变者……这一过程，恐怕不是某种单一的社会工作方法或者不同方法的简单堆砌就能完成的。因此，我们说这是一个集生理康复、心理康复、个案辅导和家庭动员、任务型小组以及社区倡导、能力建设等多种内容为一体的综合式服务模式。唯有这样，才能从根本上实现所谓的“团结社区，发展生计”目标（参见图3-1）。

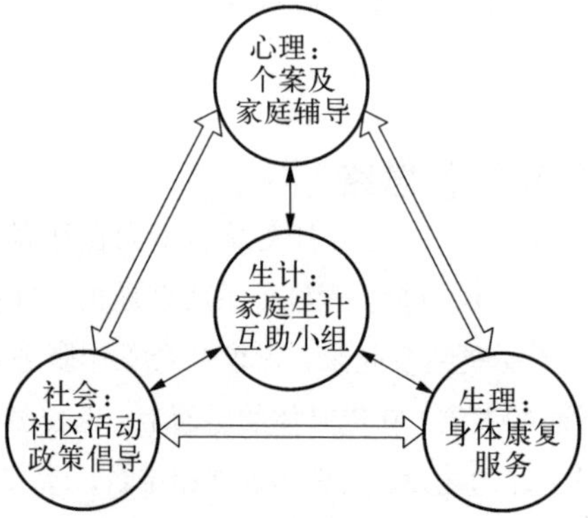

图3-1　青红社工服务站服务模式框架

① 引自青红社工服务站负责人C：《震后社区生计项目实践与发展性社会工作的探索——绵竹青红社工服务站的经验及反思》。

围绕社区生计发展的目标，青红社工服务站开展了系统的服务活动，主要有：家庭生计互助小组、个案及家庭辅导、残疾人身体的康复服务以及社区康乐活动、政策倡导等。其中，策划、成立家庭生计互助小组是其核心的服务活动，这一服务活动能否顺利完成直接关系着服务对象的生计需要能否得到满足，直接影响着服务对象家庭生活状况的改善。然而服务对象存在着身体机能上的障碍、心理情绪上的困扰、社会交往上的失调等问题，青红社工认为案主生理、心理和社会问题能否顺利解决直接关系着服务对象参与家庭生计小组活动的积极性、持续性，进而影响生计发展这一总目标的实现。因此，在开展具体服务时，青红社工围绕家庭生计互助小组这个核心活动，交叉开展了个案及家庭辅导、身体康复服务及大型社区活动等服务，这也一定程度上体现了综合式服务模式的基本内涵。

(一)家庭生计互助小组

按照“团结社区、发展生计”的指导思想，服务站致力于在绵竹灾区培育居民互助组织共同开展改善生计的项目活动，以促进当地群众团结起来、谋求生计的恢复改善与社区发展。

针对前面确定的10名伤残人员及其家庭，青红社工以互助小组的方式帮助他们发展生计项目；链接资源，为其提供康复服务；在小组形成前、进行中，进行个案辅导和家庭动员等工作。其中，以互助小组的方式帮助服务对象发展生计项目，改善家庭生活条件是工作的重中之重。此外，在发展社区生计的同时，注重培养服务对象的团结互助意识、自我组织和管理能力。

总体而言，青红家庭生计互助小组的发展大致分为以下几个阶段。当然，这只是为了表述上的便利而采取的权宜性策略。事实上，这几个阶段并非如描述般的线性发展，中间充满了迂回曲折和组员间的权力博弈，最终才取得了较为明朗的结果。

2009年6—8月，家庭生计互助小组顺利组建，持续开展小组活动，期间穿插生理康复、个案及家庭服务、社区活动、社区动员和政策倡导等服务。小组内部民主选举产生“自治”组织——“管理委员会”（简称为“管委会”，由3名具有领袖潜质并有为小组服务意愿的组员构成）。在“管委会”的组织协调下，小组开始自我运作，并根据小组进程开始讨论生计发展的事项，通过民主决策的方式明确了各家庭生计项目及扶持资金的分配和运作方案等。这标志着该小组已具备社区组织的雏形，并能初步实现自我运作。

2009 年 9 月初，机构举行了生计资金发放仪式暨生计项目启动仪式，各生计项目启动扶助金按协议发放到各承担人手上，“互助小组”进入团结互助开展生计实践的新阶段。

直至 2010 年初，第一个“互助小组”的组员们在“管委会”的带领下互相帮助互相支持，陆续开展了各项家庭生计项目，并获得了不同程度的成功。

1. 组建家庭生计互助小组，运用生计评估工具，开展小组活动

在家庭生计互助小组的运作中，青红社工践行“赋权”和“增能”的理念，着力培育“互助小组”。希望该小组能够成为小组成员自助、互助的非正式组织，同时能够发掘出小组领袖，带领小组成员实践生计项目，并推动更大范围的社区组织的出现，进而实现社区权力结构的变迁。

青红社工的残障人员服务领域是较为敏感的，他们在思考和设计服务方案的过程中尝试采用“集体生计实践”的模式。首先，社会工作者不是作为某种同残障人士及家庭一起工作的个案工作者，也不是残障者合法权益的“代表人”或“发言人”，更不是带动残障群体进行游行示威活动的发动者，从某种意义上讲，社工认为其目前最需要关注的议题是其自身生活境况的适应与改善，因此社工通过生理与心理双向层面的紧密结合来开展康复工作。基于此，青红社工确立了社区工作的目标：成立以生计互助小组为圆心的辐射状社区组织，即从“同行者”的社工角色定位出发，以生计项目探索为由头，以家庭生计互助小组的发展为培育方式，最终实现、推动和发掘更深、更广意义上的社区组织建设进程。

在整个家庭生计互助小组的建立过程中（即小组工作开展初期），大致可分为几个具有明显意义性目标的阶段，第一便是社工带领建立小组的过程。这一过程的工作的开展主要体现在社工对家庭生计互助小组的整体引领上，一方面是“文本设计”，即小组活动计划书的制订；另一方面是“情感培养”，即通过前几节活动设计以及与服务对象的交往互动，青红社工对服务对象的认知性了解和互动关系的初步形成。“信任之旅”游戏、“愿望树”、励志影片《Nick Vujicic》和《鼓舞》赏析、社区寻“宝”、家庭财路分析等环节的设置从视觉和感官上给予了服务对象全新的体验，而小组活动的新奇形式也在一定程度上产生了后续的吸引力。除此之外，社

工的人格魅力也在活动中有所体现，活动中的细节体现和无所不包的信息交换，实现了社工的“去神秘化”，虽仍然有所顾忌，但服务对象在很大程度上已能完全投入社工的活动开展中，并在其带领下开始主动思考自身的问题和需求。而这也是后期进行凝聚力培育与生计互助组织发育的根本基础。

青红社工“concern”意义上的“互助组”建设成为支持小组发挥生计探索功能的重要考虑。与阶段一带领建立小组的形式相似，社工通过一系列小组活动的开展来践行支持功能手段的实现。“家庭日常活动与影响家庭生计的因素分析”“参与式评估工具”的设计等，都能从社工专业手法的角度上给予“concern”一个本质意义的诠释，即让其看到自身在家庭生活、社会生活中无异于非残障人士的使命和承担，甚至看到其优势和潜能所在，以重新界定和澄清自身处境，从而认识到自身在进行“生计互助”事件上的本质意义。

此外，在技术操作层面，社工也是尽量提供可采纳的技术。如在参与式评估工具的设计上，青红社工从经济学、社会学、市场学等多种角度进行了丰富，以“信息和帮助来源分析工具”为例，社工原本的设计运用了一些相关的经济学知识以及总加分析方式等方法。在社工的预讨论中，大家认为工具的设计原理很好，很有说明性，然而在形式上不一定是服务对象能够接受的方式，因而在实际操作过程中，社工将信息来源和帮助来源分析工具做了简易处理，采用了图形和符号等多种直观形象的呈现方式。活动结果表明，简化处理后的评估工具于服务对象来说虽然也存在一定难度，但表现力和理解力相对更强。

参与式评估工具的设计和引用作为一种手段，在家庭生计互助小组的培育过程中发挥了重要作用，而这一过程中，青红社工支持作用的发挥更多体现在技术层面上，即提供多种分析模式和参与形式，链接多种资源和诠释渠道，以回应服务对象的实际需求。而如前文所讲，种种资源的提供和互动模式的出现可能都是建立在“concern”基础上的行动链，这当中也自然包括服务对象一系列生计探索的初步行动。这一时期，家庭生计小组“生计探索功能”的发挥也顺理成章地成为后期社区组织初步形成的动力来源。

鉴于篇幅所限，此处略去对家庭生计互助小组工作过程之细节的赘述。仅以其中的一节小组活动方案作为事实材料供读者参考，唯求能部分地直观呈现该小组的样貌。

第五节　小组活动计划书

活动时间：2009年7月15日9:00—11:30

活动地点：青红社工服务站小组活动室

活动主题：协助组员进行家庭财产控制分析及生计信息的来源分析&新工作员与组员建立信任关系

活动目标：

(1) 从讨论中获得家庭财产控制相关信息，讨论家庭财产控制角色与分工，引出后期生计项目的家庭成员参与；

(2) 获取组员生计信息类型与来源渠道，使组员了解多渠道的生计信息和支持网络；

(3) 组员与新的工作员建立关系。

活动内容：

时间	内　容	目　标	所需资源	工作员	备注
9:00—9:05 5分钟	**开场白：** 与组员一同回顾第四节的内容：家庭24小时劳作图；影响家庭生计的各类制度、人物、组织	组员认识新的同工，为移交小组做准备； 帮助组员回忆上节小组活动内容	3位同工到场	小王	
9:06—9:25 20分钟	**热身游戏：甜心** 规则：每人10颗糖果，分发给其他组员，每个组员只能给其他组员每人各1颗	表达组员间的互相鼓励与彼此欣赏	糖100颗	小李	
9:26—9:55 30分钟	**工具五——家庭财产控制分析：** 辅助工作员把准备好的家庭财产分类表发给每一位组员，工作员详细解释该表的内容及操作方法，让组员依照自己家庭财产的决定权写出对应的家庭成员	让组员明确各自家庭财产控制权，以及在此基础上探讨动用家庭财产的限制	A4纸、彩笔	小王 小李	需要辅助个别组员书写
9:56—10:25 30分钟	**工具六——生计信息类型和信息来源分析：** 工作员在大白纸上尽可能多地写出生计信息类型，引导组员分析这些类型的来源有哪些	协助组员了解	大白纸1张	小王 小李	

（续表）

时间	内　　容	目　标	所需资源	工作员	备注
10:26—10:45 20分钟	**茶歇** 移交小组； 社区活动计划动员； 向组员告别	组员休息、放松及自由交流	水果、茶点	小李 小王	
10:46—10:50 5分钟	**新工作员/同工与组员互相介绍自己**	互相认识	3位同工在场	3位同工	
10:51—11:10 20分钟	**互动游戏——生日串游戏**	新工作员融入活动中，与组员建立关系；加深组员间的深入了解，营造和谐温馨的气氛	生日贺卡、生日歌旋律	小菊、小舟	对理解和操作困难的组员做引导帮助
11:11—11:30 20分钟	对本次小组活动做简单的总结，告知下次活动的时间，新工作员与组员自由交谈	让组员对本次活动有一个整体的认识；让新工作员与组员彼此更加熟悉		小菊、小舟	主动关注比较沉默的组员

2. 发掘和培养小组领袖，建立小组“自治机制”

随着小组走向成熟阶段，服务对象在“家庭生计互助小组”这个初步的团体上也达到一定的认同度。在这一阶段，他们对“凝聚力”或“认同度”表示认同的方式一般通过与组内成员或社工的互动来呈现。而社工也逐渐自觉地由前期“引导者”为主的角色身份向“同行者”身份转变，行动层次也有所降低，如第一阶段除了提供技术支持外，还提供多方面的决策支持，甚至偶尔会被动地承担某部分决策工作。然而在这一小组转向自主运行的关键期，社工将很大部分权利交还给了组员，并通过多种方式极力促成其作为一个整体去思考甚至执行。从某种意义上讲，社工的“退出”给了整个小组更为广阔的行动空间，通过民主讨论和选举，由10人组成的家庭生计互助小组产生了内部的管理组织“管委会”（由3名具有领袖潜质并有为小组服务意愿的组员构成）。在“管委会”的组织下，整个小组开始转向自主运行，民主制订“管委会”章程。在此过程中，大部分组员有了前所未有的权利体验，通过带领组员进行各方面讨论，最终“管委会”章程大致成形，整个过程每个小组成员均有或多或少地参与，而权利感知过程也主要体现在“选举、建议、表决、表达”等细节中。同时，自我讨论与自我决策的行动过程也是另一意义上的“self-Help Movement”概念的践行。在生计项目商议以及资金分配方案上，整个小组的行动力在最大程度上得到发挥，这也是集体能力建立和巩固的一个有力体现。

3. 推动“管委会”的正规化运作

在“管委会”有关的规范化章程方面，青红社工在技术层面给予了较多支持，包括从章程的基本制订原则到后期整理成文，但始终坚持“自助运行”的基本原则。在“管委会”选举产生后的小组活动中，生计小组便就“管委会”的有关章程、权利、义务等内容进行了讨论商议，并得出最终结果：以“管委会”为行动领袖的“自助运行”。即在“管委会”这个内部核心自助管理机构的牵引下，通过活动的组织和开展、组员的联系和关注，将整个生计互助小组的“公共议题”甚至组员的“个人麻烦”联系在一起，并尽力从集体的角度给予回应和解决。

社工角色的逐渐抽离为“管委会”的独立发展和成熟提供了有效的激励作用。“管委会”的正规化发展大致经历了三个阶段。(1) 自我认同。“管委会”的产生意味着小组在认知领域上要有所变化，即从小组发育初期的依赖青红社工到逐渐在社工协助下独立运行，也就是整个小组通过将关注点向“管委会”转移的方式来实现其自我认同的目的，通过组员对这个核心组织的靠拢和簇拥来使得其对自身的角色扮演以及相应的责任义务有更清楚的把握。(2) 自我转变。实现自我认同是“管委会”正规化发展的一个基础，青红社工一直强调和引以指导的“增权视角”在此处也是一生动的体现，即通过对“管委会”权利的交付促使其达到自我转变的目标，充分行使带动生计小组运转的权利和主动权。(3) 自我升华。通过外在的增权和内在的意识提升，“管委会”在后期小组活动中的作用发挥越来越明显，从组织讨论，到带动发言，再到问题处理，“管委会”已经能够越来越娴熟地处理和运转。而组员共同探讨的“管委会”章程、权责等实质性内容，也在形式上给予了它可持续发展的基础和动力。

4. 各类生计项目的开展

在对家庭生计互助小组的设计中，青红社工对生计小组进行了清晰的说明。首先，是价值观定位问题，该项在前文已有说明，此处不再赘述。其次，青红社工的根本服务理念是“社区发展”而不仅仅是“社区服务”，也并非“生计培训班”，而是以“生计项目培育及小额资金支持”为手段或方式，以社会工作中小组工作(团体工作)的手法，通过对社区中某部分具有代表性的人群进行培育和发展，以促进其在生理和精神两个层面得以康复。在此过程中，注意对其“互助”理念进行诠释，以促成一个具有持续性生计能力的团体或组织，进而使这种能力延伸至社区层面。此为生计项目发展的意义所在。

当然，生计发展的作用是基础性的，“生活”是这样一群人的全部，除了满足生活物质方面的足够需求，他们很少或者说不会去关注除此以外与之无关的生活事件。因而，由“生计发展”的角度作为介入点是与当时当地的情景密切相关的，而这也是在社工与服务对象之间没有任何情感联系之前吸引其参与的一个技巧性处理。

在具体的生计项目分析和敲定中，组员们的意见各不相同。尤其是在“合伙”与“单干”的问题上有较为深入的争论。男性组员的信心相对女性组员要充足得多，但较好的一点是，男性组员能够对女性组员的畏难情绪做出回应——即带动有意愿的组员共同开展项目。当然，个别组员也明确提出反对合伙项目，因为一旦出问题会很麻烦。最终，在各自分析利弊的基础上，形成了一些合伙项目和独自开展的项目。实质上讲，这与青红社工“社区建设”目标的实现有一些偏离，但最终这种多样性局面的出现，在后来大家的探讨中，也不失为一种参照对比的有效方式。

经过集体讨论，生计资金发放后，组员们便相继开始了生计项目的投入和实施。此过程是生计小组组员们遇到挑战最多、受到阻碍最频繁的过程，当然，与此同时，也是组员们的能动性和抗逆力完全呈现的一个过程。在解决困难的过程中，他们的人际交往能力增强、社会交往范围拓宽、家庭支持网络更缜密、自身认同也更深刻。这些都不失为一次次“权利体验”的过程。

值得一提的是，青红社工服务站不仅在组织上对因震致残者加以团结，凝聚他们互帮互助，为彼此生计项目出谋划策；而且，服务站在资金方面对小组成员的生计项目进行了直接的援助。在资金的援助模式上，服务站提出了“启动资金带动个人自筹资金”的资助模式，即在一定期限内，服务站用无息贷款的方式将启动资金分至每个组员手中，同时组员应筹集相应比例的资金一起来推动自身生计项目的建设。该模式一经提出便受到了小组成员和“管委会”的欢迎。在实际操作过程中，服务站不断压缩办公、差旅、人力等方面的行政开支，从项目总资金中拿出5万元作为互助小组生计项目的启动资金。“管委会”则根据各小组成员生计项目的潜力和所需资金额度的多少将启动资金分配给各小组成员。在分配的形式上，“管委会”带领小组成员讨论拟订了《生计项目的认定和启动》《生计资金的分配使用原则及管理的制度》，同时带领组员签订了《生计项目承诺书》。最后每个组员得到的实际资助金额在3 000元至5 000元之间，这部分资金连同各小组成员的自筹资金一起推动了各成员生计项目的迅速铺开。

在青红社工服务站和小组“管委会”的带领下，小组成员现在都发展出了适合自身特点的生计项目。比如，有三个组员合作经营了一家名为“梦想起飞”的干杂铺，有的组员开始了种植银杏树苗的生意，有的组员卖起了柑橘，有的组员做起了药品代理……经过努力，生计互助小组成员不仅在自己的新事业中赚取了可观的日常生活费用，而且更重要的是从互助小组及生计项目中收获了精神上的充实和快乐。

服务对象Z：“（服务站工作）效果太好了嘛，太帮助我们了嘛，给我们十个人的饭碗找到了嘛，我们都开心了，都喜欢，充满阳光。”

服务对象L：“目前不管有钱没钱，我们的规模还是要做起来的。我们三个在一起都还是可以的，都还是互相帮扶，心理上大家还都是比较舒坦的。包括H也说过，他心理上也好受一些。在屋里耍着，想到的是痛苦，他说我们大家在一起嘛，不管怎样，摆个摊，日子好过一些。”

服务对象D：“效果挺好的，生计方面全靠C老师他们，没有他们我们哪有这些资金做生意啊。虽然每个村子都会补助一百块钱给每个人，但一百块钱买点油、买点盐就剩不了什么了。根本没有生活来源。现在有这个生计项目了，每天最少也卖个二三十块钱。总可以有点买小菜的钱了嘛。”

服务对象H：“以前打牌啊，我认为就没有现在充实。加上你现在做，在做的过程中，也是一种享受。你学点新理念，你的身体后来肯定一天会比一天更好的。你身体做过康复，通过这个过程，你也学到一些本事。可能未来，你还愿意继续从事的话，也许有机会再做大一点呢？做大一点，也许通过大家的努力，还能够多增加一些收入……每个人的收获都很多，包括我自己。其中一个收获是锻炼了自己的口才，增长了学习知识。因为当时在学习中每个人都要发言，等于是锻炼了我们的口才，学到了很多知识，怎么办项目，怎么经营，都得到很多收获。所以这些收获通过生计项目、生计活动，学会怎么能搞个团结和互相关心，献一种爱心。好像是一种更好的修养一样，对人和睦相处、和睦相待，社会和谐、家庭和谐。各个方面都能学到很多知识，并锻炼了自己。”

……………………………

（二）个案及家庭辅导

经过个案访谈及小组活动观察，青红社工发现服务对象在心理和情绪上存在着困扰。经历地震的冲击，青红社工的服务对象及其家庭遭受了严重冲击，他们有的因地震高度伤残，有的失去了自己的爱人、孩子或父母，有的苦心经营的生意毁于一旦。在这种状况下，周围居民没能对其深入理解，政府部门无法完全解决其问题。这些意外因素导致他们对自己产生了怀疑，对生活失去了信心，对社会逐渐疏远，对政府充满了怨恨。同时，在家庭生计小组活动的进行中，服务对象在认知、理解和执行小组活动时容易受到自身心理、情绪、知识和家庭成员的影响。基于此，青红社工认为，有必要对服务对象进行个案和家庭的辅导，从而协助家庭生计小组活动和目标的顺利实现。

在个案和家庭辅导工作同家庭生计小组活动的关系上，青红社工认为两者是相辅相成的。一方面，个案辅导有助于解决组员在活动中的困惑，有助于在小组活动外给组员以支持。另一方面，在生计互助小组活动中，组员能够互相支持、互相理解，从而有助于组员化解心理和情感上的创痛。青红社工认为个案和家庭辅导不应当是孤立开展的，而应当配合小组活动的进程穿插进行。对此，青红社工服务站的工作人员在谈话中也提到了个案及家庭辅导同家庭生计互助小组之间的关系。

……………………………

社工站总负责人C认为：“这个个案工作一部分是直接对组员个人，我们通过各种方式，就不在小组的环境当中了，是在小组之外了。通过各种场合、各种方式跟他们的一些谈话、聊天，都带有辅导性质的。那么通过这种方式去疏导一些心理、情绪上的问题，同时也在引导他们去寻找一些新的生活目标。还有小组工作进展，有的时候重心也不一样，比如说小组组织得比较好了，他们也开始很好地进入运转状态了，这个时候个案工作员也帮助他们更好地卷入小组的运转当中。到后来小组已经确定开展一些小型的生计项目，开始定出来。那么，启动资金也发放到位。这个时候的个案工作针对组员的又变成是关心了解他们的经营状况，怎么去协助他们做好生计项目，同时也包括在这个阶段仍然能够使他们有归属感。也就是说，他对小组也是配合性的，有连带关系，不是说单独地做一些个案。”

工作人员L也谈到了这点，“康复项目和个案、家庭辅导为生计发展提供生理和心理支持。生计发展帮助案主转移注意力，缓解内心的不良情绪和心理上的负担。”

在个案辅导的形式上，青红社工服务站采取了多种形式的辅导，主要包括正式和非正式两类辅导手法。

在正式的辅导中，主要采用了办公室个案会谈、口述历史访谈的方法。办公室个案会谈是一种比较传统的、正式的辅导方式。服务对象定期到工作站的个案会谈室，向青红社工表达情绪、反映情况。青红社工在尊重、理解、接纳和保密的原则上，对案主个人进行心理的疏导和情感的支持。口述历史的访谈是一种带有增权意味的访谈，它要求服务对象讲述自己的人生经历，讲述对他个人影响较大的事件。在这个过程中，通过案主个人的讲述以及青红社工的引导，案主对个人的人生经历赋予新的意义和看法。

非正式的辅导主要包括任何场合的谈话、聊天、陪伴。这包括田间地头的谈话、路上的偶遇谈话、生活中的陪伴等多种方式。青红社工通过这些非正式的谈话对服务对象表达关心、支持，无形之中彼此建立了信任关系。在服务站志愿服务的一个月中，笔者通过观察发现，青红社工几乎每天都会去服务对象的小卖铺，同服务对象拉家常、聊生意，还帮助服务对象搭建雨棚，陪服务对象到绵竹进货。服务对象F对这种非正式的沟通和关心给予了自己的评价：“（青红社工）天天来看我们，问候我们，和我们聊天。聊天总觉得心里开心嘛。”

（三）身体康复服务

在10名服务对象中，有9名残疾人。这些残疾人中有7名因在地震中受伤致残，2名因小儿麻痹腿部致残。因震致残的服务对象基本上都进行了截肢手术，行动较为不便。虽然从家里到服务站不到一公里，但是对身体未尽康复的他们来说，这需要莫大的勇气和恒心。为了方便服务对象接受相关服务，青红社工采用上门服务或派车接送的方式，这为服务对象解除了行动不便之忧。但这种方式并不能从根本上解决服务对象日常生活中行动不便的问题。为了更好地促进服务对象身体的恢复，青红社工发挥资源联络的优势，联系了社会康复资源，为服务对象提供身体康复服务。

青红社工联系到香港康复会，向对方讲述了服务对象的身体现状，表达了渴求康复资源的愿望。香港康复会最终同意免费向青红社工服务对象提供上门身体调理、定期医院检查、配备假肢等服务。在这个过程中，青红社工始终陪伴着服务对象。从为服务对象测量腿长、陪服务对象去医院检查，到配备更换假肢，青红社工担负起了引导者、照顾者、陪伴者的重任。

经过康复服务和相关训练，服务对象受伤部位的肌肉在逐渐恢复正常。腿部截肢的服务对象都配备了假肢，目前他们能够在无人协助的情况下依靠假肢独立行走。康复服务的提供，帮助服务对象最大限度地减少了行动障碍，使得他们更加坚定了参加服务站家庭生计互助小组活动的决心和信心。受访的服务对象也谈到了康复服务给他们带来的好处。

服务对象H："我那段时间，开始去的时候，我还是拄双拐棍过去的，最后FH和WT他们专门把绵阳那边的康复医生请过来。在家里边检查，当时我问我的伤情有些啥子情况，人家老师看了过后就跟我说咋个练习、平时咋个锻炼，应该说他们给我设计了一套方案。我就按他们说的练习，比如当时我的腿病，这两根筋坐久了打撑或站起来，感觉非常疲劳，很不舒服。最后，那个老师过来说，'你这个现象，我跟你说，要挤压'。从哪个方向，咋个办法。我就按他说的方法，一天我练习几次，这一阵子，症状几乎就没有了。"

服务对象L："我自己锻炼，每天我还是要锻炼的。如不锻炼，我怕万一长胖了，走不动。我自己觉得，康复效果还是相当可以的。从精神上来讲还是可以的，在工作当中还是能承受十多个小时的。”

……………………………………

（四）大型社区活动

除了上述的家庭生计互助小组活动、个案家庭辅导和身体康复服务外，青红社工服务站针对服务对象自我封闭、远离社区的现象开展了几次大型的社区活动。服务站主要开展了“我爱我家”社区康乐活动、“风雨同行”东方青红小组联谊会、“扬帆远航”家庭生计互助小组联欢会、“感恩 · 自强 · 希望”新年联欢活动。①

（1）“我爱我家”社区康乐活动。为丰富社区居民的精神文化生活，增进社区居民的相互了解和彼此信任，青红社工服务站与香港理工大学合作，于 2009 年 7 月 30 日在绵竹市杜甫酒庄开展了“我爱我家-社区康乐活动”。参加活动的大部分是生计互助小组组员及其亲人、朋友，一共五十余人。此次活动注重调动社区居民的积极性，完全由社区居民参与主持、节目表演等，活动还邀请了残疾人明星，此次活动高潮迭起，收到了良好的效果，受到社区居民的一致欢迎。

（2）“风雨同行”东方青红小组联谊会。青红社工的此次活动，旨在帮助生计互助小组与青红社工服务站的合作伙伴（DF 职业技术学校）建立良好关系，便于服务站撤出后小组向 DF 职业技术学校寻求必要的帮助和支持。该活动在 2009 年 8 月 10 日进行，活动进一步加强了学校、青红与生计小组三方的相互了解与信任。通过社工的游戏和活动，让 DF 职业技术学校的教师了解了社工及其工作方法，明白学校单纯以培训为目的的工作方法的不足，初步了解和学习一些社会工作的理念。通过加深 DF 职业技术学校和青红社工的信任关系，青红社工为彼此后续的合作打下了坚实的基础。

（3）“扬帆远航”家庭生计互助小组联欢会。在项目第一期接近结束的阶段，2009 年 11 月 21 日，青红社工服务站组织小组成员对小组的形成和成长过程做一个简单的回顾和总结，让组员意识到自己的成

① 这几个活动的论述参照了青红社工服务站：《“我爱我家”社区康乐活动策划书》《“风雨同行”东方青红小组联谊会策划书》《“扬帆远航”联欢会策划书》及《自强希望生计小组新年联欢活动策划书》。

长和进步，鼓励组员在生计发展的道路上，继续相互扶持，向更远的地方航行。

（4）“感恩·自强·希望”新年联欢活动。在新年到来之际，也正值家庭生计互助小组的各项生计项目开展到了一定的阶段，2010 年 2 月 7 日，青红社工服务站将小组成员聚在一起，共同回首这一路走来所取得的成果，表达对党和社会的感恩之心，重申“自立自强”的信念，共同携手、同心同德迎接和创造新一年的希望。

通过这些社区康乐活动，青红社工站的服务对象之间、服务对象与社区居民之间的交往逐渐密切起来。服务对象对自己、对周围的人及社会有了新的认识和看法，他们彼此之间能够互相理解、互相尊重，服务对象也慢慢地融入了社区生活之中。

除了上述四种基本的服务活动外，青红社工服务站还开展了资源链接、整合及政策倡导的工作。这两种工作始终穿插在上述服务活动中。比如青红社工链接了香港康复会的康复资源，向绵竹市烟草专卖局申请了烟草专卖的名额，向德阳福利彩票发行中心申请到了福利彩票经营名额。青红社工的工作得到了一些非政府组织和当地政府部门的支持和配合，这些间接的服务工作最终使得服务对象从中受益。

（五）家庭生计小组的持续发展与衍变

基于第一期家庭生计小组的培育经验，青红社工又培育了第二个青红“生计互助小组”，同样由 10 名当地居民家庭的代表组成，主要是地震伤残人士和残障人士。后来，绵竹青红社工着力推动两个小组的融合，特别是其自治管理组织“管委会”的融合，使组员们的生计活动在更大的组织框架中展开，也使互助功能扩大了范围。

家庭生计互助小组有着解决生计问题的使命，但这不是唯一目的，也不是根本目的，它伴有发展“情感支持”的目标。即从小组最初的意义看来，这群因地震的自然原因而导致“残疾”事实的群体是因为“生计发展需要”而成为的一个集体，即基于这一相似性基础上的生计小组在起初并没有深刻的情感互动或其他涉及个人感受性经验的交流。但随着小组的深入发展，其凝聚力和向心力发展得更为紧密和坚固。这不仅体现在小组活动的现场互动中，也蕴含于小组活动结束后各自的生活中，如建议咨询、资源共享、陪伴聊天、不间断联系等，可以看出，在组员之间已经形成了基本的情感联系和支持系统，而这也为生计小组的可持续存在提供了坚不可摧的基础。生计小组的成员之所以结合在一起的主因不是为了所谓的赚钱、生计，而是这个集体已成为大家的一个“家”。小组内部的动力持续存在，成员们的领袖潜质得以培养和激发，并开始对整个社会渐渐产生影响。在生计小组的带动下，社区成员对这个群体有了新的认识，社区的不少居民开始关注、信任这个“组织”，并参与到相关的活动中。在“管委会”的组织协调下，他们不仅能自发地组织各类社区活动，而且能积极联络各方资源寻求社区新发展。于是，“青红种植专业合作社”和“春燕手工作坊”应运而生，并成为凝聚社区力量、推动社区变革的重要力量。这两个由家庭生计互助小组衍生出来的“子互助小组”已经将“互助”的理念带入了整个社区，同时使更多的人参与其中，这一成功实践是“自助、互助”意义向社区层面“助他”过程转变的实现。在本书第四章中，将详细介绍这两个基于家庭生计互助小组而孕育诞生的真正意义上的社区组织。

第四节　案例评析

从 QJ 安置点社工队服务和 HW 青红家庭生计互助小组的实践及结果，我们大致可以看出，社会工作开展以发展为取向的行动与以补救或预防为特征的服务有着重要区别。从行动理念到行动过程、行动方法，发展性社会工作始终都在向我们传递一个信息——在具体的实践行动中，我们应遵循其核心要旨，这些要旨在第一章中，笔者已做出详尽阐释。就本章的上述两个案例而言，我们可以从如下几个方面来诠释其包含的“发展性”意涵。

社会工作开展以发展为取向的服务时，应当将服务理念、发展脉络、社会资本、能力提升和参与、服务方法策略、资产建设等因素考虑在内。

一、强调社会工作服务的发展性

发展型社会福利的思想强调社会福利的经济功能，即社会福利的供给应当促进经济的发展或者为经济的进步创造条件。这种积极的社会福利思想实现的基本途径有：投资人力资本；投资就业和自主就业；投资社会资本的形成；投资资产的发展；清除经济参与的障碍；投资有成本效益的社会项目。

作为传统福利思想指引下的社会工作服务同发展型社会福利手段一道成为提高个人社会福利的一种手段，其二者关于个人和社会的一些观念既存在一定的共同点又有一些差异性。一方面，社会工作作为社会福利的实践领域，它有着与发展型社会福利相似的关于人和社会的观点，比如说在促进和改善个体福利方面，两者均包括国家和社会干预的思想；对人的能动性假设是相同的，都认为人经过教育、培训、引导是能够发挥其潜能的；两者都强调受助者应在外界帮助的基础上减少依赖性，强调受助者最终的自助性和独立性。另一方面，发展型社会福利观与社会工作价值观又有以下不同之处：发展型社会福利观强调对福利的投资性和生产性，而社会工作主要强调物质消耗性和治疗性；发展型社会福利观更注重通过提升人参与经济活动的能力来达到受助者福利状况的改善，而在社会工作价值观指导下的社会工作侧重通过提升人的社会功能来实现个人整体状况的改善；发展型社会福利观强调社会福利政策是生产力的要素，而社会工作价值观强调其工作是提高社会整合度的重要手段。

发展型社会福利观与社会工作价值观的相通之处，使得社会工作能够借鉴发展型社会福利的思想理念，从中寻求自身创新发展的灵感。它们的不同之处，为社会工作实践领域的创新提供了参照。传统的社会工作观点往往倾向于向病患者、残疾者、贫困社区提供直接的、消费性的物质或社会服务，这些社会福利服务的提供多是补救性和维持性的，而那些被动接受服务的对象也缺乏能动的实践，这样的社会福利提供方式对经济成果是纯粹的消耗而没有建设性和促进性。而发展型社会福利的视角告诉我们，社会工作应该更加重视自身及对象的经济因素，并在其自身和提供的服务中更多地去考虑建设性的、对经济发展有利的社会福利项目或服务。通过这样的服务，社会工作不仅给人们提供了福利，同时透过这些福利改善人或社区的状况，使他们获取某种“能力”，从而使他们以更加有利的姿态去参与经济的发展。笔者认为，生计发展应当成为社会工作服务的一种取向，这种取向的社会工作服务，应当利用发展型社会福利观和社会工作价值观中的有利因素，促进社会工作服务（福利服务）与案主生计（经济）协调进步，实现社会效益和经济效益的共同提高。这就需要发展性的社会工作理念：相信服务对象拥有潜能、投资人力资本和社会资本建设、促进社区资产建设、提升案主社会经济参与能力、避免福利依赖并实现助人自助。

在QJ安置点社工队服务和HW青红家庭生计互助小组的实践中，二者均在不同程度上体现出了发展的理念。

QJ安置点实践的整体过程都是以社区关系的重建为核心的。一方面，在服务过程中运用社区活动的方法促进社区居民参与到服务中去，并在活动中相互交流。另一方面，从生计互助小组发展而来的社区议事会成为运用家庭的资产和社区的社会资本共同组织社区的过程。通过家庭生计的互助，最终促进了社区自治组织的形成，并在社区中发挥一定的服务作用，同时为以后社区重建的规划等进行建议倡导，这体现出了整个活动中的社区秩序重建并推动变迁的过程。

青红社工在服务的过程中陪伴服务对象走出心理困境，为其提供身体康复服务，协助其恢复正常的社会交往和社会关系，这充分体现了社会工作的治疗性功能。但是，青红社工并没有单纯地停留在治疗性方面，而是通过挖掘和提升服务对象的潜能、引领他们参与生计发展活动的方式去解决当前的问题和困难，即用生计发展的思路去解决现存的问题。青红社工跨越了社会工作介入心理和社会领域的服务传统，尝试解决服务对象的经济需求问题，并以生计服务去回应服务对象生理、心理和社会方面的问题和需要。这种旨在帮助居民发展可持续生计项目的社会工作服务与传统的补给性的社会救助不同。它不是简单地给服务对象以物质或金钱救济，也不是耗费性的、维持性的服务提供，而是通过提升服务对象的生计能力，建立经济性的互助组织，发展出适合案主自身的生计项目来解决可持续生计的问题。青红社工注重社会工作服务的发展性及生产性倾向，强调社会效益与经济效益的协调发展。可以说，用发展性的社会工作理念介入服务对象的经济问题是青红社工服务的一大特色。

二、促进案主能力提升和社会参与

地方社区经常拥有极有价值的社会资本和人力资本以及关于地方生态和自然资源的地方性知识，但这些知识往往被政府或其他援助者所忽略。在行政性的社会救助制度看来，受助对象是无能的、脆弱的，他们无力去改变现状。与此观念相反，在社会工作的视角下，受助对象不是消极的服务接受者，而被视为积极的、有潜能和有价值的参与者。“社会工作者在工作过程中，不但提供救助和帮助，而且关注服务对象能力的发展，即所谓的‘赋权增能’，力图通过增强受助者的能力使其更有效地面对困难”（王思斌，2007）。社会工作者在开展生计取向的服务时，应当外化案主的问题和不足，积极引导案主发现自己的优势和潜能，重视案主的地方性知识和经验，提升案主发展生计的自信心。同时通过教育、培训、活动等形式向案主传授与生计相关的知识和技能，唤醒案主的自主和自决意识，鼓励案主积极参与到对自己发展生计有影响的决策和过程中去。

服务对象既是受助者，更是自身问题解决的能动参与者。他们最了解自己的需求和问题症结所在，也最清楚自己需要改善的方向和目标。因此，社会工作者应当鼓励服务对象参与社会工作服务的全程，包括需求（问题）评估、方案制订、方案实施和评估等各个环节。

QJ社工服务队在服务过程中，对每个类型的服务对象都进行了一定的动员。在小苹果乐园和学校社工站服务过程中，组织儿童成立志愿者队对这些资源进行自我管理。在普通的社区活动中，社会工作者在组织和运行过程中都采取和本土居民共同组织参与的方法，突出居民自身的价值和作用，同时也突出了社会工作者与服务对象平等的地位。在对社区议事会的组织过程中，最后乡村运动会的组织都是由其自身组织，充分地调动其自身的能力加入到社区关系的建设过程中。此外，在培养本土专业力量时，四川服务队也发挥了使能者的角色，以督导支持的方法参与到其活动的组织中。

青红社工采用优势视角理论，注重发掘服务对象自身的潜能、技能、知识、资源，使服务对象自我觉察到存在于其内部和周围环境中的优势与价值。社会工作者相信服务对象具有内在的学习、成长和改变的能力，相信他们能够直面灾难，抵御灾难，认为他们自己才是最了解自身状况和需求的个体，他们最清楚自己迫切需要什么和想要达到什么样的目标。因此，服务对象表达自己的观点和看法，参与到服务方案的策划、制订、决定和执行中是非常重要的。

正如青红社工服务站负责人C所说的那样："对于一些由于某些原因造成伤害、处于这种处境的这些人的帮助，其实最好的方法是让他们自己行动起来，在自己共同的实践当中，同时就能完成对他们的一些治疗。就是说以发展的行动，带来一些治疗或恢复的一些效果。因为人要在行动的过程当中才能更好地体会自己的力量。"

服务对象M也对青红社工服务站注重组员参与的现实进行了评价："在（服务站）培训当中，人人在活动中踊跃发言，真的是想参与发言。（服务站）搞得很灵活，不是像一般的开会，说点大话，这个感觉就是不一样，大家都踊跃发言踊跃提问。老师在活动后还尽量征求大家对下一次活动的建议，过后还在电话里征求各方面的意见，问哪些做得不对。我感觉做得是相当好的，做得相当详细，你找不出来什么问题，没有什么问题。"

案主的参与和行动不仅有利于形成有针对性的服务方案和切合需求的目标，而且利于社会工作者和服务对象双方对服务方案的积极贯彻。为了帮助服务对象形成可行的、高收益的生计项目，在发展性社会工作理念的指引下，青红社工在家庭生计互助小组中向服务对象传授英国发展署"可持续生计"的分析框架和知识，提升服务对象的生计知识和项目设计能力。这不仅提高了服务对象的参与热情，而且利于社会工作助人自助目标的实现。

三、社区互助组织培育和建设

20世纪80年代以来，社会资本的概念和理论在社会学界引起了争鸣。不同的学者对社会资本给出了不同的定义。法国社会学家皮埃尔·布尔迪厄（P. Bourdieu）把其定义为"实际或者潜在资源的集合，这些资源与由相互默认或承认的关系组成的持久网络有关，而这些关系或多或少是制度化的”[①]。詹姆斯·科尔曼(James Coleman)从社会结构的意义上论述了社会资本的概念，他认为“社会资本是根据它们的功能定义的。它不是一个单一体，而是有许多种，彼此间有两个共同之处：它们都包括社会结构的某些方面，而且有利于同一结构中的个人的某些联系；和其他形式的资本一样，社会资本也是生产性的，使某些目的的实现成为可能，而在缺少它的时候，这些目的不会实现”(詹姆斯·科尔曼，1990)。罗伯特·D.普特南(Robert. D. Putnam)将社会资本定义为“社会资本指的是社会组织的特征，诸如信任、规范以及网络，他们能够通过促进合作行为来提高社会的效率”。尽管不同的社会学家对社会资本的概念有不同界定，但是他们都强调社会资本存在于社会网络、社会结构或社会组织中。社会资本的主要内容又存在于社会网络与组织中的关系、规范、习俗、规则、制度、环境中等(吴江，2004)。作为一种资本的存在形态，社会资本具有生产性，即社会资本为处于结构或网络中的个体提供了行动上的便利，有助于行动者特定目标的实现。以人际关系网形式出现的资本以及以社会结构和不同组织形式出现的资本，目前已被认为是发展规划中的一种重要组成部分(安东尼·哈尔，詹姆斯·梅志里，2004)。

社会工作服务介入生计发展应当充分了解服务对象的社会资本状况，帮助服务对象理清已有的社会关系和社会网络，寻求存在于其中的有利规范、规则、资源和其他支持性因素。对于社会网络缺乏或脆弱的服务对象，社会工作者应当协助其消除社会排斥因素，帮助其融入主流社会结构中，或帮助其构建相应的社会支持网络，以便服务对象能够获得组织或网络的信息、资源和支持。因此，立足社区的生计服务活动必须重视服务对象社会资本的建设，即促进具有经济性的社区互助组织的培育和发展，构建弱势群体的社会支持网络。

QJ案例中，生计互助小组的相互帮助共同进行生产自救就是一个社会支持网络的建设过程，并在此基础上形成了影响这个社区的社区议事会。从调动资产建设到社区整体发展过程中，居民的自我组织起到了相互支持以抵抗风险的作用。同时这个过程也是社区自身帮助那些家庭成员和劳动力在地震中受损家庭的过程。同时，在间接服务中，培养的本土社会

① [法]布尔迪厄：《文化资本与社会炼金术——布尔迪厄访谈录》，包亚明译，上海人民出版社1997年版。

工作者在未来的服务中也能够承担起一定的福利服务的作用，最终也将促进社区社会福利的变迁发展。

在实际操作中，青红社工提出“团结社区，发展生计”的口号。“团结社区”就是要使服务对象组织起来，形成互助性的社会组织。在这个组织中，大家不仅可以得到彼此之间的情感支撑，而且可以从彼此那里得到知识、思想、方法等智力帮助。“发展生计”则指出了组织存在的重要目标，即通过大家的互助和合力，提升个人及其家庭的生计能力，开辟收入来源和途径，提高家庭的收入水平和生活水平。“团结社区”是“发展生计”的方法和前提，“发展生计”是“团结社区”的目标和归宿，二者互相促进。青红社工通过社会工作服务的提供，带领服务对象形成家庭生计互助小组。家庭生计互助小组为组员提供了一个平等、包容、温暖的组织环境。经过小组成员的民主协商和共同决定，生计互助小组形成了自己的章程，规定了组员的权利和义务，同时选举产生了内部的民主管理机构——生计互助资金管理委员会(简称“管委会”)。在小组发展的初期，青红社工引领小组成员形成信任关系，向组员讲授生计知识。个人从中不断成长和进步，组员之间互相支持和帮助。在小组发展的后期，小组内部成立了自主管理组织“管委会”。“管委会”引领组员对个人的生计项目设计进行评估并民主投票决定是否接受，同时“管委会”还根据各个项目的情况决定资金的分配方案，带领组员讨论解决各自生计项目开展中遇到的问题和困难。最终，服务对象都建立了适合自身的生计项目，并从中取得了可观的收益。从前期青红社工的引领到后期家庭生计小组的自我管理和运作，再加上成立家庭生计互助小组并产生其自我管理组织“管委会”，包括利用小额无息贷款的方式提供资金扶持，都是青红社工服务站的重要特点。

四、整合性的社会工作服务方法

在社会工作理论中，服务对象(案主)由三大系统构成：生理系统、心理系统和社会系统。人作为一种生命形态，不仅具有生老病死、吃喝拉撒等生物体特征，而且还是一个处于一定社会关系和社会结构中的、具有认知、情绪和智力的社会存在。个体在生理、心理和社会结构方面的差异决定着个体的不同行为取向，当个体的三个系统发生突变和混乱时，个体的行为将会表现出种种反常和不适。服务对象的三大系统与生计建设相互影响、相互制约、相互促进。

考虑到服务对象生理、心理和社会系统的复杂性，社会工作在开展生计取向的服务时，不能单纯地依靠个案工作、小组工作、社区工作和政策倡导中的某一种方法，而应当采用综合性的服务手法对案主、其家庭和朋辈群体、其所在社区及更大的社会结构进行辅导和调整。通过整合性的社会工作服务方法，对影响案主生计发展的三大系统进行干预，促使案主生理、心理和社会功能的恢复和发展，为案主发展生计创造积极的内外环境。

第四章

恢复重建阶段的社工服务案例

恢复重建阶段从表面看来似乎对于社工服务的需求不再那么强烈。人们逐渐搬入新居，受灾地区的基础设施、人们的生产生活等一切看似都重新建设完好、恢复正常，甚至可能比灾前变得更好。但其实这可能只是表面上的，而真正的情形比这复杂，对社工的需要也依然真实而显著地存在着，只不过变换了指向而已。一方面，严重灾害导致的各种心理、社会、经济、文化乃至政治的影响远未平复，例如家庭成员遇难者的丧亲之痛总是还要更长的时间才能慢慢淡去，因灾致残的人们需要更持久的康复与重新适应，许多个人和家庭重建开始新的生计、社区和地方恢复新的经济体系的运作也都需要一个较长的过程，而其中还不乏各式各样的挑战与困难。另一方面，从发展性社会工作的取向来看，要将灾害形成的危机转化为新的发展契机，释放出所在地方社会成长进步的活力，包括政治、经济、文化、生态等迈向更好前景的潜力……种种改变在此阶段都充满了可能性，此阶段也成为综合发展性取向的社会工作介入的良好时机。

在此阶段，社工的角色任务包括为有需要的群体提供持续社区照顾及社会服务，也包括做出明确的努力推动社区发展乃至社会发展。当自觉贯彻发展性社会工作的理论模式时，意味着尤其重视社工在此阶段推动社区发展和社会发展的角色作用，即便是组织提供对某些特定人群的持续社区照顾和社会服务，也要求更好地体现发展性取向。比如，想方设法调动社区内部的力量资源，更多体现“由社区照顾”之义。这样的努力与推动当地相关政策发展、以建立和扩展制度化的相应公共服务和社会服务，以及为此有必要推动支撑这些服务的专业机构及其人员队伍、推动相关社会组织的建设与发展之努力，不但毫无矛盾，反而是相辅相成、互相促进的。具体来说，这个阶段社工较多扮演组织者、居民团体的催化者、使能者、增权者、倡导者、研究者等特定角色，有时候还需要继续扮演某些个案管理者的角色。而基本上说，此阶段社工的主导角色模式已明显地从所服务地区人群的“照顾者”转向了“陪伴者”，并且逐渐成为与他们一起的“同行者”。本章所介绍和讨论的两个具体实务案例，应能让读者看见，在这一阶段社工的介入中如何更深入地贯注发展性社会工作之取向，推动服务对象走向自立并团结发展，真正实现社会工作专业所追求的“助人自助”以及发展性社会工作一直孜孜以求的促进人们经济发展与社会发展的愿景和目标。

第一节 恢复重建阶段社会工作服务概述

恢复重建阶段随着过渡安置阶段的结束而开始，甚至，我们可以说，恢复重建阶段是悄无声息地紧随着过渡安置阶段而来，二者并无截然不同的阶段性特征。只不过，在某种意义上，恢复重建阶段是一个相对漫长的过程，它指涉和关联着更长远的发展目标和更宏观的结构趋向，时间上少则三五年，多则数十年，甚至更长。

但随着时间的推移，离灾害发生的时间越来越远，人们对于灾害关注的热度会逐渐降低，投入灾害救援的资源也会逐渐转移。但这并不意味着灾害救助已完成了它的使命。或许，在此阶段，还会有更多涉及受灾群众长远发展的事项需要我们考虑。例如绵竹青红社工服务中心所服务的汉旺镇，灾害后一段时间，大量的社会力量、高校力量、志愿者团体参与到救援工作中，但是留到现在仍然进行服务的已寥寥无几。同时，我们可以看到，媒体关于汶川地震灾区的关注点，仅限于每年5月12日前后那几天。但是灾区的建设工作仍然没有停息，地震对人们的影响仍在持续。

一、恢复重建阶段的情况分析

从个体的生理上来说，灾害对人造成的生理伤害的恢复很多是终生的。例如“5 · 12”汶川大地震后，很多服务对象受伤截肢，而更换假肢、适应假肢是一个持续的过程①。此外，这些生理方面的不便会带来大量生活上的不便。生理上对于康复医疗等的需要都是与生活息息相关的，需要逐步地在相关专业人员的帮助下进行训练和恢复。在这一阶段，服务对象的心理和情绪状态基本恢复稳定的状态。在恢复重建阶段，更多的重点体现在“社会”的重建上。

---

① 原则上，假肢不能长期或终身使用，需根据伤残人员的生理变化状况定期更换，然后重新适应。

对于中观层面的家庭等群体而言，几乎每个家庭，特别是一个在地震中有人员伤亡的家庭而言，家庭中每个个体都需要适应新的家庭环境生态状况。无论是家庭的沟通模式、家庭的生计模式还是其他的社会支持网络，都会发生很大的改变。帮助这些中观群体在现有的生态环境中尽快适应和运用优势进行发展，也是社会工作所需要关注的。

地震对于宏观环境的破坏不仅表现在日常生活中的物质环境上，同时也表现在其对社会组织、社区等的重建上。即社会组织和社区的重建并不是简单地基于房屋设施的重建，而更加看重社区中人际网络的重构和社区功能的重建和发挥。这里的社会组织并不是提供服务的民办非企业一类的社会组织，而是社会学中相对于由于情感基础而连接起来的初级群体而言的。它是指人们为了实现某种共同目标，将其行为彼此协调与联合起来所形成的社会团体。在这个团体中，一般由规范、角色、地位、权威等要素构成(郑杭生，2003)。例如学校、医院、现代意义的公司等，都属于社会组织的范畴。因此，所有组织都有与之对应的详细组织目标和功能，这些功能的发挥和目标的实现受到了组织结构、组织周围环境等多方面因素的影响。同样，社区的核心内容在于社区中人们的各种社会活动及其互动关系(郑杭生，2003)。由于社区中人们之间的关系和互动，使得社区形成一定的共同体才是社区建设的核心内容和目标。因而出于对社会组织和社区恢复重建的需要，不但需要将其物质性方面的房屋等在新的地区进行平铺，而更需要对其功能性和互动关系性层面进行发展和建设。同时根据优势视角，在灾后的重建工作中，灾区的基础设施建设较以前都有了极大的改善，在此基础上推进社会组织和社区功能的建设和发展，是一个更好的契机。

其实在整个灾害社会工作的介入过程，特别是灾后恢复重建工作中，无论是服务的个体还是中观宏观的环境，都需要一个在话语层面争取优势的过程。对于个人而言，灾后残疾、受到灾害损失等这样的话语可能会形成相关的文化境遇，成为其面对生活中所有困境的借口，形成习得性无助。对于相应的灾区也是这样，受灾地区可能被认为是受到严重打击、基础条件薄弱等，这对整个地区的发展也不利。从优势视角入手，去掉这些话语带来的标签，是灾区中个体和宏观地区共同的需要。只有让灾区自身和其他社会环境认识到灾区拥有新的优势、新的基础条件，更有新的发展机遇，才能创造一个更为积极的话语环境。

通过以上分析可以看出，灾害社会工作所服务的对象可以是个体，同样也可以是家庭、社会组织、地区等，但这些服务对象都是根据所运用的理论和视角而确定的。在预防阶段，灾害社会工作的服务对象涉及很广，可以是所有的社会成员，服务的关注点可能是整个社区、团体，同时关注点可以是与服务对象所在地相关的周围环境、建筑安全等。而在紧急救援阶段，服务对象就有危机中的个体或家庭、整个受灾的群众、灾害中受伤的人员和伤亡人员家属等初级群体。同样可能是中观及宏观的家庭、社区及环境等。而在灾后重建阶段，更多地关注个体、家庭和社区、环境的状况，而且更具发展性视角。总的来说，灾害社会工作主要关注的是受灾害影响的个体及其亲友、家庭或社区、环境等，同时注重面对更广的范围提供预防等服务。

二、恢复重建阶段社工服务要点

根据前述有关灾后恢复重建阶段的状况及灾民生活和灾区重建所面临的现实需求，通常，就社会工作服务而言，此阶段的服务要点集中体现在如下方面。

（一）社会工作服务的转型与可持续发展

前文提到，随着时间的推移，离灾害发生的时间越来越远，人们对于灾害关注的热度会逐渐降低，投入灾害救援的资源也会逐渐转移。在绵竹地区，在灾后救援最集中的时期，前往救灾和开展各类服务的组织有两百多个。到了恢复重建阶段，能够扎根灾区继续提供服务的机构却寥寥无几。一方面是因为资源的转移，这些机构不再能够获得更多的资源继续提供服务；另一方面，也是更重要的方面，此时在灾区还应开展哪些服务，如何巩固之前取得的成效，如何积极回应不断产生的新问题、获得可持续性的发展是摆在社会服务机构面前的一个重要挑战，同时也是灾民们想要获得的切实支持。

因此，从灾后紧急救援到过渡安置阶段，再到恢复重建阶段，这一漫长的过程也是考验社会服务组织生命力的过程。在这一阶段，社会工作服务应该与前述两个阶段有较大不同，社会工作应从提供支援性服务转化为推动灾民内驱力的能力建设，从依靠外来资助开展服务转向自发创生型服务，从而推动服务的可持续发展。

（二）进一步推行增权的实践

前文提到，在恢复重建阶段，会伴随着社会、媒体关注的焦点的转移。在这样的环境下，很多灾区民众，特别是一些前期作为模范人物长期曝光于闪光灯下的灾区民众会感到一种“权力的剥夺感”。在青红社工的服务过程中，很多服务对象都向社工倾诉了这种感觉。在青红社工的服务对象中，有一些是当时媒体关注的焦点，有在恢复治疗期间成为奥运火炬手的，有在医院受到时任总书记胡锦涛同志接见的。但是当他们回到了搬迁后的永久居住社区中时，都产生到了一种冷清的感觉。这样的感觉就是权力的剥夺感。权力和权利是个人在社会性方面的重要概念，在一定程度上反映了其个体社会性的位置和价值。社会工作理论中的增权理论即显示了权力的作用。部分学者认为，增权是社会工作长期所坚持追求的理想（派恩，2008）。同时，在对贫困现象的解释中，从皮特 · 汤森到阿玛蒂亚 · 森等，其研究同样认为贫困的发生与相对剥夺有关，而阿玛蒂亚 · 森特别指出了能力和权力对于扶贫的重要性（郭伟和，2010）。因而，从增权的视角来看，发展灾后灾区群众的权力感，不仅有助于其抗逆力的作用，实现解决问题满足权力感的需要，更有利于个体、整体的进一步、多方面发展。因而，在恢复重建阶段，对于灾害中民众权利和权力的关注，是一项具有持续性意义的工作。

（三）进一步加强社会支持网络的构建，增强社会资本

在过渡安置阶段，我们重点提到了由于地震灾害的发生，使得受灾群众原有的居住环境、邻里关系、社会交往等都发生了不同程度的“破碎”现象。他们需要搬迁到新的居住环境，适应新的集中居住但又可能彼此陌生的生活方式，重新构建自己的社会交往脉络。而这一系列问题不是在短时间之内就能够有效解决的，社会支持网络的重新建构也非一朝一夕能够完成的。社会资本的形成也需要较为持久的人际交往和内部联系密切的组织来推动。这一切，既需时间意义上的持续推进和巩固，也需社会交往维度上的深入和持久互动。这在过渡安置阶段和恢复重建阶段都同等重要，且需社会工作者自觉地有意识、有技巧地推动发展。

（四）以组织培育助推社区发展，以社区发展促进社会发展

在恢复重建阶段，社会工作服务关注的焦点逐渐从帮助个体及其家庭

或某类群体在微观和中观层面解决一些相对迫切和具体的问题（当然，中间也涉及一些有关发展和权力体验的问题）转向较为宏观层面的社区发展和权力运作问题。此时的核心工作任务是推动社区组织的发展，以社区组织带动社区居民的参与，在参与中实现个体的解放和生计发展，通过构建和改变社区组织的权力运作格局，形成更为合理、稳固的自下而上的权力运作方式和利益分配机制，最终推动社区的整体发展。

第二节 青红种植专业合作社

在本书第三章中详细介绍了青红社工在四川汶川地震灾后过渡安置阶段推动成立的家庭生计互动小组，在其结尾部分，笔者也简要提及这个生计小组在其发展轨迹中，尤其是在其成功实现自我运转——由外生力量的推动协助转变为内在动力的作用与变革后，出现了一些可喜的甚至是超出我们预期的变化。这些变化，有其背后的深层原因。一方面，家庭生计互助小组的组员们经历了2年左右的“共同生活”，灾害之于他们的影响正在逐渐淡化，他们的生理、心理康复已有较为明显的效果，社会关系的重建也有所突破，整个生计互助小组在当地社区也已家喻户晓，社区居民不再将他们当作“异类”来看待，甚至感叹于他们在生计项目中的顽强表现，对其更添几分尊重和敬佩；另一方面，生计小组内部孕育出的“管委会”成员能够较为理想地担任小组领袖，并带领小组成员开始为社区内更多需要帮助的残疾人伸出援手。在此阶段，如何建立稳定的社区关系，激发社区居民的参与意识，培养社区居民互助组织，进而推动社区结构和权力关系的转变，成为灾后恢复重建阶段的重要任务。因此，已有一定群众基础和资源基础的老百姓自己的组织，如家庭生计互助小组，可能会理所应当地扮演重要角色。

在“管委会”成员的动员和带领下，更多的伤残人员主动提出加入生计互助小组。“管委会”成员同青红社工商议决定，在原来的生计互助小组的基础上成立第二个生计互助小组。小组规模、组员构成、小组进程、小组内部管理、生计项目的产生与实施等流程都与第一个生计互助小组一样。不同的是，在第二个生计互助小组产生“管委会”成员后，为了使整个大家庭不出现前后脱节的情况，两个小组最后合并为一个小组，“管委会”成员由原来的3名增加至5名(两男三女)。“管委会”成员在后来的发展过程中承担着不可或缺的重任，推动了新的社区组织的自治、自助发展，并逐渐走向助他。

本章所要重点讲述的就是在家庭生计互助小组的基础上，在“管委会”的推动下，更多社区居民参与其中，进而逐渐发育成长起来的两个重要组织——青红种植专业合作社和春燕手工作坊。在这一时期，青红社工的工作重心是：培育基层自治组织，以出色的社区领袖为带头人，发挥自身长处，带动村民参与、互动、改变，从而拓展村民们的社会资本，加强以生计发展为导向的资产建设。然而，这两个“子组织”的发展，却也惊起了不小的波澜。表4-1即为青红种植专业合作社自成立以来的大事件盘点。

表4-1 青红种植专业合作社大事件盘点

项目名称	时 间	重 大 事 件	事件内容
大天池村银杏种销合作社 2011.05至今	2011.05	民意摸底，生计项目外围考察	前期摸底
	2011.07	入户访谈；选取家庭	项目开展
	2011.09	组织培育阶段	项目开展
	2012.12	组织发展	项目开展
	2012.03	本土社工“北京行”	交流学习
	2012.03以来	苗圃管理，合作社运营，利润分配和扩大发展	合作社自我运行

一、我们想做什么——社区居民的话语权

距离地震灾害发生的日子越来越远，灾区群众的生活也渐渐远离阴霾。家庭生计互助小组的组员们也都纷纷投入到各自的生计项目中。“管委会”的5名成员不仅操持着自己的生计项目，还热心地帮助组员，定期召集聚会，帮助大家解决疑难问题。同时，他们还积极寻找新的生计发展方向。青红社工也从旁协助，积极争取各方资源，希望将家庭生计互助小组的实践能够推广到更大范围和层面，让更多社区居民受益。

2011年，“管委会”成员开始在全社区内进行动员，集思广益，征集社区居民关于未来生计发展的意见。多数居民反映，在绵竹当地有着丰富

的土地资源，地震前，多数村民都居住在大山里，除了外出务工的，剩下的人多以务农为主，种植玉米、土豆等农作物。他们最擅长的也是“跟土地打交道”。如果把大山里各家的土地重新再利用起来，种植一些作物，多多少少能换一些钱，风险还很小。如果是发展养殖业的话，一方面各家各户都不像地震以前那样“独门独院”，没有多余的地方可以饲养家禽；另一方面，养殖业的风险也比较大，碰上瘟疫的话，基本就血本无归了。

经过居民们的初步探讨和分析，他们中的多数人认为，能重新回到大山里将以前的土地开垦出来继续务农求生计于他们而言是最可行的方式。但是，居民们现在的居住地汉旺新城离原来的天池山有二三十公里，路途遥远，去一趟都费劲，倘若种植那些需要时常维护和打理的瓜果蔬菜肯定不现实；如果种植花卉盆栽的话，天池山的气候条件又相对恶劣。所以，种植一些有市场价值还无须经常照看的树木、药材一类的，或许是可行的方法。

二、考察市场，“管委会”成员发挥先锋作用

“管委会”的两位核心成员老刘①和老马②主动承担起前期准备工作，

① 老刘，四川绵竹天池乡天池村村民。地震当天，他从市区乘坐面包车回家。在回家的路上，突然地动山摇，大石崩塌，将面包车覆盖。巨石压得他的右腿无法动弹。救援人员没能及时赶到，老刘用钢锯忍住剧疼将右腿锯断，成功实现自救。但老刘的儿子就没那么幸运。地震当天，正在东汽技校读高中的他因校舍倒塌而不幸丧生。老刘忍着失去儿子的悲痛和身体的疼痛，坚强地活下来。因此，他也被媒体和社会各界尊称为“铁人刘刚均(化名)”。幸运的是，青红社工在介入灾区服务进行社区调查的时候就认识了老刘，并与他建立了良好的关系。老刘以前是煤矿的一个“小领导”，嗓门大，性格乐观，颇具领袖才能，在当地社区也较有声望。他加入青红社工后，慢慢成为“管委会”的核心成员，带领生计互助小组较好地向前迈进，他也积极参与到银杏树苗种销合作社的筹备、组织和运行中。迄今为止，老刘不仅是社区领袖的代表，同时也是青红社工中的一名骨干成员，担任青红社工服务中心的副主任，成为一名名副其实的本地社会工作者和机构管理者。

② 老马，四川绵竹天池乡天池村村民。老马在地震中右脚掌前半部受伤截肢，行动缓慢，但无须拐杖。自地震导致他的右脚掌前半部分受伤截肢后，他就基本没出过门，每天待在30平方米左右的板房里，交往空间也越来越窄。一个人独处的时候，老马总觉得苦闷，内心的憋屈无处诉说，还曾经到镇政府“滋事”发泄不满。事实上，老马是一个非常厚道、乐于助人的人。地震前老马是村里的干部，有着很好的领导力和带头作用，但也因为做事太过实在受到过不少非议。自从加入第一期家庭生计互助小组后，老马很快就体现出了他的领袖潜能。可能经历了地震这样的生死大劫，他的性格变得柔顺了很多，用他自己的话说，就是看开了。很快，他的热心肠和办实事就得到组员们的肯定。在“管委会”成员的选举过程中，老马以高票获得组员的推选，成为“管委会”的一员。他和老刘在生计互助小组的自我运作和社区组织动员工作中付出了很多辛劳，成为名副其实的大家都认可的领袖。

积极探路，开始在成都周边地区四处考察市场行情，以弄清在市政绿化、园林绿化以及医药行业都有哪些木材或药材比较稀缺和畅销，哪些木材和药材在类似天池山那样的土质和气候条件下能较易存活和生长。

历经一个多月的考察，他们发现，能够适应天池大山的土壤和气候条件，且市场需求也较大的经济作物就是可作为绿化观赏所用的银杏树和珍贵中药材黄连。但黄连的生长周期慢，一般需要种植五年以上才能成熟，期间需要定期除草和施肥，成本不小，工作量也不少。关键是黄连的价格走势波动不定，遇到好的年份，能卖好几十元一斤；遇到不好的年份，也只能收回成本。银杏树苗则不一样，虽然它的生长周期也需要较长时间，但一般2—3年后就可陆续售卖，而且时间越长，银杏树苗长得越大，越能卖出好价格。期间，虽然也需要定期除草施肥，但无须像种植黄连那样工序烦琐。

老刘总结这一个月的劳苦奔波时说：

你不晓得哦，那一个多月，把我们跑惨了。我们起早贪黑的，我和老马（指马叔）两个瘸子把成都周边那些搞园林设计的、苗圃规划的，还有药材的原材料市场都去了。四处考察了一圈，从市场需求量和种植的技术要求这些都考察了。为了这个事，我们还专门去请教了绵竹这边搞植物研究很有名的杨林老师，让他帮我们分析情况，他也觉得从投入产出和方便管理的角度，目前，我们可能种植银杏树苗能够有出路，风险也小。你看嘛，那些城市的街边上和公园里，到处都有人种银杏树，秋天叶子黄了的时候好漂亮嘛，一道风景。这个需求量还是可以的。杨林老师说，到时候他可以给我们做技术指导，让树苗子的成活率提高。

老马也有类似感慨：

这些天，我们上蹿下跳、起早贪黑的，到处去考察，去学习别个的经验，主要还是想咋个带着我们自己的居民实实在在地做点事情，把自己的生活过好了。没想到，我们几个残疾人还可以做这么多事情，生活一下子就充实了。后面肯定还会有很多困难，要把大家组织起来、团结起来一起做事，只要我们迈出了第一步，大家齐心协力，再多的困难也会克服的。我们虽然是残疾人，但是也不能让别人看不起。

三、社区动员，进一步听取居民的意见

基于前期的社区需求调查和未来市场环境考察的初步结果，在基本确定了利用当地的生态环境集体发展种植业这一大前提下，为了进一步了解居民的生计需求和意愿，充分尊重他们的话语权和自决权，青红社工协同“管委会”成员开始有针对性地了解社区居民有关恢复和发展生计方面的切实需求，以及村民是否愿意参与银杏树苗种植的集体生计活动。除了银杏树苗之外，还有没有其他的提议。进而初步确定参与银杏树苗种植集体生计活动的居民人选。

在动员过程中，为了解社区居民的具体情况和生计意愿，“管委会”在与青红社工商议后，拟订了访谈提纲，在社区开展进一步的调研，遴选合适的参与人员。

访谈提纲

1. 基本信息：姓名、性别、联系方式、现家庭住址。

2. 家庭成员基本情况、原家庭住址（天池）、原土地亩数（大小）、地形、位置如何。

3. 地震前的主要劳动方式、有无种植银杏树苗相关经验或技术（不作为重要评估因素）。

4. 对“集体生计”的一些认识和看法。

5. 有无时间和精力上山管理树苗，具体想法如何。

6. 理想中的种植银杏的亩数。

四、“管委会”成员发挥带头作用，推动银杏种销专业合作社成立

2011 年，在多方争取下，青红社工机构获得某基金会项目经费资助，开始进行绵竹天池乡“青红种植专业合作社”项目。“青红种植专业合作

社”是在此前“青红家庭互助小组”的基础上，以互助组“管委会”成员为骨干，率领汉旺新城20余户天池乡安置居民(其中既包括地震伤残或残疾人，也包括健全人)，利用自家原在天池山里的土地资源和家庭劳动力资源，进行以银杏树苗为主的农林作物种植和销售活动、开展“绿色生计”实践的合作经济组织。此项目沿袭了青红社工为地震受灾人群提供生计发展扶持服务的总体思路，并在辐射范围上有所扩展，介入模式仍坚持基于社区的发展性组织工作模式或社区发展组织工作模式，但具体的工作内容则从培育互助组进入到培育合作社的水平。

我们都知道，人与人之间的信任与合作不是天然存在的，也不是短时间就能形成的。它需要经历一个过程，大家才能在情感上产生认同，行动上达成默契。而这些，一方面需要参与者主动地完成建构性认同，另一方面也需要外力提供支持、协助，甚至是指引和教育。某种程度上，银杏种销专业合作社的建设过程也是一个组织化的过程。青红社工在领袖培养和组织建设方面做出了新的尝试，其工作过程大致可分为如下阶段。

(一) 发掘潜在的社区领袖

基于社区调研的结果和已有的工作基础，青红社工选出有可能成为合作社领袖的3—5名居民，通过与其接触交流并提供相应的辅导支持，将其明确为合作社培育的前期核心成员。推动其在村民中发挥动员和带头作用，召集组织社区活动。

(二) 开展小组活动，培育潜在领袖

通过数次结构化的小组活动，将前期发掘的领袖人员凝聚在一起，进一步提升生态意识、培训绿色生计知识技能和组织管理能力，为推动合作社的建立和发展打下坚实基础。

(三) 推动社区领袖带领村民开展小组和社区活动

推动并支持社区领袖自行组织开展有更多村民参与的小组和社区活动，对他们进行生态意识提升、绿色生计知识技能培训，并讨论互助合作开展银杏树苗种植和销售的相关问题，同时增强村民间的关系。

五、组建合作社，民主产生管理机构——理事会

青红社工协助支持社区领袖带领村民组成银杏种销合作社，通过民主选举产生合作社理事会和管理执行人员，共5名。协助支持理事会带领社员讨论确定银杏树苗种植管理的具体组织方式。合作社的一位成员说：

既然是我们一个组织，那就该有组织的样子，我们应该首先去注册成为合法的组织，以后不管是对内对外，都能有一种合法的身份，既有利于团队的管理，也能争取到更多资源(现在很多资助人都要求受资助者是法人身份)。在这一点上，我们是在小组活动过程中逐渐明确和清晰的，也是多数人的意愿。大家怕将来盈利的时候分红出现问题，也都想要正常化和制度化。

青红社工推动理事会带领社员讨论制订合作社相关规章制度，提供支持、协助完善订立有关制度。如《绵竹青红种植专业合作社章程》《绵竹青红种植专业合作社社员契约》《绵竹青红种植专业合作社汛期安全预防措施》等。

六、推动理事会带领下的合作社自我运行

合作社理事会的相关制度明确后，青红社工着力推动理事会带领合作社进行自我运作，发挥互助合作机制独立处理各种问题，使合作社真正成为社区居民的自主组织。它不仅是社区居民情感的共同体，同时也是利益共同体。合作社的自我运作和发展是一个较为漫长的过程，其间不可避免地存在着利益冲突和权力博弈。合作社的发展在很大程度上取决于能否对这些“不和谐的状况”进行及时有效地化解和改进。

（一）银杏树苗种育的前期准备(1—2个月)

在理事会的带领下，社员们分工协作，积极为银杏树苗的种植做好各项准备工作。

老刘和老马继续考察银杏树苗市场，发现购买银杏种子自行育种比直接购买树苗培植在成本上要经济实惠得多。同时，园林专家告诉他们，自行育种的成活率也比购买小苗培植的成活率要高一些。于是，老刘和老马在征得社员的统一意见下，到成都种子市场挑选购买了第一批银杏种子。

其他理事会成员带领社员一起上山开垦出 5 亩已废弃多年的荒地，并用大量木材搭建出一条阶梯式的通往种植地的“秘密通道”，方便社员（尤其是肢体残疾的社员）往返。

合作社以集体的名义聘请绵竹当地的植物专家杨老师对全体社员进行银杏树苗种育技术的现场培训，帮助社员掌握应有的种育技术，规范种植管理，降低风险。

（二）银杏树苗的种植、管理和维护

2011 年 9 月，在 20 户社员近一个月的努力下，合作社完成了第一批五亩银杏种子的入土、施肥等工作。接下来的任务，就是定期进行锄草，待幼苗长出后，定期锄草、施肥、杜绝病虫害。第一批银杏树苗的成活率在 90%左右。在这期间，社员们经常披星戴月地往返于深山和居住地之间，虽然很辛苦，但看着破土而出的一株株嫩绿的新芽儿，就像看到了希望，看到了生命的顽强。在那人烟罕至的黄土地里，洒下的是合作社成员们集体劳动的汗水，播种的是一群善良的人们对生活的希望……

（三）合作社赚得第一桶金，初尝甜头

2014 年底，经过三年多的培育，少量银杏树苗的长势已基本符合市场所需，合作社趁势卖出第一批幼苗。除去前期投入的成本和继续用于树苗育种的储备资金外，还略微有一些盈余。经过理事会商议，决定将这些盈余作为年底分红酬劳平均发放给社员，对大家在银杏树苗种育中的辛劳与团结合作表示鼓励和肯定。在 2015 年青红大家庭的新春联欢会上，合作社的 20 户社员，按照每户 400 元的年终分红标准领取了酬劳。这标着合作社这一基层组织开始独立发挥它的“团结社区，发展生计”的作用，并且呈现出较好的发展势头。

（四）利益分配不如预期，少数社员信心动摇

2015 年开春，又到了给银杏树苗锄草施肥的季节。理事会召集社员部

署相关工作。社员们的积极性好像不如从前。有些社员反映，辛辛苦苦忙活了快两年，分红的时候居然只有几百元钱，这比当初加入合作社时的预期低了很多。张大妈说：

我从一开始开拓荒地的时候就积极参与，这两年前每次锄草施肥啊啥的，我一次都没缺席。有一次，上山的时候下雨了，我摔了一跤，把手腕韧带给拉伤了，回来贴膏药都贴了半个多月。从没说过半句苦。但现在分红的时候就这么点钱，说得不好听，我就算在小区里捡两个月垃圾，可能也能挣几百块钱。

部分社员在闲暇时也开始"回顾"和"盘算"自己投入的时间和精力，大家一对比，则发现有些社员干活儿很多很辛苦，有些社员则显得相对轻松。如果每家每户的分红金额一样的话，对那些付出劳动最多的社员不公平。如果付出的劳动得不到回报，那大家还不如不劳动呢。

（五）完善银杏树苗种销的管理机制

鉴于上述情况，理事会和青红社工召开了三次紧急会议，讨论如何解决社员信心动摇的问题和利益分配问题。如果这两个问题不能及时得到解决，势必会影响合作社内部的团结，从而无法正常运转，更糟糕的是还有可能伤害到街坊邻里的感情。出于利益考虑也好，为了公平参与也罢，部分社员提出，合作社应该建立明确的管理机制，对每个社员的工作量进行记录和考评，将来银杏树苗卖出去后，就该按多劳多得的原则进行利润分配。银杏树苗销售的时候也需要有人去开拓市场寻找买家，这些人也应该有一定的所得。

考虑到社员的提议，理事会召集全体社员开会商讨。经过多番讨论，建立了一套较为合理的银杏树苗后期的种销管理机制。这套机制能够较好地体现"按劳分配，多劳多得"的原则，社员们也没有异议(限于篇幅，此处不赘述这些管理机制的具体内容)。

（六）合作社重建信任，持续发展

就这样，在理事会和全体社员的努力下，合作社的银杏树苗种植计划慢慢发展壮大，历经 4 个年头，从最初的 5 亩发展到现在的 11 亩。社员们也不同程度地从中获益。他们除了围绕银杏的种育事件投入大量的时间精力外，还在节假日时组织大型的社区活动，邀请亲友和社区邻里参加，在整个社区起到了重要的示范作用和组织协调作用。

时至今日，我们不能说合作社已经发展出了高度团结的社区组织形态，但它没有因为过程中的利益纠葛和权力博弈而放弃初衷，也没有因为实质性的利益获取不多而否定了这个组织本身存在的价值和社员间的情感联系。我们与其说这是一个致力于发展生计的组织或以生计发展为本的组织，不如说这是一个凝聚了社员的情感和信任的、承载生活希望的组织。它给大家以聚在一起的信心、聚在一起的理由和聚在一起的快乐。“我们共同地去完成一件事儿”比“我们从这件事儿中获得多少的物质回报”要来得更真实、更有意义。社区居民的资产建设很重要，社会资本的建立也同样重要。这是发展性社会工作的内涵所指，也是青红社工一直努力的方向。

第三节 春燕手工作坊

在青红种植专业合作社成立的第二年（2012 年），家庭生计互助小组“管委会”的另一名女性领袖刘春燕①组织带领成立了“春燕手工作坊”，将社区里的几位残疾妇女组织起来共同发展串珠工艺。姐妹们共同商议决

① 刘春燕（化名），女，原为某矿厂文职人员，地震中左腿高位截肢，很长一段时间生活不能自理。后来接受康复训练，靠假肢行走，生活自理能力部分恢复。她性格开朗，为人真诚爽直，在当地农民群体中算是比较有见识和头脑的人。地震受伤后，被判可能再也站不起来的她克服康复训练的重重痛苦，最终坚强地站起来。刘春燕是家庭生计互助小组第二期的组员，也是民主评选出的“管委会”成员之一。在家庭生计互助小组的支持下，她在汉旺新城开了一个叫“居帘布艺”的家居用品店。店里出售的窗帘、床单、被褥等家居用品都是她和老公一针一线亲自缝纫出来的。随着灾后重建工作的逐步完成，当地社区居民布置新家、添置家居用品的需求越来越少。刘春燕开始寻找别的生计出路，经过前期考察，她组织动员社区里的其他残疾姐妹们创办了“春燕手工作坊”，运用渔线和各类珠子手工制作各类生活用品和家居饰品，如杯垫、桌垫、餐巾纸盒等，从而寻找到了另一条可持续发展生计的道路，并帮助其他残疾姐妹们获得生活来源。这可以看作是另一个与银杏种销合作社类似的社区组织，同时，它也是社区内残疾妇女社会工作的有益探索。刘春燕在手工作坊里发挥着领路人和管理者的重要作用。

定，为了方便对外推广作坊的产品以及在有条件的情况下链接更多社会资源，将手工作坊发展壮大，也应像银杏种销合作社一样先获得合法身份，走正式组织发展道路。①

几乎同时，经历了三年左右的社区领袖培育和组织发展之路，青红社工在灾区的服务架构进行了战略性调整，发生了重要变化。在家庭生计互助小组发展的后期以及银杏种销合作社自我运作期间，"管委会"的三位成员老刘、老马、刘春燕表现出了足够的责任心和领袖才能，对社工的理念逐渐消化吸收并能运用在工作中，社区居民对他们也都较为认可。青红社工开始有意识地将他们作为本土社会工作者进行培养。青红社工自己退居二线，协助各项工作开展，并拓展外围资源。在此，青红社工做出了一个大胆的决定：将老刘、老马和刘春燕三人纳入青红社工服务中心，成为机构职能架构中的重要成员，以机构管理者和社会工作者的身份在当地全面开展有关工作，定期与二线督导和工作员交流工作进展情况，必要时寻求他们的支持和协助。老刘担任青红社工服务中心的执行主任；老马和刘春燕担任副主任。这是机构战略发展的一次实质性转变。这种转变，一方面意味着服务对象的能力建设和本土社工的培育取得阶段性成功，另一方面也带来了前所未有的挑战。这种挑战在手工作坊注册成立之时便开始出现……

春燕手工作坊的内部关系较为复杂，其发展与银杏种销合作社还有一言难尽的利益纠葛。期间暗流涌动，几经波折，最后才慢慢发展起来。如果说家庭生计互助小组和银杏种销合作社的发展还算顺利的话，春燕手工作坊的成长却并未如预期般顺利，它与前面两个组织纠葛在一起，遭遇了更多的信任危机并与各方面进行了不少权力博弈，甚至差点解体。这个过程于身处其中的各方都是一个重新学习、自我反思与利益争夺和妥协的矛盾过程。这些问题表面看似是手工作坊本身的发展所遭遇的，实则为自家庭生计互助小组成立以来，各方面问题的集中爆发。本部分主要向读者呈现春燕手工作坊成立后所发生的重要故事(如表 4－2 所示)。

① 在加入青红社工团队的这几年，青红社工由最初的一个项目团队发展为正式注册的民办非企业单位，银杏种销合作社也注册成功，这中间经历的诸多曲折和事件，或多或少地给刘春燕及其他组员们敲响了警钟：不管是对内还是对外，拥有合法身份的组织总是更能获得他人的信任和政府的青睐，在接受社会资源援助方面也更有优势。不管是政府还是其他机构，在购买服务和资助项目时总是更愿意与正式注册的机构和团队合作。

表 4-2 “春燕手工作坊”大事件盘点录

大事件盘点录			
项目名称	时　间	重　大　事　件	事件内容
春燕手工作坊 2012.03 至今	2012.03	前期筹备：Logo、宣传语设计	组织培育
	2012.04	手工作坊正式成立，并注册（争论：“集体 or 个人”的期望）	组织培育 机构发展
	2012	坎坷发展	机构发展
	2012.11—2013.04	机构发展瓶颈期（保留还是注销？）	机构发展
	2013.04—08	休养生息，探索新方向	机构发展
	2013.09 至今	逐步稳定发展	机构发展

这一时期，两个子组织在 M 机构的扶持下逐渐成型。一个为“大天池村银杏种销合作社”（以下简称“合作社”），领头人为 MXS（男）和 LGJ（男）二人；一个为“春燕手工作坊”（以下简称“手工作坊”），领头人为 LCY（女）。两个子组织从属于 M 机构，并以解决合作社成员的经济收入为直接目标。由于合作社有专门的项目资助资金，而手工作坊没有，因而手工作坊最初的扶持资金完全来自 M 机构，这个事实引起了合作社的不满意。对此，两个子组织的领头人形成了“三足鼎立”的局面。

一、手工作坊的前期准备

2012 年初，刘春燕带领社区内其他四位残疾妇女着手开始准备成立手工作坊的各项事宜，例如设计 Logo、制订组织章程和相关制度、撰写有关这群灾后致残的妇女们自强不息的文化故事等。在这期间，除了手工作坊的四位残疾妇女积极参与筹备工作之外，老刘和老马等生计互助小组的“管委会”成员也主动帮忙出谋划策、考察原材料市场和产品销售渠道等。青红社工从旁协助，参与注册的筹备事宜等。一切都有序地进行着。

二、注册事宜引发内部风波

2012 年 3 月，手工作坊正式提交注册材料，申请工商注册。矛盾就是从这个时候开始的。整个团队就手工作坊到底是该民非注册还是工商注册，以个人名义注册还是集体名义注册产生了很大分歧，也牵连出一些其他问题。这些问题超出了多数人的预期，也让充满了理想主义色彩的发起者CT老师内心有了一丝遗憾。以下摘录当时有关“手工作坊注册事宜”的信息交流原文作为例证。

……………………………………

督导CT老师工作手记(part 1)：与手工作坊发起人的交流

手工作坊发起人LCY：CT老师，这几天营业执照办下来了，下周去办税务登记证，可以免税的，下周德阳残联领导来谈订货的详细事情。

督导老师CT：真是个好消息啊，要让更多的团队成员分享，为你们高兴！(手记：我热情地回应，还心想肯定是合作社性质的)

手工作坊发起人LCY：以我个人的名字办的“春燕手工作坊”营业执照，税务登记证也是个人名义，商标还未去注册，这个钱(登记全部手续)只要几十元钱，如果没有税务登记证就订不了货。

督导老师CT：你们怎么办下来的，有没有费用方面的困难？

手工作坊发起人LCY：商标注册要二千多吧！我们是免税的，只要拿税务登记证去购买发票就行了。

督导老师CT：这件事刘哥知不知道，妇女小组的组员们知不知道，为什么没办成合作社？

手工作坊发起人LCY：集体办手工作坊的营业执照太麻烦了，钱也贵，跑了几天，这些他们都清楚，我和刘哥，周灵①一起去办的，手工作坊的事每一个姐妹都清楚，争(征)得她们的同意的。

督导老师CT：此事我会跟团队更多人说，尤其会跟理事会说的，听听大家的反应。这不是个小决定，恐需更多沟通。(手记：后来她问是有什么不对的吗？我便打电话跟她交流，她说周一会再去看看能否改成合作社)

督导老师CT：春燕，希望咱们俩刚才的讨论不会搅扰你的休息和心情，愿你周末能拥有轻松和愉快。另外，我不知道当时你们决定时老马有没有参与，这样的事情最好你们三个都共同讨论与决定。

手工作坊发起人LCY：当时做这个决定没有老马，他去重庆参加一个合作社的会议了，今天我们要参加青平社工站举办的一个伤残学生家长

① 一线社工。

联谊会，我会把这事告诉他们。我心情还好，只是串珠确实慢，有点累是真的。祝好！

督导老师CT：别着急，我们互相提醒，这条路比较新也不太好走，咱们慢慢走稳当啊。

督导CT老师工作手记(part 2)：与“管委会”成员老刘的交流

老刘LGJ：陈老师周末好！

督导老师CT ：LGJ周末好！很多事情你们前线几个人可以自行决定，只要重要情况事后通报就好。（手记：此前一线社工反映，感觉LGJ似乎有情绪，觉得我们后方管得较多、他不能放手去做事，因而我采取鼓励政策。）

老刘LGJ：就怕我们办不好！我们尽力吧！

督导老师CT：对了，你知道春燕手工作坊注册成LCY个人名义的事吗？

老刘LGJ：（未回复）……

如前文所讲，我们坚信经过这几年的共同努力，无论是青红社工自己，还是服务对象们都已建立起较为深厚的信任关系，也坚信大家能够贯彻走集体生计的道路。这条道路不仅是形式上的合作，更是实质层面上拥有平等的资源和参与机会的合作。在手工作坊的注册事宜上，我们也坚信团队的工作做得很到位，传达给一线的本土社工们的理念也很清晰。同时，我们也坚信他们理解了机构的立场和发展思路，也明白他们自身所要承担的角色和责任。然而，事实并非如此，手工作坊以刘春燕个人的名义注册，并且取名为“春燕手工作坊”，对于一个以团结社区内的残疾姐妹共同发展生计为目标的互助共济性质的合作组织来说，这于情于理都不太说得通，至少从形式上看来，它更像是个别人员的“私人作品”。

手工作坊注册成“合作社”性质还是“个人”性质这个问题，表面上看只是形式问题，就如刘春燕所说的那样，以个人名义注册可以在手续上省掉很多麻烦，但事实上，作坊还是姐妹五个共同拥有，共同参与劳动，获得价值。不过，真相真的如她所说般那么简单吗？尤其是当督导CT老师问到老刘知不知道手工作坊以个人名义注册，而老刘没有反应保持沉默后，更让人觉得疑云团团、忧心忡忡。难道在注册这件事情上，这几位领袖之间都没有达成一致？背后还有什么隐情？

在手工作坊成立初期就遇到这样问题，不得不引起重视。在组织培育过程中，青红社工给予服务对象充分的自主权和自决权，但不意味着当它有可能偏离“合作发展”的初衷时，也不进行适当的干预和引导。而且，鉴于几位核心人员此时的态度和反应，青红社工觉察出这中间肯定还另有隐情，或许他们之间根本就未达成一致，又或者各自都在盘算自己的小利益……

于是，针对以上“注册事宜”，青红社工内部首先展开了讨论，试图发现问题的症结，并需求可行的策略进行改变。

……………………………………

注册手工作坊是“集体 or 个人的期望”？①

第一，方向问题。我们一定要明白我们的价值理念是走团结互助的合作经济，乃至达到一定程度后，对社区进行回报的社会经济。所以，注册成个体经济有点偏离方向。我承认，即使合作经济也要考虑个人的贡献大小，在分配问题上体现公平原则，但是这不等于成为个体雇工的形式。而个体经济的问题就在于它的方向是老板主导下的经济形态。虽然在规模较小的情况下，个体老板也参与劳动，劳动过程也有情感交流，但是在权属上，它是老板保持剩余价值的分配权的。也就是其未来发展方向是资本积累和资本增值趋势，乃至资本支配劳动的趋势。而这正是资本经济和社会经济的核心区别。也就是说，规模较小的个体私营经济和合作经济在生产过程和社会交往上差别不大，但是未来的发展趋势以及经济关系的支配权利存在根本性分歧。这是我们为什么强调一开始就要把握方向问题的原因。

第二，策略问题。到目前为止，我们只能去教育和启发前线社区伙伴走合作经济的道路，因为不是我们亲自去实践，而是去扶持和引导当地实践。这样，我们和社区伙伴的关系就很微妙。如果我们太强势，他们就会觉得我们在主导、干涉，乃至支配他们。但是我们又不能不介入。这样，采取何种策略就是对我们最大的考验。现在的干预手段，我们是存在局限的，因为不在现场，无法深度参与，于是就变成了遥控指导，这样会引起情感上的距离。所以，下一步去前线的工作员，要做好和当地伙

---

① 摘自青红社工团队另一位专业督导G老师就手工作坊个人注册，青红社工如何运用更佳的策略引导、推动事情的转变等问题提出的建议。

伴建立高度参与的态度的准备，在彼此深度交往的关系中，才能影响对方的价值、思路和做法。也就是说，我们也要逐渐由支持和指导关系，转变为参与和影响关系。当然，工作员的身份是二元的，一方面要参与和影响，另一方面要跳出和反思。如果你们在一线发现了一些难题和分歧，就可以跳出来反思，甚至可以请督导团队一起去进行团队建设，开专题会议。

第三，最终保障问题。我们要达到什么目标才能逐步撤离？我希望看到的是，和我们合作的社区伙伴确实体认同合作经济的理念，并且投入了自己的情感和价值，然后逐步建立了组织架构和制度，并且发展出了自己的产品项目。我们就可以逐步撤离。这个目标我们可以不断地评估，实现程度如何？存在哪些问题？采取什么手段？

以上看法，供大家讨论。

——邮件组讨论："集体 or 个人的期望"

由于篇幅所限，此处不再摘录青红社工团队其他成员的回应。督导 G 老师的看法帮助大家厘清了合作经济的目标和定位，说明了以个人名义开展的个体经济和合作经济的实质性区别，他也指出青红社工的立场永远不变——走团结互助的合作经济，但要改变干预的策略，将已经相对抽离的身份重新融入实践中，深度参与到实践中，影响事件的走向，同时要重视反思，把我们自身的局限和对待这件事情的下限都考虑清楚。循此思路，经过几番争论和探讨，全体青红社工形成了较为一致的认识——重新回到前线，深度参与他们的实践，把握清楚事件的脉络和各方的利益诉求，形成整合的团结互助的合作经济模式。

三、青红社工重回实践，深度参与协调各类危机

为了摸清一切矛盾的根源并有效地解决各类业已出现的问题，青红社工反思了在这个阶段相对"抽离"的身份，并委任曾在家庭生计互助小组阶段就深入参与其中并延续到银杏种植合作社成立后才撤离的资深社工钟丹重回汉旺，协调各类矛盾，推进三个组织继续迈向合作经济的道路。

(一) 了解危机产生的原因，摸清“三足鼎立”格局

以下是钟丹回到前线后的日记，短短几百字的“现场感受”已经足以说明大家的伙伴关系已貌合神离，信任关系也已分崩离析，权力格局更是棱角分明，甚至将青红社工也划入利益纠葛的阵营中。

……………………………………

再回首已物是人非。几个领袖人物已掌握基本的社工理念，学会助人自助，当然，也已经有了自己的看法、能力与见解。然而，与之伴随的是，我也越来越看不明白几个人的互动模式，因中间掺杂太多“敷衍”成分，他们彼此的交流我分不清楚真实性，通过不同的渠道收集的信息也大相径庭，现在才明白：他们已经出现了个人的利益牵制，昔日“称兄道弟”的几个人到了现在，涉及权利分配和光环，彼此也渐渐地有了隔阂。

自此，第一次对专业的信任感减退。三年的工作基础似乎就在此结束，所谓的“不在乎名利”似乎都是用来掩饰自身需求的屏障。我们之前尤其重视建立他们之间的信任、沟通、平等，而到如今，却变得分崩离析。

甚至，他们把我也划入利益格局之中，LGJ(老刘)把自己划为一列，把LCY(刘春燕)、MXS(老马)划为一列，前者认为后者优柔寡断，后者认为前者权力心太强。利益格局的出现让我有些无所适从，也不知该从何下手去促进这一问题的解决。

——摘自钟丹重回前线后的日记

……………………………………

经过一个月的周旋，青红社工基本了解了事情的缘由——一切都源于老刘、老马和刘春燕三人作为机构重要决策者之间的“三足鼎立”关系，导致此种关系状态出现的根源则是资源分配不均和权力架构失衡。

老马对于三人间的关系表明自己的立场和看法：

……………………………………

(1) 青红是一个团体，不希望因为某一个人垮掉或是结束，或是出现什么问题。对事情的决定权和资金的掌管全部都集中在LGJ(老刘)一个人手上，这样有些不好，并且他已经表现出来一些不合适的举动，重点体现在，三个人开会过程中鉴于一个主任对阵两个副主任的阵营，两个副主任的意见总是会被主任驳回，说他们“不成熟”。

（2）特别建议："一定让机构把财政权收回去，不能交给 LGJ（老刘）"。

……………………………………

刘春燕澄清关于以个人名义注册手工作坊的事情：

……………………………………

注册的事情 LGJ（老刘）有建议过以个人名义，但是她自己也有责任，因为也是当时嫌麻烦不想去跑那么多就做了这个决定。

……………………………………

通过老马和刘春燕的话语，我们可以看出，老马对老刘过于武断的"领导风格"表示不能接受，认为老刘的权力过大，而且建议收回其资金掌管权。画外音就是，他怀疑老刘在资金运用上有猫腻。这充分体现出团队成员间的不信任和权力利益格局的不合理性。而据刘春燕所言，她之所以以个人名义注册手工作坊，也跟老刘的建议有关，她自己则是为了避免集体注册更为麻烦的手续流程而采取的权宜性策略，手工作坊未来的发展肯定还是合作经济的方式。这背后有没有更深层的原因，我们暂且不去探知。而老刘为何要建议刘春燕以个人名义注册手工作坊？他也是出于简化注册流程的角度考虑么？如果是这样的话，当初银杏种销合作社成立时就是集体注册，那套流程已经经历过，为何此时就觉得那套注册流程是决定个人注册还是集体注册的最大障碍了呢？

经过抽丝剥茧层层深入的探究，青红社工终于弄清事情的缘由：前面已经提到，银杏种销合作社成立后，青红社工将银杏种销作为一个项目申请了国内某机构的资助款项。也就是说，银杏种销合作社的运营有足够的经费保障，而且发展至今也可以少量盈利。这些盈利除了作为社员的劳动分红所得之外，剩下一部分就是作为青红社工服务中心的公共基金，必要时用于支持其他服务对象的生计项目（当然，原则上，若这些生计项目盈利，应返还相应的基金，继续作为机构储备金，支持另外的项目或人员。这样，整个机构和下属的各项目就能实现良性运行和可持续发展）。春燕手工作坊尚未得到任何机构或人员的资助，前期投入的经费都是从青红社工服务中心的公共基金里垫付的。这个事情引起了合作社社员的不满，他们在不明就里的情况下，认为这些资金是合作社社员应该拥有的资源，就算救急，也该是用于合作社内部的成员或家庭，不应该给手工作坊。在他们看来，手工作坊只是和合作社一样属于青红社工培育出来的组织而已，这两个组织之间并没有必然联系。

作为青红社工服务中心的执行主任，同时又是合作社的负责人之一的老刘，一方面要考虑合作社社员的利益和呼声，另一方面也得从机构的全局着眼，兼顾其他子组织或成员的诉求。所以，他建议刘春燕以个人名义成立手工作坊，其间有深刻的利益关系考量：如果手工作坊以集体名义注册，就难以寻找到具体的责任主体。机构为其垫付有关费用（在多数人看来，这些费用实则是本应属于合作社的资金）后，如果手工作坊的发展能够较为顺利，还可还上这部分费用；如果手工作坊的发展不顺利，需要投入更多或者中途夭折的话，曾经垫付的费用找谁要？但是，手工作坊如果以个人名义注册的话，就能清楚地找到责任主体，相应的责任也有明确的人员来承担，这样的话，就算机构要对手工作坊投入，也能避免经济损失，给合作社成员有一个交代。权衡各方利益关系后，老刘就给刘春燕支了个以个人名义注册的招，并且以一个冠冕堂皇的理由——集体注册程序麻烦而将此事“圆满”解决。这是老刘在这场利益关系格局中的立场和他权衡各方利弊后要出的一个小手段。只是，他未曾想到，退居二线的督导老师们会对这个问题如此在意。

在后方社工的深度参与下，这一切昭然若揭。老刘平时的“领导做派”以及在手工作坊注册事件上打的小算盘所带来的负面效应集中爆发，都成为老马等人不信任他的“把柄”，认为他自己对机构的资金心怀叵测、排除异己。

（二）春燕手工作坊内部危机迭起

一波未平，一波又起。在三位领袖“三足鼎立”的权力格局还未得到有效调解的情况下，春燕手工作坊内部也出现了一系列问题，根源也是权力和利益之争（如收入分配问题、账目管理问题，以及对外交流时各自的话语权问题等），进而使得姐妹们之间的关系变得十分微妙。用一位姐妹的话说，就是“我们差点就散伙了”。另一位姐妹也有类似想法，“与其别别扭扭地勉强在一起，大家心里都不畅快，还不如各干各的，说不定还能像以前一样和谐相处”。

前线社工将手工作坊出现的这种情况及时汇报给二线的督导老师以寻求支持和协助，并共同研究应对之策。

督导 G 老师的回应如下：

……………………………

首先谢谢钟丹在前线的工作，而且取得了这么好的成效。尤其对于你敏感地感觉到手工作坊发展中开始出现人际关系问题，并提出了分析建议，对这点我感到很给力。总体上，我能假定你观察到的人际关系问题都是需要解决的，我相信你的观察和判断。但我提出，这个问题分两个层次：第一个层次是利益和权势问题，第二个层次是她们之间如何处理这个利益和权势的策略问题。而这两个问题在实践中是相互交织的，她们通过私下议论和抱怨的策略来处理日益出现的利益分化和权势分化，然后，把你当作一个倾诉对象和解决问题者。而你似乎在迎合她们的需要，试图帮她们来揭露问题和解决问题。这是我看到你来信后的判断，不知你是否同意？

假如你认同上述判断，我们就来反思一下，她们处理矛盾的策略以及你的回应策略，会是一种什么行动后果。一种情况是揭露矛盾，并处理好了，但是你的权威树立起来了，以后遇见类似的问题还要找你。这还是好的结果。另一种结果是揭露了矛盾，但是解决不了，大家更加不满和相互猜疑，你夹在里面更加难受，这是不好的结果。不知你是否同意这个分析？

假如这个分析有道理，那么你的角色和策略应该是什么呢？老实说，我不能直接给你具体的策略。但是我所提倡的一个原则是，希望你引导她们以一种坦诚的态度来讨论收入分配问题和账务管理问题以及面对外界来访时的集体表达问题(这是根据你的来信我归纳的她们关心的三个议题，不知你是否同意)。我不建议直接调整马和刘的角色，也不建议直接引入绩效制度，而建议把相关议题提出来，由小组集体讨论这些问题的解决思路，而你只是负责带领小组，平衡大家的发言，引导对话，促进大家思考各自的价值追求、可能产生的后果、目标和效果的一致性、目标和策略的一致性、个人利益和小组集体目标的一致性等。希望她们以一种开放、坦诚的态度，协商出一种自觉思考过的解决方法。

我不知道这么说是否让你满意，或者给你什么启示，如果你愿意，可以看一本舍恩写的书《实践理论：提高专业效能》(教育科学出版社，2008)，里面讨论了组织中的人际关系问题，以及如何引导组织学习等。

……………………………

在此封邮件的回应中，G老师强调了多次反思的主题，其核心是社工应该引导手工作坊的姐妹们公开、坦诚地表达自己的诉求，把相关议题提出来，由小组集体讨论这些问题的解决思路。

(三) 各个组织间围绕资源分配的博弈愈演愈烈

前面已经简要提到，春燕手工作坊在最初阶段需要依靠机构给予资金扶持，合作社在此举上有很大意见，认为其占用了本属于他们的资源，认为这不公平。春燕手工作坊的姐妹们则认为，这是青红社工服务中心的资金，作为下面的一个子组织，自然可以名正言顺地向机构寻求帮助。中间的复杂关系一时半会儿拎不清，各有各的利益，各有各的立场。当下要弄明白的就是春燕手工作坊的扶持资金到底来源于合作社的项目经费还是机构层面拥有的灵活资金，然后再来分析如何化解利益矛盾才能促进大家的公平感，才能寻求各个组织的可持续发展。

材料六：邮件组主题交流（四）——子组织的博弈

我觉得这事儿实在棘手，CT老师在回复时还是要斟酌。现在这个状况我理解有几层含义：第一个是春燕手工作坊和种植合作社的关系，原来垫付的500元/月到底是合作社的钱，还是青红机构的钱？LGJ是从青红的职员身份提的意见，还是从合作社理事身份提的意见？如果春燕手工作坊用的是合作社的钱，那是不太合适；可是如果是青红从合作社提取的管理费，再补贴给春燕手工作坊，那性质就不同了，青红有权利使用自己的权限来支持手工合作作坊的发展，当然也要具体讨论怎么补贴，补贴多少的问题。第二个是这个矛盾正反映出一种特定情境下的公平观：LGJ觉得春燕作坊不能只顾及眼下的收益，不顾及原来的亏欠和未来的可持续性，提出的意见其实是有道理的。但是关键是合作社成员有没有存在用扶持资金发放工资的情况，如果有，那发放了多少，春燕作坊的姐妹们就会做出比较，那为什么她们就不能使用资金来扶持自己呢？这其实就是一种公平感问题！如果要严格控制扶持资金的工资发放，那应该一视同仁，不能严于律他，宽于待己。第三个问题，这种情况下，如果矛盾最后还是上交给CT来裁决，那就是等于建立了一个新的权威，而且以后会产生不良后果，一有矛盾就上交，那还如何做地方社区组织的能力建设？可是眼下又很紧急和僵持，亟须干预。所以关键是怎样才能让当事人都能阐述清楚各自的主张以及背后的理由，最好都能够给出书面意见；然后，帮助分析、澄清各自主张背后的价值观、公平观，及能否做到统一标准下的公平合理，以及能否就各自的观点进行协商和妥协，只有在坦承沟通中达成一致，才能实现个人的成长和关系的顺畅。这才是比较关键的一步，但不知他们前线的几位是否愿意这么坦诚？

这个讨论明确指出了青红社工服务中心和社工们夹在中间的困境，既要做到有效解决矛盾，又要不养成大家“向上转移矛盾”的习惯，如此看来实属不易。对于身处其中的年轻社工来说更不容易。她既要很好地做到“前后衔接，信息传递”，又要实际承担化解矛盾的杠杆角色。这是极大的挑战。在社工钟丹的日记中，她写道：

我自己作为前方与后方信息传达的一个“中介”，难免因信息丢失而造成误会，这也令我压力甚大，加之来自前后方共同的期待（前方期望我能解决各自的利益所得，后方期望我能周旋于三者之间，找出最优解决方案），使得我难以在现有的专业知识内有所倚靠，更是不知从何下手。对社会工作专业的信心又降低了一大截。

至此，在我与服务对象之间、服务对象相互之间、督导与服务对象之间，均已出现重大问题。对于一团乱麻的机构管理、利益格局、人际关系，我感到无奈又无聊至极，也开始抛开所谓的社工伦理和原则。对于先前自己所拥抱的一切，也产生了严重的怀疑。种种情况之下，引发的是对专业的失望，是对还能否继续投身此行动的怀疑，是还要不要继续坚持的动摇。感觉自身所有所得已经饱和，也有了深深的无力感，觉得经久不衰地做一件重复的事既枯燥又毫无意义。

（四）危机继续升级：青红社工服务团队是否还有必要继续存在？

从机构的层面上来讲，人员信任降低，子组织利益关系理不清，甚至机构定位不明……种种迹象已经显示出机构严重的发展困难。而解体的危机也已迅速深化。矛盾的核心在于：后方督导团队认为前线很多事情的操作已经远离了机构的初衷与管理规范，从而提出“机构的存在是否还有意义”，而前线社工团队认为后方督导团队“不接地气”，不能清楚了解前线情况，只能谈“纸上理论”，甚至也将督导团队的“赋权”理解为“放手不管”“服务撤出”。双方都失去安全感和信赖感。这一议题的讨论，将机构存亡推至风口浪尖。

四、拨开迷雾，解决权力、利益纠纷

针对前述出现的各类危机，从春燕手工作坊注册成立之争到整个青红社工团队是否有必要继续存在之争，矛盾逐步升级，愈演愈烈。这个结如何解？未来在哪里？有时候人到了绝处才能正视真实的自己，才能激发出改变的动机。这是一次深刻的危机，却也有可能成为新的转机。

回归理性分析，找出主要矛盾，迷雾也逐渐消散。一切矛盾都是源于权力格局集权化、利益分配缺乏透明性和公平感，组织内缺乏平等的、坦诚的论辩话语机制等。这些核心问题成为隐藏于成员们内心而不愿真诚说出、但又实实在在左右着他们行动的密布的乌云。拨开云雾见太阳，是我们唯一的选择。

（一）促进各方平等、真诚地沟通，寻求建立一种协商的机制

之所以出现各类危机，很重要的一个原因是三位核心领袖（老刘、老马和刘春燕）之间以及他们与各自引领的组织成员之间缺乏及时、有效的信息沟通，每个人都基于自身的利益考量而不愿意敞开心扉平等、真诚地对话和协商。日积月累，某些成员的特立独行就可能被理解为武断专行，某些成员在资金分配使用上的小手段就可能被理解为是谋取私利、排除异己。而青红社工的退居二线和有策略的引导和影响的缺乏，使得前方局面失控，在干预时不得要领。

为了促成大家重新真诚沟通、直面问题、共同协商解决问题，走向一个民主思考的理性发展之路，青红社工开始有意识地重建集体氛围，将一些利益攸关的大事全部公开面向大家，由大家集体讨论协商决定。例如，投入到春燕手工作坊的前期资金的来源问题，这部分资金未来如何归还的问题；利益分配问题；三个领袖各自的职权范围问题；前后方的沟通机制

问题；机构总体的财务管理问题等。家庭生计互助小组、银杏种销合作社以及春燕手工作坊的所有成员都可充分参与其中，表达自己的观点、意见以及自己的利益关切。

经过反复地讨论、协商，三位核心领袖之间的紧张关系有所缓解，各自也坦陈对工作的想法及对组织发展的规划，澄清了之前的误会，最后决定任何与机构有关的事情都民主讨论决定(当然，青红社工也对老刘、老马和刘春燕以及部分组员做了大量的劝导和增能工作)，彼此间的信任合作关系也逐渐恢复。其他组员和社员也在这个过程中对机构有了更多的了解，对三位核心领袖成员有了进一步的认识，并在他们的带领下继续投入到自己的生计建设中。

(二) 能力建设

在推动成员们坦诚对话、建立一种对话氛围的同时，青红社工继续加强各方的能力建设，这包括项目能力和机构能力。虽然我们对“能力”的理解可能还不够透彻，但我们深深感觉到还缺乏许多能力(前线的执行和管理能力、后方的协调沟通能力等)，要自主顺利地运行起来还需要做好很多方面的工作(规章制度的明确、人员财务等)。而且，我们对“能力建设”的认识曾经是不全面的。能力建设不是单向的，而是双向的，它不仅包括社工对服务对象的增能，还包括了在这个过程中社工自身能力的提升。

在能力建设中，青红社工注重与前线各方的双向互动，提升他们的合作意识、生计发展能力和自行争取各类资源的能力；同时，也应注重从专业伦理、信心和实务能力等方面加强对一线社工的支持和督导，使之在遇到问题时能够从容应对，能更有策略地连接前后方。

(三) 制度建设

再好的制度，落实不了都等于零。一个有生命力的制度也会带来一个有生命力的组织，只有实实在在的落实了的制度才有意义。青红社工趁此机会，组织前线各方进行制度建设，理顺各部分关系，形成了各类规范性文件，如《财务管理制度》《利润分配制度》《储备金使用制度》《工作人员劳务酬金发放制度》等。

五、春燕手工作坊迎来生机

在历经波折后，春燕手工作坊的姐妹们克服猜忌，建立公开透明的利润分配机制，在艰难中向前迈进。很长一段时间，姐妹们的“手工作品”都没能找到较好的销售渠道，只能在当地社区零星地销售一些，同时，青红社工发动成都周边的社会爱心人士定期前往采购一批，就这样勉强维持着它的运转。期间，姐妹们曾几度想放弃，因为手工串珠其实是一项手上的体力活儿，一天至少要干好几个小时，有时深夜都要赶工。之所以出现这种情况，主要是因为手工作品不属于居民的生活必需品(茶杯垫、卫生纸篓这类产品还有些使用价值，其他的也就只具备符号价值了)，大家更愿意在生活必需品上花费金钱。另外，很多人也反映，手工作坊的产品比较土，不洋气，这也是其没有销路的重要原因。

经过一番市场考察和寻找专业人士帮忙设计样品和教授串珠技术后，很快地，手工作坊的产品就有了改进，品位也大大提升了。经多方人士帮忙宣传，手工作坊的运作也就被盘活了。渐渐地，当地各方对手工作坊的关注也越来越多，电视台会来采访报道、政府部门会给予一定的资金支持，姐妹们的信心也备受鼓舞。不仅在社区内向其他妇女推广手工编织技术，参加各类义卖捐助活动以帮助有需要的其他困难人群；而且，姐妹们也不断学习电脑技术，运用互联网的优势，在淘宝上开了网店进行销售，后来又开了微店。

春燕手工作坊大事记

(1) 参与2014年社会工作服务进社区项目，2014年11月，手工作坊的三人同社工们共同为当地妇女开办了三个手工编织小组，每20人一组，共开展了12次活动；

(2) 2014年12月29日，春燕手工作坊参观了绵竹布拉格手工编织作品并邀请其魏红梅老师到作坊教学指导；

(3) 春燕手工坊参加绵竹市梨花节的现场义卖活动，将手工作品所得捐赠出来；

(4) 2014 年 12 月 5 日，春燕手工作坊在绵竹市爱之援义工协会邀请下参加了“国际志愿者”活动；

(5) 2015 年 9 月，春燕手工坊负责人刘春艳参加德阳市残联举办的电子商务培训学习班，为期 2 个月，而后正式推出淘宝店；

(6) 2015 年 11 月，春燕手工作坊在中心社工组织招募下开展生活实用电商知识学习小组，邀请刘春艳参与小组淘宝网络知识的交流；

(7) 2015 年 11 月，春燕手工作坊负责人刘春艳参加了绵竹市妇联主办的女性“创客”路演比赛，获得第八名并进入决赛，并展示了手工作坊创客演讲；

(8) 2016 年 3 月 7 日，春燕手工作坊参加了绵竹市妇联在遵道银杏谷举办的三八国际妇女节庆祝活动，并被授予“儿童妇女之家”。同月，春燕手工作坊参加并承接了市妇联小型手工培训项目。

至此，春燕手工作坊也迎来了她们发展的春天，姐妹们的生计不仅有了着落，还能尽自己的一份力回馈社会。笔者也在此祝愿这群折翼的燕子们越飞越高。

第四节 案例评析

一、推动成员间平等坦诚的对话，建立论辩文化

大家都知道一个道理，现在的农民基本上都是理性小农了，解决生计问题是他们最迫切的需求，甚至如果有可能就会追求富贵。这个是常识。但是我们都知道，这样的一种个人行为模式是在市场经济大潮和权贵资本的主导下发生的，最终的后果只能是社会阶层分化。但这并不能掩盖我们已经看到的农民身上存在的情义，这些朴素的感情支撑着他们相互团结和帮助。当然，有人的地方就有权力的较量，我们也看到了他们彼此之间的

角力。所以，在理性和角力的农民以及有情有义的农民之间，如何平衡好他们的关系，从而去推动底层老百姓的团结互助、共同发展，是对我们所谓的发展性社会工作者的核心挑战。

前线社会工作者和这些农民是什么关系？如何采取策略来推动基层老百姓的发展空间呢？社会工作者除了扮演陪伴和协同的角色，还有很重要的一点就是培育一种社区文化。当然，这里的文化不是指唱歌、跳舞或者祭拜仪式那么简单，而是要通过一些活动，在组员中间不断地进行穿针引线，引发相互的对话和情感的共鸣。在这种平等对话、相互坦诚的生活中，所有涉及利益、权力的问题都可以进行辩论，从而制约我们精心培育出来的基层精英走向武断和个人英雄主义，也保证了民主讨论出来的制度可以获得大家的认同和执行。也就是说，这不是一种一般意义上的社区娱乐文化，而是一种相互关怀和平等对话的文化构建，或者说是一种协商民主文化。而社区协商民主文化不是自发产生的，它随时面临着封建家长制、资本利益诱导和国家专制的压制，而我们一线社工正是要以一种宏大的历史意义的关注，来看待我们的日常活动，才不致迷失方向和失去动力。

二、社区互助组织的建设

在过渡安置阶段，发展性社会工作取向的应用的重要体现之一就是社区互助组织的建设。青红社工秉承这一理念，运用整合的社会工作服务，推动了其在当地第一个互助组织——家庭生计互助小组（一期、二期）的成立，并最终实现自行运作。该组织看似是属于该小组的较为封闭性的内部组织，但它实际上却成为该社区内后续各类自助互助组织的领头羊和孵化器，在它的引领下，又诞生了在本章中重点探讨的青红种植专业合作社和春燕手工作坊。应该说，在恢复重建阶段，青红社工延续了过渡安置阶段的发展性理念，将重要精力放在推动社区组织的出现和成长方面。在这些组织的培育过程中，青红社工也从台前转到幕后，从引导者转向陪伴者、协调者的角色，真正致力于激发社区组织内部的动力和能力建设方面。这正是发展性社会工作理念的重要体现。

三、社区资产建设

促进受助对象个人、家庭及社区的资产建设成为扶贫工作中越来越强调的话题。发展型社会福利政策认为，促进社区资产建设对改善社区的福利状况、经济状况有积极作用。在扶贫领域，有学者从国家和受助对象共同担责的角度，提出了资产建设的措施，如低保对象“个人发展账户”构想(唐钧，2005)；还有学者从社区成员互助的角度主张民间互助基金建设(王泳、高战，2006)。无论是国家主导的还是民间自发形成的资产援助都对受助对象缓解贫困、发展生计、改善生活起到了重要的作用。

社会工作组织开展生计服务要立足社区，促进社区的资产建设。其方法可以多种多样，既可以向政府或基金会申请资金支持，从而形成生计发展公益基金，如青红社工服务站的家庭生计互助基金建设；也可以发动社区居民自发存款，如苏北陆村的农村发展互助基金会；也可整合社区内外资源共同形成互助基金。社会工作者应鼓励服务对象参加社区资产的管理和建设，公益基金组织应采用无息或低息贷款的形式向服务对象提供应急资金或生计启动资金援助。

青红社工推动社区生计探索的实践正是在某种程度上开展社区资产建设的重要方式。家庭生计互助小组、青红专业种植合作社以及春燕手工作坊的发展，其前期都是通过向政府部门和基金会申请资助的方式来发展各类生计项目。但这种资金的投入并不是“有去无回式”，而是通过成立生计发展互助基金，由“管委会”负责发放、管理和运营，以确保这些基金能够公平有效地分配给有需要的组员，同时能够按照约定定期返还一定的比例，最终实现该项基金的可持续运转。如有困难者，可进行申请，在通过民主评议后获得资助。在这三个组织发展成熟后，他们除了依靠青红社工链接的外部资源之外，还能积极主动地争取当地的各方资源来实现生计的可持续发展，例如春燕手工作坊接受各方捐助，开网店、微店等，不仅实现了自我运转，还能在有余力的情况下惠及他人(如通过社区义卖，将所得款物捐献给有需要者等)。

综上所述，笔者认为社会工作组织在开展生计取向的社会工作服务时应当将以上因素考虑在内。当然并不是说仅局限于以上因素，在实际的社会工作服务过程中，社会工作者还应当充分考虑服务对象及其社区的具体情境，将社区的经济、权力、社会、文化、人口、自然资源和环境等地方性因素考虑在内。只有这样，发展生计的方案才会具有针对性，做出的社会干预才会更有效。

四、以社区发展促进社会发展

世界各国在追求发展的过程中，大致经历了经济发展、社会发展以及社区发展的发展脉络，相应地表现出了三种不同的发展实践类型：片面注重经济发展的观念与实践；重视社会发展的观念与实践；强调社区发展的观念与实践(陈涛，1997)。片面注重经济发展的观念把经济增长作为发展的唯一目标，认为国民经济的增加必然带来社会的发展。与之相对应，官方将(人均)国民生产总值这样单纯的经济指标作为衡量发展的首要或唯一标准。这种片面的经济发展观念忽视了教育、医疗、住房、社会保障等社会领域的发展目标，缺乏对社会进步和社会结构改善的积极关心。在这种发展观的指导下，一些发展中国家虽然取得了经济总量上的增加，可是却带来了贫富分化、社会冲突等社会问题。在此之后，政府和学者越来越认识到把社会指标纳入发展衡量体系中的重要性，越来越重视社会发展这一重要维度，一些国家甚至开展了“社会指标”“生活质量”的运动。这些社会指标包含着社会保障水平、教育水平、医疗卫生水平、主观幸福感等，它们与纯粹的经济指标一同作为国家发展计划的目标。

社会发展的理念丰富了发展的维度和内涵，可是如何有效地实现宏观的社会发展理念、目标和规划？社区发展的理念对此给出了答案。作为社会的基本构成单元，不同的社区具有不同的特点，不同的社区在人口、民族、地域、资源、组织、文化、生产方式等构成要素方面存在差异，社区间的异质性决定了社会发展理念在实践中必须考虑情境化的社区因素。因此，“在寻求社会的发展时应注意从各个方面保证社区的发展”。

社会工作有个别化、情境化的服务理念，这决定了其在开展社会服务时，必须立足于服务对象所在社区的具体情境，依托当地社区的资源，将服务对象的需求纳入社区系统中考量。

因此，以生计发展为取向的社会工作服务应当采取以社区为基础的生计服务策略，并充分发挥社区成员的积极性，利用社区自身力量和外部资源提高社区的经济社会发展水平，改善社区居民的生活状况，解决社区存在的社会问题，最终渐进式的促进社会进步。

第五章

发展性社会工作运用于灾害应对的讨论

——基于绵竹青红社工服务

2008 年 5 月 12 日四川汶川地震发生后，社会工作界以不同方式参与了抗震救灾和灾后重建工作。特别是在灾区前线，一些社工服务团队设立站点，面向当地受灾民众及相关人群开展专业服务，构成了灾后重建中一支不容忽视的力量。据不完全统计，“5 · 12”周年之际，汶川地震灾区的各类“社工站”约有 20 个，几乎分布在各个重灾市州(《中国社会工作》编辑部，2009)。到三年重建期结束时，这些社工站中的一部分经过登记，成为当地的正式社会组织，在当地持久开展社会工作服务。

作为一支活跃的力量，社会工作者在灾害应对和灾后重建中究竟能够承担什么角色，发挥什么作用？又应当怎样理解和把握自己的专业使命并适应社会的需要，以更好地发挥作用？这些问题，已有一些学者做出过思考和探讨(陈涛，2008a；张和清，2011)。本文拟结合笔者所属的“青红社工”团队在四川绵竹等地开展专业服务的经验，做一些反思和讨论。笔者意欲阐明一个核心主张，即应以发展性社会工作为理论指引来开展专业服务实践，如此才能更好地发挥社会工作在灾后重建以及类似场景中的积极作用。

第一节 绵竹青红社工服务的基本情况

绵竹青红社工服务是指汶川地震发生后，由中国青年政治学院等高校的社会工作和相关专业师生为主建立的“绵竹青红社工服务站”及随后登记为民办非企业单位的“绵竹青红社工服务中心”在四川绵竹等地开展的社会工作专业服务。绵竹“青红社工”团队的主体最初是中国青年政治学院等川外高校社会工作及相关专业的师生，随着服务的发展，团队的成员越来越多地包括了四川省和绵竹市当地的有关人员及川内高校的社会工作专业师生。

2008 年秋，在团队一些主要成员前期参与了灾后社会工作需求调研和相关介入活动，特别是与遇难学生家长有关的专业介入后(陈涛，2008b；Chen Tao，2009)，中国青年政治学院中国社会工作研究中心联合中国政法大学、北京师范大学、中央民族大学等高校社会工作及社会学专业的师生，向中国红十字基金会提出申请，参加其“5 · 12 灾后重建公开招标”项目。经评审获得“红基会”资助后，2009 年 4 月 10 日，“绵竹青红社工服务站”正式揭牌，在四川绵竹汉旺镇武都板房区的东方职业技术学校内设站开展专业服务。至 2009 年底，绵竹青红社工服务站主要开展了扶持当地伤残人发展生计的“家庭生计互助小组”项目，培育起自我管理、自我运行的“青红家庭生计互助组”，并提供资金支持组员家庭在互助组的框架内启动了有关生计活动。2010 年春，项目获得“红基会”第二期经费资助，同时获中国社会工作协会与南都基金会“民办社会工作组织”试点工程的经费支持，以用于规范完善机构建设，遂正式登记成立了民办非企业单位——“绵竹青红社工服务中心”，由绵竹市民政局担任业务主管单位。自 2010 年 4 月绵竹青红社工服务中心完成登记至今，“中心”一方面继续在绵竹汉旺等地开展以扶持伤残人员发展生计为主的家庭生计互助小组项目，培育了第二个青红家庭生计互助组并与第一个组合并开展有关生计互助活动；另一方面，“中心”陆续与“恩派(NPI)”非营利组织孵化中心、中国扶贫基金会等合作，在绵竹土门镇、天池乡以及北川新县城等地开展“阳光社区中心”服务和“绿色生计合作社”等项目活动。与此同时，绵竹青红社工服务中心的工作团队逐步趋于“本地化”，家庭生计互助组的成员进入了机构管理层共同参与中心的日常决策运作，一线工作员也更多地吸纳了四川当地或周边地区高校的社工专业师生来承担主要的服务执行任务。

纵观绵竹青红社工服务，可以清楚地看到它是一个不断变化发展的过程，不管是内容还是形式都是如此。从内容上说，“红基会”资助的两期项目都是以扶持当地伤残人为主的弱势群体发展互助型的家庭生计为中心而开展的，重点是培育伤残人员为主体的青红家庭生计互助组，并支持其在组员民主选举产生的“管委会”的带领下进行互助合作的生计活动；而执行“恩派”的“阳光社区中心”项目则侧重于面向多元人群提供各种社区服务；获得扶贫基金会资助的项目则以培育发展与生计有关的合作社为主要内容。与项目服务内容相关联的是服务地域和人群对象的不同。例如接受“红基会”资助的项目主要在绵竹市汉旺镇开展，面向的是以汉旺及周边乡镇的伤残人员为主的人群。而“恩派”委托的两个项目一个在绵竹市土门镇的民乐村，一个在北川县文化馆，分属于乡村和城镇的不同区域，基本人群的构成也存在某种差别。至于扶贫基金会的“绿色生计合作社”项目，则主要是在绵竹市天池乡的山里开展，地域条件和所针对的人群与前两者也有不小的差异。就形式来看，最初青红社工的服务是以非正式的服务站的方式开展，服务的运作实际上是一种项目制的团队模式。之后登记成立作为“民非”的中心，则转变为正式机构，长期持续地提供服务并进行一系列管理运作，团队工作人员的构成也发生了诸多变化。

不过，在绵竹青红社工服务站所呈现的诸多变化之外，也可以见到某些不变的东西，特别是其服务的理念和基本做法。总的来说，以下几点构成了绵竹青红社工服务活动背后所贯穿的主要线索。

(一) 服务是以社区为本的

绵竹青红社工服务站现有的各种活动，都是深入在社区当中进行的。这不单是指服务的场所是以社区为基础(无论是最初绵竹青红社工服务站设在板房区内、成立绵竹青红社工服务中心后办公地点在居民小区中，还是执行“恩派”的两个“阳光社区中心”项目是在村里或城镇贴近居民的地方，抑或绿色生计合作社就是在山村里面培育和运作，这些都是例证)，更是指服务的目标旨在促进居民参与和改善社区关系。可以说，以社区为本的服务的关键就是培育发展以社区居民为主体的各种社区组织，使其自我运作、自我服务。家庭生计互助小组是这样的社区组织，绿色生计合作社更是这样的社区组织。同样，在“阳光社区中心”服务中，绵竹青红社工团队也十分强调通过各种活动增强居民之间的关系，推动其形成和建立各类组织，使其能在社工的支持下实现自我管理和运作，直到将阳光社区中心作为平台进行自我服务。

(二) 服务高度关注生计

绵竹青红社工现已开展的各个服务项目中，“青红家庭生计互助组”和“天池乡绿色生计合作社”是完全围绕生计这一领域的，只是采取了不同的介入模式(即互助组和合作社两种模式)。而“阳光社区中心”项目中，与生计有关的主题也一直被重点关注，包括在绵竹土门镇民乐村与食用菌厂和獭兔养殖场等集体生计项目的连接，在北川与羌绣编织和销售相关的活动支持等。可以说，绵竹青红社工服务虽有许多面向，但与生计相关的服务是其核心重点，一直贯穿在各个项目的设计与服务执行中。

（三）重视服务者与被服务者的伙伴关系

绵竹青红社工服务的实施，始终是在青红社工团队与当地有关人群的合作伙伴关系中进行的。从绵竹青红社工服务站建站伊始，就是依靠板房区里前来参加东方职业技术学校培训的一些伤残人员，逐步与当地更多的残疾人建立联系，之后培育发展出"家庭生计互助小组"并使其有效运转的。在青红家庭生计互助组的整个运行中，青红社工与互助组员尤其是"管委会"成员密切协作，共同推动这项事业。到绵竹青红社工服务中心成立后，"管委会"的成员更是直接进入中心管理团队，共同参与决策和执行。而天池乡的绿色生计合作社的培育和运作，则又直接依靠青红家庭生计互助组及其"管委会"，由青红社工和他们共同设计与实施。在阳光社区中心项目执行的过程中，青红社工团队也同样重视和依赖其所服务的当地居民共同开展活动，并且逐步与之合作设计实施更多的服务。可以说，在绵竹青红社工服务中，不存在截然区分的"服务者—被服务者"关系，而是社工团队与当地居民携手合作、共同进行有关实践的过程。

第二节　发展性社会工作的目标与效果

绵竹青红社工服务之所以有前面所说的几个特点，是与团队明确以"发展性社会工作"作为理论指引分不开的。

在青红社工正式开始当地的有关服务活动之前，团队的一些成员已多次到过四川地震灾区进行了一些调研和服务活动，包括核心成员（项目团队总负责人）曾经到绵竹市的富新镇去做过遇难学生家长的服务工作。一方面，在对灾区的各种情况与各方需求有比较多了解的基础上，再加上核心成员对社会工作发展所持的特有理解与视角，团队在项目论证与基本设计阶段就已形成了一些初步的共识，表达出发展性的关切与取向。例如，首先认识到生计问题对于灾区的许多群众来讲是比较突出的，也是灾区政府较为关切的问题，而多数社会工作服务对此回应得还很不够；又如，认识到投入生计重建的行动对于受灾群众既是眼前的现实必要，又对其震后复原与正常生活发展具有重要的意义，但同时包括政府在内的有关各方也注意到要使群众这样行动起来中间还存在着一些不小的障碍。另外，团队成员认同追求社会工作在灾后重建中对有关群众的帮助能发挥可持续的效果的观点，因而应致力将专业服务与居民可持续的生计重建与发展结合起来，提供以发展为突出取向的综合性社会工作服务介入，这也意味着一种“发展性社会工作”视角被明确采纳（陈涛，2011）。

在此背景下，当青红社工正式启动在绵竹汉旺武都板房区服务站的有关工作之初，基于进一步对当地各有关方面情况的了解和关于项目工作的理性思考，即明确提出了“团结社区、发展生计”的口号，以作为项目一切工作和服务行动的指引。可以说，这个口号恰当地反映了青红社工整个行动的理念、目标以及服务项目的基本内涵。概括地说，就是青红社工谋求以发展性社会工作为基本取向，在当地震后情境中开展一个“社区生计”的介入服务项目，这个项目的核心目标从操作上可以把握为两个方面，即社区团结与生计发展。

首先，青红社工以“发展性的社会工作”作为在当地展开实践活动的一个大的、基本的取向，也将其作为各项具体的专业服务行动的总的理论指导。这就是说，青红社工不局限于传统主流的社会工作理解，将其功能主要定位在“治疗性”“补救性”或“恢复性”的方面，并由此使社会工作的介入与服务主要指向处理人的缺陷和不足、解决既有的问题或满足既存的需要，在实务形态上采取个人辅导式、家庭治疗式等个案工作，社工主导的无论是疏导型、社交康乐型、成长型还是社会目标型的小组工作，以及某些学习训练或社会支持类的活动为主，且几乎都不与服务对象的经济生活方面发生任何关系。相反，青红社工的理解是：社会工作的所有介入和服务都应以支持和促进服务对象的全面发展为目的和依归，始终相信人的发展能力与潜能，并致力于以各种方法去释放这种发展的可能性，实现服务对象可持续的积极发展，为此不但不排斥对相关人们的经济生活方面的关注与介入，而且必须将之作为重要的目标或策略部分；相应地，青红社工将更接受任何非由社工主导而是赋予服务对象自主发展空间的工作手法、介入方法或服务模式，倾向于使自己的实务具有积极的正向的意味，并灵活呈现正式、非正式的多种支持方向以促进发展。概言之，青红社工所理解并自觉遵循的发展性社会工作取向意味着正视灾区居民与生计相关的需要，并以生计重建作为介入点，寻求带来一系列发展方面的效应。

其次，青红社工以设计和开展一个震后“社区生计”项目作为统摄具体服务活动展开的框架。在发展性社会工作的取向下面，青红社工自然较多地关注并接受将专业社会工作服务与社会的经济发展结合起来，谋求社会工作服务可以综合地贡献于社会发展和经济方面的发展，在更具体的层面上，也就较多关注并接受社工的介入和服务与居民生计的建设、改善和发展相结合，寻求社工的介入服务以实现居民的社会性发展和生计改善发展的双重目标。但具体如何做呢？在进入当地灾区的实际情境后，通过比较深入的社区调查，分析了当地居民的生计状况包括生计策略模式以及相关的问题之后，也对比了其他一些机构组织解决灾区民众生计问题或者一般贫困者生计问题的策略与手法后，青红社工基本上明确了展开工作的思路和服务项目设计的框架。这就是，针对地震灾后不少居民个体的生计重建与发展能力不足（尽管其相应的需求却很强烈），为实现其有效的生计重建和发展，在这同时也为了追求当地社区社会的发展，并使两者可以相互促进实现综合的可持续的发展（即协调一体的社会经济发展），青红社工确定以“社区生计”为介入战略和项目框架，来统摄一切具体的介入与服务活动。具体来说，这个项目设计所要开展的一系列介入服务旨在培育社区力量来共同开展生计行动，即促进社区集体的生计实践并谋求成功，居民的生计重建和改善活动是在社区中、通过社区和由社区（组织）来进行的，社区也为了生计实践、经由生计实践并在生计实践中得以增强行动能力、获得结构的改善与发展，并最终成为和谐和可持续发展的社区。换言之，作为一个项目框架，既可以称青红社工计划开展的是“社区生计项目”，而反过来将它称作“生计社区项目”也同样是恰当的。

再次，一如口号所提倡的，青红社工谋求通过社区生计项目要达到的目标是两个方面的结合，即社区团结和生计发展。就各自的意义来说，“社区团结”强调通过项目工作和社工的具体服务介入，当地社区在有机的联系性、有序的组织化、有效的行动力等各个方面都有提升，概而言之，它更趋向一个和谐、团结、共进的社区，也更能为其成员提供多方面的（包括生计活动方面的）支持与满足；而“生计发展”更强调通过项目介入，使社区单个成员或若干群体在实际上成功地进行了生计活动，取得实质性改善生计状况的效果，也就是既能更好地进行自己的生计活动，也能实实在在地从自己的生计活动中得利，生活也能因之而得到改善。作为衡量项目成效的标准，这两个方面可以分开来看，即单看社区的团结性指标方面有何变化，或单看成员生计发展的情况如何，而完整的评估则须综合这两方面的结果得出。但是，在项目的设计与执行上，这两个方面却不可以被分开，而必须被视为一个整体、当作一枚硬币的两面来对待和把握。青红社工相信，在项目所服务的当地灾区，社区团结离不开生计发展，同样，生计发展也离不开社区团结，只有把两者紧密联系在一起、始终牢固地结合起来，也才能在共同的实现中获得各自的成功。

应当说，贯注“发展性社会工作”取向的青红社工服务取得了应有的成效。以“青红家庭生计互助组”项目为例，在不到一年的时间里，青红社工实现了生计互助小组的组建、培育、发展，并使其实际投入到集体互助的生计行动中，个别生计项目进展良好，生计互助小组也在“管委会”的带领和青红社工的协助下基本能够很好地自我运作、发挥出对组员多方面的积极功能。同时，青红社工在有关个人、家庭、社区乃至更大范围的组织机构层面所进行的介入和提供的相关服务，也受到了有关各方的欢迎，并对其带来了积极的影响。

就项目工作本身的成效来说应当是很明显的，这可以从一些具体的方面和与项目目标直接相关的方面来加以审视和评价。

在较具体的层面，即对直接接受服务的相关方面的影响和效应来看，特别明显地体现在参加生计互助小组的那些组员个人及其家庭上。各种观察和服务对象的主动反馈都表明，他们从参加小组前比较低落的精神状态和生活状况中明显地改变了，变得更有自信、更加乐观，对周围的看法也有明显积极的变化，抱怨少了、不信任少了，提到自己要自力更生走向未来的多了，特别是对小组其他组员和青红社工等相关方面的感情与信任变得很深很强。参加小组的一个遇难学生妈妈原来对什么都不想了，后来决定自己要好好准备再生一个小孩，现在并准备着投入自己的一个生计项目。而多数的组员已经开始了自己的生计活动，虽然还会感到一些困难，但懂得向小组的人及青红社工诉说，也都决心要做好，这本身就是一个很好的证明：他们一起恢复了自身的力量。如同一个三人合伙的小组生计项目——经营食杂店——将店名就起为“梦想起飞”所显示的，组员们如今都重获动力，要为新的生活理想而奋斗。组员的这种变化也对其家庭生活带来积极影响，这点毋庸置疑。此外，许多虽未参与这个小组但了解到其中一些情况的当地居民(既有残疾人也包括其他人)，对“青红小组”都给予了很高的评价，也有不少人提出了强烈的要求，希望可以加入到这样的小组中。当然，这个方面也得益于有所接触的当地的一些组织机构，包括党政方面，对青红社工及其服务行动都有越来越多的接纳和好评，也更加主动积极地支持青红社工的各项工作。

在绵竹青红社工服务的介入下，参加家庭生计互助小组的服务对象在家庭生计方面进行了一系列实践。

……………………………………

——组员 LGJ 的“梦想起飞”超市：最初在武都板房的帐篷店已发展到如今汉旺新镇天池宜苑小区内规模最大的超市。

——组员 LZQ 的“梦想启程”干杂副食品店：在以干杂副食品为主的同时兼卖烟草，下一步还准备申请福利彩票专卖。

——组员 MXS 的“银杏树苗种植”：MXS 一直在其家庭原址大天池村的山坡上种植银杏树苗，现得到支持，将进一步扩大规模。

——组员 ZMJ 的“药品代理”：ZMJ 一直从事药品推销，还准备购进一批土鸡进行饲养。

——组员 LCY 的“居帘布艺”：第二批加入小组的 LCY 将规模进一步扩大，加盟了中盛家纺床上用品的专卖，用优质的质量和服务态度赢得了市场占有率。目前已搬入新的门面，争取更好的效益。

——组员 HJQ 的“养鸡事业”：第二组组员 HJQ 开展的养鸡项目已赚了一些钱，继续探索发展自己的养鸡事业。

——组员 YWM 的“小酒厂”：第二组组员 YWM 原有的小酒厂在地震中损失巨大。现在他重新振作起来，购置齐全所有设备后重新开张，每月可酿出上千斤粮食酒。

——组员 ZZX 的“服装店”：在搬入新门面后，第二组组员 ZZX 准备加盟服饰专卖店，通过高质量的服务谋求市场。

——组员 FCJ 的“麻将馆”：第二组组员 FCJ 利用自家地理位置的优势，开了一家麻将馆。下一步还准备购进电瓶车等设备，上午出售自制的凉片粉，下午和晚上经营麻将馆。

——女组员们的“手工作坊”。两批组员中的一些妇女们，打算联合开办一个家庭手工作坊，现正行动起来进行筹划。

以项目的两个相互关联的目标来衡量，事实上，必须承认青红社工已做的事情只是漫漫征途中的最初几步。尽管走出这几步也不容易，但其所开启的方向却是正确的，并且接下来还有很长的路要走。具体来说，以“社区团结”来要求，通过青红社工的介入和服务，至少这个生计互助小组成员间的团结得到了很大的增强；同样可以观察到的是，这个小组的组员们与周围社会的联系增强了，其作为一个整体与社区中有关群体和组织机构的关系也获得了正向的改善和发展；同样可以肯定的是，伤残人员作为功能社群也借以增进了内部团结，例如互助小组的组员经常会说“如果自己的生计成功了要帮助更多的其他残疾人”，且伤残人员与社区其他人群的关系也有改善。虽然有这些积极的效应，表明项目介入在“社区团结”这个目标上取得了相当大的成果，但必须承认，它的范围还比较小，还远未达到更理想的水平。比如，其在当地残疾人社区内部还未发挥更大的团结效应，也未促进整个社区团结的明显发展。而以“生计发展”这一方面来看，现在生计互助小组的组员除了极个别特殊者外都已投身到自己的生计行动中，并且表示要好好做下去，也会运用互助小组来获得行动的支持，有个别的这种行动进展还比较顺利，开始能实现获利，并对有关组员的家庭生计有改善效果。不过，要说多数的这类具体生计项目活动都一定能够成功且能实现最终明显和实质性地改善有关家庭生计状况的结果，目前肯定是不适宜的，可能这方面的目标达成更多是体现在他们已投身到了自己的生计行动中这一点上，即“自力更生”的行动已经普遍发生。再从更重要方面来看，即从“社区生计”所要求的团结起来、共同行动以追求自力更生来说，以生计互助小组本身观之，其越来越好地展现出了所要求的东西，即小组的确正朝着小组成员互相帮助、在“管委会”带领下作为一个整体来进行生计实践的状态发展。不过对这一成就同样不能过分乐观，因其还存在着一些不稳定的因素。更主要地，如前已述，这个小组本身规模范围有限，组织的性质也还处于初级阶段（陈涛，2011）。

正是出于以上这些反思，青红社工团队从 2011 年秋开始，在天池乡村民中开展“绿色生计合作社”的项目，开始寻求对社区组织模式的进一步探索，以更好地积累发展性社会工作的实践经验。

第三节　社会工作理论与实践的反思

无论是在汶川地震后的灾害社会工作领域，还是在更一般的社会工作理论与实践中，都存在着多种不同的取向。不过，有人指出当前中国的社会工作之主流，是表现出“技术化”“微观化”的强烈偏向，而忽视了专业的变革取向和宏观—结构的关切与承担（郭伟和，2010；张和清等，2011）；有人更直接指出，按照当前中国社会工作专业的发展趋势，其有“沦为国家控制工具”的危险。此处，笔者主要关注对与此不同的另外一种社会工作取向即“发展性社会工作”的反思和讨论。

首先必须指出，除了绵竹青红社工服务，关于“发展性社会工作”，无论在国际上还是国内都已有一些理论和实践。

从国际上看，米奇利（Midgley）是突出的代表。他在其“社会发展”理论下关于“发展型（社会）福利”“发展型社会政策”做过不少的论述，也关联到社会工作的发展性取向。1995 年，他提出“社会发展”理论，在批评只关心经济增长的“扭曲的发展”之余，主张走向“社会与经济目标相容的社会计划”。在其理论主张中，虽仍强调经济发展的重要性，但也指出了它的非唯一性。之后，他提出“发展性福利”的概念（Midgley & Tang，2001），明确谈到其三个“公理”或基本原理，即：（1）国家层面的组织安排（协调经济与社会政策，可持续和以人为中心的发展担当）；（2）宏观经济政策（促进就业、达致以人为中心的经济发展结果）；（3）社会计划的投资取向与生产性（促进经济参与和回归）。而在具体做法（实务）上提出：投资人力资本，投资就业和自就业计划，投资社会资本形成，投资资产开发，投资有成本效益的社会计划。

在他与人合著的《发展型社会政策》一书中（哈尔、梅志里，2006），“第七章　社会工作与社会服务”论及社会工作和社会管理（行政）的发展型或“社会发展型”思路（手法）时指出：这种思路或手法视野宽广、着重关注贫穷和匮乏问题、试图推动更具进步性的社会变迁，而与传统主流的基于城镇、补缺型的社会工作和社会服务方式（主要表现为院舍照顾、心理咨询等）相别。他也用了“生产型”社会工作或社会福利模式来指称这种不同的社会工作形态。归结而言，关于这种社会工作他说道：“或许最具有挑战性和最有意义的发展变革，是在全面整体的、以社区为基础的框架内，努力整合社会工作和社会服务的补救性、预防性和发展性功能。这要求广泛使用团体和社区的社会工作方法，但并不是完全排斥补救性干预措施；因为人们认识到，总是有那么一些人需要利用这些措施来满足其特殊需要。”（哈尔、梅志里，2006）。同时他强调这样的社会工作应是一种“整合式方法”。

除米奇利外，南非的格雷（Gray）在 1998 年编有《南非的发展性社会工作》（Developmental Social Work in South Africa）一书。而瑞典哥德堡大学教授马伦 · 柏克在《国际社会工作》上发表过一篇题为《发展性社会福利能改变不公平世界吗》的文章（Bake，1999）。他以南非的一些实务经验为基础，讨论发展性社会工作（developmental social work）的意义和价值，突出其是为变革的社会工作（social work for change），强调“增权”的含义。

其次，相关理论和实践对“发展性社会工作”还欠缺系统清晰的论述。

米奇利更多是在论述社会发展，特别是发展型福利的实践做法，他自己也说对此的概念澄清和理论阐述等尚未明晰清楚。而其本身对待社会工作的态度、对它体现发展取向的潜力的看法也存在矛盾。虽然他提到西非社会工作者在二十世纪四十年代已总结了发展型社会工作的要素，但对之未有具体介绍和交代。另外，虽从国际文献上已可见到“发展性社会工作”的明确叫法和用法，但使用者对其具体内容取向的理解和认识也不尽相同。如前述，柏克是将它与结构取向的社会工作或进步甚至激进社会工作相关联，而米奇利更侧重指卷入经济发展的社会工作，很多时候等同于社区发展工作。

与此相关，有关“发展性社会工作”在具体做法中的理论（实务/实践理论）层面，则还有许多问题有待探讨。

如果发展性社会工作的实践的主体部分是社区组织与社区经济，但社区经济组织却有不同层次，比如，从互助组到合作社再到（人民）公社，应当如何定位把握？又如，在发展性社会工作中，社工的角色究竟是怎样的？特别是其卷入经济发展活动时应到何种程度？从绵竹青红社工服务的经验来看，疑惑常常在于社工推动培育起生计互助小组、组员家庭投入自己的生计活动后，他还应当做什么？以米奇利之意，在社区的个人、家庭或互助组织与外部的经济关系方面，市场经济仍是首选途径，应当由这些个人、家庭和组织自己去面对和投入市场。而另一些国内的探索者似乎在采用“社会经济”概念和理论指引来进行相关的实践，并指向取代市场经济模式，这意味着发展性社会工作者也要更多地投身组织新型的经济体系。但微观（社区经济）组织的改变如何通过宏观（经济）结构的变化来达成？这中间仍然留存着很多的议题等待解答。

但是，可以肯定的是，米奇利等倡导的发展性的社会工作取向所针对的情境与中国等发展中国家是相吻合的，因而应当高度认真地对待其提议。在这一点上，印度权威的社会工作教育家坎杜卡就说过，在一个充斥着贫困、匮乏和不公正的社会里，社会治疗性的措施是显得多么格格不入，而社会工作如果继续这样做就是缺乏基本的责任意识。他强烈敦促采用新的关注发展的实践模式来促进经济和社会的发展（Khinduka，1971）。

笔者同时认为，关于“发展性社会工作”对整个社会工作的选择之意义，有这样几点需要予以注意。

1. 我们可以把社会工作的基本形态划分为三种：一种是“发展性社会工作”对“补救（治疗）性社会工作”，或者是“发展性社会工作”对“照顾性社会工作”；另一种类别的区分，从社会工作者与服务对象的关系类型来看，则是“照顾者的社会工作”“陪伴者的社会工作”和“同行者的社会工作”，最后一种“同行者的社会工作”基本上可与“发展性社会工作”画等号。

2. 米奇利反复指出传统主流（西方所代表的）社会工作是城市取向的，代价高昂、措施不力，且是补救性和补缺型的，使依赖固化。这种社会工作的补救性、不投身促进经济发展的活动，是他对其的两点突出批评。但是，米奇利本人也认为不能完全排斥补救性干预措施，因为服务对象对照顾的需要始终是存在的。也就是说，米奇利本人认为照顾性的社会工作有其存在的必要。

3. 考虑选择何种社会工作，还必须联系福利体制乃至社会政治经济体制来考虑。社会工作的形态也取决于其实施方式，而这跟福利体制所决定的服务活动的组织提供方式密切相关。例如，在福利院舍的社会工作和在社区的社会工作肯定会有不同的实施情况，影响到其可能的形态。基本上而言，福利体制是“福利国家”型的还是“福利社会”型的，会影响社会工作的实践形态，而整个社会政治经济体制是一元科层化（官僚制）的“系统世界”，还是多元有空间、生态可持续的，也将影响到社会工作形态的可能性。

4. 也许，社会工作的不同形态将并存，因为（福利和社会政治经济）体制也不会是铁板一块的，因而可以容纳不同的社会工作实践。又或许，其中还是会有某个体制占主流，因而它也决定着社会工作的主流形态将是何者。

第四节　结　论

通过绵竹青红社工团队围绕当地地震伤残人员为主的受灾民众家庭生计恢复发展的介入实践，可以看到社工专业服务能有效改善处境不利居民的家庭生计，并同时促进社区关系的改善、社区成员互助合作的增进，在社区团结方面实现积极效果。有关实践的结果也可以初步表明，以发展性社会工作为取向来指引社会工作专业服务的实践，可以为包括伤残人员在内的受灾民众提供更好的帮助，既实现补救、恢复其社会功能的效果，更增强其能力，有利于以之为主体的可持续发展。当然，目前绵竹青红社工服务团队以发展性社会工作为取向的服务实践还只是一个初步的探索，进一步的效果，亦有待更长时间的检验和评估。从行动研究的角度来说，还需要后续更多阶段的行动与反思总结，直至完成更多的螺旋式上升的循环。

从另外一个更普遍的角度看，则可以说发展性社会工作提供了社会工作理论和实践的一种新的可能，尤其在联系中国作为发展中国家正在经历多方面的转型这一现实背景来说。但是，同样，对于其真正的适合性还有待更多的实践探索与理论澄清才能给出答案。或许在相当长的一段时间里，从中国社会工作的发展来看，随着更多地认识到其与整个社会福利和社会变迁的组织体制及相关环境的关系，将出现更多不同取向和形态的自觉的实践探索与理论探讨。不管怎样，这可以改变相对单一的社会工作样貌，从而也使之能够更好地回应真实存在的多样的社会需要。

视频案例脚本

疗救与发展：灾害社会工作案例研究

王小兰

第一场序幕

这是一个发生在地震灾后的故事……

2008 年 5 月 12 日 14 时 28 分，汶川大地震爆发。这突如其来的灾难给当地人们的生命财产造成了不可估量的损失……

无情的灾害夺走了多少鲜活的生命，破坏了多少温馨的家庭，有多少人妻离子散、流离失所，又有多少人自此陷入痛苦的深渊……

第二场引子　从废墟中爬出来的铁汉子——刘刚均

分场 1：

——实拍：刘刚均在当地各种不同场景中的镜头闪回

以下是拍摄内容与台词(台词为四川话)。

场景 1：某破旧的小屋里，刘大哥坐在藤椅上，特写镜头。

刘刚均一脸严肃地说：我们要自己相信自己撒，先要把信心树立起来……

场景 2：某副食店内，摆满货物的货架作为背景，特写镜头。

刘刚均一脸严肃地说：只要我奋斗过，我问心无愧就对了。

场景 3：某小组活动场合。

刘刚均在小组活动开始前，手舞足蹈地对在场人员说：来嘛，我们比一下，哪个成绩好，哪个就请吃饭哈。

随后大家开始欢迎鼓掌，小组活动正式开始……

——画外音解说：以正在开展的小组活动或座谈会为背景，插入画外音解说

解说词：这是一个乐观自信的人，他的嗓门很大，特别是那爽朗的笑声，常常会感染周围的很多人。他的名字叫刘刚均，是四川绵竹市天池乡的一个普通农民。

分场 2：

——实拍：刘刚均家的“梦想起飞”超市

包括超市的外观、内部陈设；刘刚均在称重、算账时的样子以及超市内“梦想起飞”牌匾(特写)。

——画外音解说(与场景同步)

解说词：刘刚均在自己家里开了一家干杂副食超市，取名为“梦想起飞”。生意还不错。细心的人会发现，超市墙上的牌匾上那个“梦”字少了一点……而这其中却隐藏了一个故事，更是一段令刘刚均一生都无法忘记的经历……

分场 3：

——实拍：地震发生时的情景模拟

一辆面包车在蜿蜒盘旋的山路上缓缓行进。突然，地动山摇，山上巨石不断滚落，纷纷砸向如蜗牛般爬行的面包车。顿时，一个穿着黑色布鞋的男人的腿被一团巨石死死压住……

——画外音解说(与场景同步)

解说词：2008 年 5 月 12 日中午，刘刚均从绵竹市区回自己住的天池山家里面，他所乘坐的面包车在崎岖的山路上艰难地爬行。两点二十八分，突然地动山摇。山体滑落的巨石砸向面包车。瞬间，一块大石头死死压住了刘刚均的右腿，让他根本无法动弹。

分场 4：

——实拍：刘刚均本人采访，特写镜头

刘刚均(坐在小区的长凳上，语气稍带无奈与沉重)说：心头始终有一个概念，就是不要昏睡过去。昏睡过去就意味着醒不过来了。

——画外音解说

刘刚均话音落。插入灾后场景和人们匆匆救援的脚步(夜里)，同时加入画外音解说。

解说词：直到第二天，家里人才闻讯赶到。可是，石头太大，想了各种办法都没有把刘刚均救出来。此时，生命虽奄奄一息，意识依然清醒的刘刚均做出了自己的决定。

分场5：

——实拍：刘刚均本人采访，特写镜头

刘刚均略带洒脱地说：我说干脆把腿杆干掉算了。我说把它弄断。

——画外音解说：医院场景拍摄配画外音解说

解说词：于是，在没有麻药的情况下，钢钎、锯齿并用……刘刚均一次又一次地疼晕过去。三个小时后，他被送往医院，由于伤口感染，刘刚均始终处于昏迷状态，而瞬间的清醒，他喊出的却是儿子的名字。

分场6：

——实拍：刘刚均本人采访，特写镜头

刘刚均说："醒过来第一件事情就是给老师打电话。当时，他们班主任老师回话说——人找到了……我听了这句话，就晓得糟了。因为他说人已经找到了，就没说其他的。我晓得肯定是不行了。听到消息后的那一个月，咋说呢，不敢说以泪洗面嘛，反正是绝望了，彻底地绝望了……"（刘刚均的表情由冷静转为略带忧伤，语速放慢，似是在回忆和沉思）

刘刚均话音落，插入音乐和刘刚均拄着拐棍艰难行走在回天池大山的羊肠小道上或老家废墟边上的背影；翻看儿子照片；独自对着大山抹泪，仰天长叹；儿子生前照片的特写。

——画外音解说：在出现儿子照片特写以及刘刚均掉泪，用卫生纸擦泪时，插入画外音解说

解说词：刘刚均只有一个儿子。地震时，他刚满21岁，是汉旺东汽技校的一名学生。儿子遇难，给刘刚均的打击远比自己截肢要大得多。

分场7：

——实拍：刘刚均家里，本人出镜，特写

刘刚均说：慢慢地，毕竟天天在看电视，那段时间，媒体上对灾区的报道也比较多。我看到，灾区不止我一个家庭……遇难最多的家庭有十几个人都莫得了。所以，慢慢我也就接受这个现实了。这是个事实。

——画外音解说：场景＋解说

场景：刘刚均吸烟、坐车，放学的小孩从他旁边经过；刘刚均参加2008年奥运火炬传递的场景，拍卖火炬；刘刚坐在自家床头，旁边放着他

的假肢；一个人坐在板房的轮椅上闷闷不乐。

解说词：还没有来得及从失去儿子的悲伤中走出来，刘刚均就已经成了新闻人物。他断腿求生的事情被广为传诵，成了自强不息的典范，受到媒体的广泛关注。2008 年底，在重庆大坪医院接受了三次截肢手术的刘刚均回到了天池乡的安置板房中，此时媒体的关注越来越少。一切又恢复了往日的平静。面对一无所有的家，刘刚均感到从未有过的孤独。

分场 8：

——实拍：刘刚均坐在轮椅上，特写；偶尔插入刘刚均较为落寞的眼神、侧脸、孤独站在门口眺望远方等

刘刚均说：从大坪医院回来后，那半年时间，可以说是最低沉的一段时间。那段时间，一般就是在家里。走，不能行走，就坐在家里边看电视。所以，心情非常非常不好。

——画外音解说：刘话音落，插入场景＋解说

场景：两位年轻的社工(一男，一女)在一个板房区的社工服务站里与刘刚均亲切见面；所有服务对象与刘刚均一起开展活动的场景。

解说词：就在这时，青红社工站的社工们来到刘刚均的家里面，鼓励他开始新的生活，并邀请他参加社工服务站的活动。慢慢地，刘刚均开始有了改变……

——实拍：刘刚均面带微笑，以小组活动的场地为背景，站立特写

刘刚均说：在这个小组里头，感觉到那个气氛，大家都是有共同的经历，感受就不一样，有共同的语言，大家走在一起。说我今后做点啥子，比较合适我自己。自然的，我们就成立了家庭互助小组。

分场 9：

——实拍＋画外音解说同步

场景：刘刚均拄着拐棍出行；在板房里拎着水壶烧水、倒水；板房旁的窝棚里摆着各种副食，放鞭炮，村民围观、购买食品。

解说词：刘刚均本来就是个不服输的汉子。他觉得身体虽然残了，但并没有废了。只要有事情做，就可以重新活出个样子来。在青红社工的帮助下，他和另外两个残疾人率先在板房区办起了一家杂货店，取名为“梦想起飞”。

——实拍：刘刚均在板房的窝棚副食店旁边站着侃侃而谈

刘刚均说：当时要做一个牌子，然后在做的时候，不晓得啥原因，他们就把这个“梦”字少了一点。后来，我们几个就说，哎呀，无所谓，少一点就少一点嘛，我们三个都缺一点，我们三个都是瘸子(切入其他两位残疾人的镜头和残疾的腿)。我们三个少一点就少的是这一点(刘刚均指向牌匾上的“梦”字)。更能体现我们自身的意义，更有纪念意义？（刘刚均笑得很开心）

分场 10：

——实拍＋画外音解说同步

场景：刘刚均在新居的“梦想起飞”超市里忙前忙后。

解说词：如今，刘刚均已经搬进了新居，他实现了自己的愿望。

——实拍：刘刚均在超市里

刘刚均说：管它挣得到多少钱，反正我们在一起有点事情做，一天在一起哈哈笑一下就巴适了。

分场 11：

——实拍：刘刚均(拄着拐棍借着假肢)和社工(男性)一起上门探访家庭生计小组的其他成员

刘刚均一见到迎出门口的组员母女二人，就高兴地问：咋样，最近？走哇，去家里边坐一会儿。

——实拍＋画外音解说同步

场景：刘刚均和社工与组员母女进院墙大门的背影，在组员家客厅里开心聊天。

解说词：刘刚均除了忙自己的生意，他还经常去帮助那些需要帮助的人。

刘刚均对组员家 15 岁即将参加中考的残疾女儿说：自己相信自己，自己先要把信心树立起来。我自己用实际行动来证实，也许到某一天我成绩考出了，我比你更优秀，对不对……

分场 12：

——实拍：某社区活动聚会场合

刘刚均在众人的簇拥下，慷慨激昂地说：我是好汉，大家都是好汉，兄弟们都是好汉。我给你们唱个好汉歌。听上两句哈。

于是，舞台上立即响起刘刚均那五音不全但高亢嘹亮的歌声：大河向东流啊，天上的星星参北斗啊……

同伴们纷纷拍手为他打着节拍。

——画外音解说：以刘刚均唱歌的场景，配画外音解说

解说词：刘刚均依然是一个坚强而乐观的汉子。他最喜欢唱的歌是《好汉歌》。因为他始终相信，自己是一条永远也打不垮的好汉。

此时，再度想起刘刚均的歌声：路见不平一声吼啊，该出手时就出手啊。风风火火闯九州啊。然后给自己一个大大鼓掌。

分场 13：

——特效字幕＋音乐＋解说

汶川地震令很多人永远失去了亲人，失去了健全的身体。有着与刘刚均一样遭遇的人们还有千千万万。

一方有难，八方支援。面对如此困境，社会各界纷纷投入抗震救灾的洪流。在灾区一线，更是涌现出了各种各样的救援力量，例如军人，心理、医疗等领域的专业人员，以及其他各类人员和志愿者等。其中，一股不可忽视的力量开始深入人心——那就是社工！

如果说 2003 年的“非典”和 2008 年初的南方雪灾中，中国社会工作界还只是有反应没举措，那么，在汶川以及玉树地震中，社会工作者的身影已纷纷出现在救灾前线，融入受灾群众中，与老百姓风雨同行。

那么，在中国，以社会组织为载体的社会工作服务是如何介入到灾后救助工作中的呢？ 他们在灾后救援工作中主要做什么，又是如何做的呢？

希望本片能够带给您一种较为直观的体验。本片围绕诸如刘刚均这样的地震伤残人员的社会工作服务的具体开展情况进行叙述。大致思路为：从发展性社会工作的视角出发，以社区为本，贯注赋权、增能等理念，运用个案、小组、社区工作之整合的实务模式，来开展灾后伤残人员及其家庭的社会工作服务，以使服务对象能够“自助”“互助”，最后走向“助他”，并在一定程度上推动社区结构的转变。本案涉及的主要服务对象在地震灾难中身体和心灵都受到重创，家庭结构遭到破坏，每个个体都具有特殊的伤残性质，也承受了来自不同层面的压力和困惑。

第三场　不一样的我们，不同的故事

——呈现不同家庭或个案经历地震灾难后的故事，闪回

运用现成的图片（包括灾后受创的灾区全景、局部景以及服务对象的照片）做成图片集顺序播放。同时，插入画外音解说。

解说词：在灾后的板房安置区里，每一条街、每一个房间，都有一个不为人知的故事。而每个故事，却有着不同的结局。或许，社工的到来，会使某些家庭的结局有所变化……

第四场　社区探访：我们来了，你在哪儿？

人物交代：

社工 1：陈锋，男，43 岁，身高 170 cm，四川人（说四川话）。

社工 2：房光宇，男，22 岁，身高 178 cm，安徽人（会说四川话）。

社工 3：范汨，女，28 岁，身高 160 cm，湖南人（能听懂四川话，但不会说）。

社工 4：王小兰，女，23 岁，身高 155 cm，四川人（说四川话）。

场景交代：

在武都板房安置区里，几位社工每天穿行于板房区，进行社区探访，他们的脚步遍布该板房区的角角落落。在他们正式进驻之前，还进行了长达半年之久的外围环境考察和实地局部走访。

分场 1：

——实拍/演员 + 同期声

2009 年 4 月 10 日是“青红社工”正式入驻绵竹市武都板房安置区的第一天。三位社工站在院门外，望着在板房区里新建起的社工服务站（除了门口的一块牌子、屋子里的两张办公桌以及两台破旧的电脑之外，只剩墙上贴的那张醒目的“社会工作守则”），回想起此前刚到这个地方进行考察时的情景，陈社工不禁又开始感叹（眼里隐隐泛着泪花）：

“灾区的情况太复杂，太多需要做的服务、太多不同的需求、太多的人群需要社工帮助。我们总算是安营扎寨啦。”

另外两名社工也颇有动容，纷纷点头表示赞同……

分场 2：

——实拍/演员 + 画外音解说

如往常一样，社工们今日的工作依旧是走访社区，认识社区，了解社区资源。

近一个月以来，他们骑单车或步行至板房安置区的角角落落(不分白天黑夜)，遇人(各类群体，男女老少，残疾人等)就很自然地与之聊天，了解他们的日常生活情况，遇到的困难和急需解决的问题等。

此时，当地已进入炎炎夏日。白天气温已过 30 度，板房由于吸热且不透气，温度能到 40 度左右。还好，当地政府部门捐助的两台落地小风扇正好派上用场。可每逢停电的时候，板房里几乎没法待。社工们就会外出寻找一些小树林、小竹林之类的阴凉处，坐下来一起分享工作的感受、看法及遇到的问题和打算等。

——实拍/演员 + 画外音解说 + 同期声

又是一个停电日。午后，蒙着一层水雾的太阳正咧嘴笑得灿烂。社工们(4 位)照旧背上社工的“标配”(所谓标配，就是 T 恤、牛仔、帆布鞋、鸭舌帽、双肩背包、水杯、雨伞、笔记本、录音笔、签字笔、纸巾)前往附近的一处小树林。他们认真细致地回顾和分享前一阶段的工作，并不时地在记录本上做些记录。

谁料，寂寞的鸟儿也想凑热闹，给社工们送了一份大礼，直接在竹子枝头往下排出大大的一团粪便掉在陈锋社工白白的 T 恤上。大家先是惊奇，瞬间转为捧腹大笑。

在四川民间流传一种说法，鸟儿在头顶拉屎，是不吉利的象征，意味着这个人会走霉运。

可能是大家的笑声惊动了竹林旁边的一户人家。一位七旬左右的老妇人从低矮的屋檐下缓缓走出来，问我们是谁，发生了什么事。

陈锋社工不紧不慢地笑眯眯地对老人说：“老人家，我们是隔壁职业技术学校的志愿者哈。志愿者……你晓得不嘛？”(在灾区，“社工”还是一个陌生的词。志愿者，大家都听过。)

老人面带微笑：“志愿者嘛，我咋个会不晓得呢？ 现在我们这儿到处都是志愿者。”同时，老人将眼神瞄向社工们穿的衣服，继续说：“就是像你们这样穿起衣服的，是来帮忙的嘛。你的衣裳咋回事呢？”老人看着陈社工衣服上的一大团鸟屎，奇怪地问。

陈社工无奈地说：“你看嘛，就是刚才树子上的鸟儿害的嘛，好倒霉嘛……”

老人热心地说：“我给你说，鸟屎拉到身上是要倒霉的哦。”

陈社工故作惊奇：“啊？ 真的啊？ 那该咋办呢？ 老人家，你有没有方法帮我化解一下哦？”

此时，老人已经走到了社工们身边，她慢条斯理又故卖关子：“办法倒是有，就是特别麻烦。”

陈社工表现出极大的兴趣和期待：“你说来听一下呢？”

“办法就是，你要去找七户不同姓氏的人家，问每家人要一把米。然后，拿回去煮稀饭吃。煮稀饭的时候不能见到灰尘。吃的时候要在露天坝头吃。这样子就可以化解霉运。”老人家一副“专业权威”的样子。

陈社工：“豁哟，这样子的啊……”

老人：“必须这样子才得行哦。”

陈社工顺势往下：“老人家，这样子嘛。你看，我们才到这儿来没好久。好多人都认不得。人家肯定也不得理我们。我也不晓得哪些人的姓氏不一样。你可不可以带起我去要一下米嘛。你肯定对这片很熟悉撒。”

老人有些疑惑：“不得行哦，要去你自己去哦，我才不好意思的。”

陈社工开始发挥社工的聊天和动员技术：“哎呀，老人家，你是不是觉得我们有可能是坏人，你不放心哦？”

老人略显尴尬(事实上她就是存着戒心)：“我不是这个意思，只不过我一般都不咋出门了，老了，走不动了。”

陈社工：“老了？ 你算啥子老哦。我八十多岁的老妈妈还经常到处去旅游啊爬山哦，精神头好得很。你看起来比我老妈妈年轻多了。多出去走一下对身体也好。你说是不是嘛。”

老人：“我都 75 了，还年轻啊？ 不过喃，看你年轻人也不咋懂这些老规矩。我就带起你们去，但是要米的事情你要自己开口哦，不然不灵的哦。”

陈社工：“好嘛，要得。”

——画外音解说

解说词：于是，在老人的引导下，社工们走家串户，不仅毫无障碍地要到了 7 户不同姓氏人家的米，还多了一次深入村民家庭的机会。而后者才是社工的主要目的。

就这样，通过各种方式，运用各种机会和途径，社工们的社区调研之路缓缓地推进着……

分场 3：

——特效字幕＋画外音解说

一个月下来，社工们大致熟悉了整个板房安置区的地理环境、人口数量与结构、人文环境、受灾情况、面临的困境以及社区资源(包括救援力量及其分布、社区组织及其关系、社区权力结构)等。在此基础上，他们形成了一份完整的《社区评估报告》(以下简称《报告》)。该《报告》从社区环境的优势与限制、服务对象自身的优势与限制、社工的优势与局限、可供运用的多种资源网络以及相关政策分析等五大方面进行评估与论证。其结果显示：该板房安置区人口众多(有两万多人)，居民需要的服务种类也很繁杂，涉及物质帮扶、贫困救助、生理康复、心理援助、康乐服务、生计恢复、社区重建与社会发展等方方面面。已经在该地开展各类服务的国内外组织或团体也不在少数，涉及面也较广。就灾后伤残人员这一个群体而言，针对他们开展的医疗救助、生理康复、心理康复等就有好几个具有国际背景的组织和人员在做。当然，社工们也发现，灾后伤残人员除了上述需求以外，他们还有一个迫切的需求——适应新情况，找准在家庭中的角色定位，并且尽可能地为家庭生计做出自己的贡献。对此类需求的关注和回应，目前尚处于空窗阶段。

经过综合分析和研讨，同时也充分考虑社工团队的优势及限制，避免资源的重复和浪费，他们最终将服务对象定位为该板房安置区内的伤残人员及其家庭，为他们提供灾后家庭生计恢复与发展综合式服务。

分场 4：

——特效字幕＋画外音解说【专家采访或社工解说，说明需求评估的重要性】

任何一项社会工作服务的开展必须基于完整有效的“需求评估”来建立。社会工作者须对服务对象的“真实需要”进行了解与评估，而不是想当然地“认为”服务对象有这样或那样的需要，甚至有意无意地强加自身的需要给对方。

在此项服务中，社工们进入板房安置区后，用了一个多月的时间进行社区探访，旨在尽可能充分地了解灾民们的需求状况、社区的资源情况，避免服务重复；同时深入了解服务对象最急切的需求，继而确立清晰的服务范畴和方向。

在本案例中，对于这群因灾致残人员来说，其原有的生产生活方式已不能再持续进行，如何减轻或不成为家庭的“负担”，同时还能对全家的吃饭穿衣问题有所贡献，才是这个群体最关注的问题。

第五场　社区动员，组建小组：我们迎来一个陌生又神秘的“家”

分场 1：

——特效字幕＋画外音解说

基本方向确立后，根据前期调研情况并综合考虑年龄、性别、家庭构成等因素，社工选取了部分群体作为潜在的服务对象，分别进行个案式、家庭式的动员。考虑的标准为：有一定自理能力的、年龄不宜过大、有强烈生计愿望的、家庭经济状况尤为困难的伤残人员。

分场 2：

——实拍/演员＋画外音/同期声（个案、家庭式动员，以较为典型的两个为例，其余人员淡化描述）

个案 1：老马

人物简介：老马，50 多岁，身高 160 cm，微胖，圆脸。原天池乡人，在地震中右脚掌前半部受伤截肢，走路一摇一晃，但无须拐杖。性格热情、开朗、乐于助人。

【实拍/演员＋画外音】

家住板房安置区大天池路的老马像平常一样，坐在家里看电视。自地震导致他的右脚掌前半部分受伤截肢后，他就基本没出过门，每天待在 30 平方米左右的板房里，交往空间也越来越窄。老马的妻子是个腼腆的农村妇女，虽已经从山里搬到板房，但她仍经常回山上去摘一些野菜，以及看管山上的银杏树苗。而在以前，这一切，老马是主力。

老马长得有些胖，右脚受伤后，在康复期时每走一步都会剧痛无比甚至渗血。安上假脚掌后，症状有所缓解，但行动依然缓慢和不便。他心情也很烦躁，无所适从，觉得自己很没用。

曾经的老马是村里的干部，热心肠，有着很好的领导力和带头作用，但也因为做事太实在而受到过不少非议。如今的老马只有整天坐在电视机前，靠回忆和娱乐节目来麻痹自己。

【实拍/演员+同期声】

这天是周末，老马依旧在家看电视，突然家门口出现了两个陌生的年轻人，手里还提着水果。对于陌生人的到访，老马早就习惯了。自从搬进板房区以来，来探访过的专家、心理学者、志愿者不计其数，有填写问卷的、做心理辅导的、也有来了解了解情况坐坐就走的。老马跟其他村民不一样，他虽然觉得麻烦，但毕竟外面来的人是带着关爱来的，不管怎样，礼数也是要有的。

“马哥，你好，我们来看下你，可以进来吗？”走在前面的社工首先用四川话开口说道。

老马一听是四川话，至少能顺畅沟通，“哦，进来嘛，随便坐哈。”

老马是个热情的人，无论谁到访，他都招呼得很周到，泡茶、递水，一样不漏。“你们是哪里来的专家啊？”老马开口问道。

年纪稍大一点的社工笑道：“我们不是专家哈，我们就是来看哈你，跟你聊聊天，哪儿来的那么多专家哦。”说完，两个社工和老马都笑了，陌生的气氛稍微有些缓解。

“你们也不是搞传销的吧？ 最近板房乱，很多搞传销的都趁机来了，我就怕遇到骗子，遇到了我也分辨不出来。”老马实话实说。

两个社工相视一笑，对他解释道：“没关系没关系，你这个想法是正确的，要有自我保护意识。”

另一个年轻的社工用普通话继续问道：“马叔，最近都在家做什么啊？ 平时有什么活动没有啊？”

老马有些警觉：“你不是四川人啊？”

年长的社工赶忙解释：“对，他不是本地人。是这样的，我们是学校的老师和学生，他是北京的研究生，我们来这边是想看看能帮忙做一些什么事，我们要在这里待上好几年呢。”

“哦，是这样的啊？ 我以为你们就是来看看就走了，他们(志愿者、专家等)都是，一般来几天看看就走了，毕竟这个地方你们这些知识分子怎么住得了啊？”老马说道。

“对了，马哥，我们就住在那边职业技术学校里面，我们的办公室也在那里，有时间过来耍嘛！”社工说。

“对啊，我现在最多的就是时间，自从残疾了以后也没啥事情可以做，除了在医院康复就是在家看电视，很无聊，又不想麻烦其他人。一点都不像地震以前了。现在日子过得很恼火，有时候伤口痛起来，简直要人命，特别是冬天，难过得很。”老马不自觉地开始诉说自己的苦衷。

社工站起来拍了拍老马的肩膀，没有说什么话。

“来的人太多了，来就问我心情如何，生活怎么样，我就习惯开始抱怨。呵呵，莫见怪。”老马突然觉得有些不好意思。

“没关系没关系，”社工说。“你能给我说这些表示你不排斥我，还比较信任我，我该感到高兴啊，呵呵。”“对了，马哥，有没有兴趣来参加我们的活动啊？我们邀请你来参加，就在学校里，我们布置了一个活动室，定期给像你这种情况的人开展活动。每次活动会派车专门来接送你们，安全你可以放心。”

“你们是啥子活动？”老马问道。

“我们通过家访认识了几位残疾朋友，他们也有意愿一起坐坐，聊聊天，我们打算把大家组织到一起，开展一些活动，一个是丰富大家平时的生活，一个也是帮助大家建立一个联系吧，找一些事情做，你觉得如何呢？”社工恳切地询问道。

“可以啊，我这人喜欢热闹，喜欢朋友，反正在家也是看电视，就当打发时间吧。”老马虽心存怀疑，但总觉得当面拒绝不太好，还是口头上答应了下来。

分场3：

——实拍/演员+同期声（个案、家庭式动员，以较为典型的两个为例，其余人员淡化描述）

个案2：李女士

人物简介：李女士，40多岁，身高163 cm，略瘦，长头发，简单地用皮筋拢起来。原天池乡人，在地震中腿部受伤，康复后行动受限。

【实拍/演员+画外音解说】

李女士的家与老马家相隔一条街。她40多岁，看上去还比较年轻。她每日的活动也是看电视。李女士的家里收拾得一尘不染，虽是板房，东西却摆放得很整齐。地面上也看不出半点灰尘。李女士的丈夫自从地震后一直没有音讯，部队的官兵和邻居们都说“那就是死了”。她始终不信，与其说是不信，不如说是不愿意接受。她坚持认为，丈夫的尸体没有找到，只是“失踪”而已。但每每想起这件事来，她便会一个人独自哭泣到眼睛又红又肿。李女士有一个二十多岁的女儿，但已出嫁，回娘家的时间比较少。她说女儿已经有自己的家庭和生活，不愿意再去牵绊她。所以她一个人孤苦地生活着。到最后，李女士再也哭不出一滴眼泪……

【实拍/演员+同期声】

社工一路问着路人，在密密麻麻的板房安置区拐了好几个弯才找到李女士家。到李女士家门口时，发现她一个人正守着蜂窝煤炉蒸饭。煤炉上的小锅正冒着一缕淡淡的蒸汽。她呆呆地坐在煤炉旁边，想事情想得出神。对社工的到来毫无察觉。

社工甲(女)很有礼貌地上前打招呼：“李娘娘，你都在做午饭了哇？闻到好香哦。”

李女士回过神来望着她：“哦，是你啊，快进来坐嘛。”

社工甲很开心：“你还记得到我啊，你记性好好哦。”一边说一边顺手端起小板凳坐到李女士旁边，“看你最近的精神状态还不错哈，跟上次见你的时候比起来好些了。”

李女士：“好啥子哦好。只不过呢，只要还活着，生活就要继续过，不然，能咋办？”李女士的脸上露出一丝忧伤。

社工甲：“对啊，我感觉你真的是看开些了哈。对了，你最近还是主要就在家看电视哇？”

李女士点点头。

“为啥不出去走动一下呢？ 我看到晚上的时候，广场那里好多人跳坝坝舞哦。好热闹哦。你可以去感受一下。”

李女士摇摇头：“算了，出去看到别人家里乐呵呵的一家人，想起自己，更难受。不看到，还好点。”

社工点点头表示理解她的选择，然后补充道：“我们过几天要组织活动，邀请像你这种情况的人都来参加。大家一起聊聊天，互相走动一下。说不定还可以交到朋友哦。你愿不愿意来耍嘛？ 我们一直都陪着你们。”

李女士委婉地拒绝：“还是算了嘛，我习惯了一个人安安静静的，不喜欢人多的地方，怕别人笑话。”

社工："没关系哈，主要就是大家情况相似，彼此可以相互理解支持，不存在笑不笑话的问题。但是，如果你确实还有顾虑，也没关系，我们随时欢迎你过来耍。你有任何事情，也随时联系我们。我的电话给你写在这张纸上哈。"社工拿出一张便贴纸写上联系方式，贴在李女士床头的圆柱上。

分场 4：

——画外音解说

就这样，通过挨家挨户地入门探访，终于组建起了一个 10 人小组(9 人为伤残人员，1 人是遇难学生妈妈)，4 男 6 女。

第六场　我们要做什么？——服务计划制订

分场 1：

——配图/特效字幕 + 画外音解说

基本确定了服务对象后，社工又根据新获得的更深入的信息，进一步确认这群灾后伤残人员的真实需求，并形成《需求评估报告》(以下简称《报告》)。该《报告》反映出这群人员普遍的生活现状是：生活单调、无基本生活来源、生计压力大、社会融入程度低、无力感强等。针对这些问题，小组工作结合个案辅导的方式在此阶段是较为合适的工作方法。

于是，社工们制订了详细的小组工作服务计划书：

总体规划——通过小组工作的方式创建一个开放的集体环境，让服务对象在这个环境中逐渐认识自己、改变自己、相互理解和帮助，重塑信心，并通过从事感兴趣的力所能及的生计项目来改善生活质量、恢复家庭和社交关系，建立社会支持网络，开启新的生活。如能最终对社区整体有所贡献则为最佳。

实现途径——以小组工作方法为切入点，结合综合式服务开展手法，以家庭生计项目的探索为手段，发掘小组领袖，引导他们建立互助合作机制，挖掘其自身潜能，使其"团结起来，自力更生"。

分场 2：

——特效字幕 + 画外音解说【专家点评/社工解说】

小组工作作为社会工作的三大方法之一，对具备较高同质性或有共同需求与兴趣爱好的人员来说，是一种解决其问题或满足其需要的有效方式。所谓“同质性”，即成员的大体情况（包括年龄、家庭及文化背景、所遭遇的问题等）和需求是较为相似的。通过小组工作的环境，可以为服务对象提供一个“集体”的公共空间，使其彼此间建立互信合作、相互支持的人际网络，同时还可发展出小组领袖，实现可持续性发展。

第七场　我们在一起（由小组入手，进而展开综合式服务）

分场1：

——特效字幕＋解说

解说词：小组活动一般需要持续一段时间，学理上6—8次为宜。在具体操作中，需根据预期目标、小组的性质、组员的情况、小组的进程、资源状况以及其他不可控因素的影响等来确定小组活动时间的长短及活动的频率。在本案例中，每一次小组活动称为“一节”。

——实拍/演员＋同期声

第一节小组活动开展那天，刘刚均刚刚拾掇好家里，一辆面包车便停在了他家板房前。老刘探头一看，下车的正是前几日来过的社工。

“刘哥，我来接你了。”社工（男）满脸笑容。

老刘没料到真的有人来接他了。他回想起前一天晚上，这个自称是“社工”的人还特意打电话提醒他第二天要开展小组活动了，会到家里来接他。彼时，老刘心里还在打鼓：“真会有人不嫌麻烦让他去参加活动吗？”

而此时，社工如约而至。

社工上前搀扶老刘走到车前。老刘探头往车内瞅了瞅，还有几个不认识的人在车里（老马和李女士也在其中）。老刘在上车前，眼神非常麻溜地略过车牌号，并且用心地记住。同时，还赶紧打电话给妻子，叮嘱她，如果中午12点他还没回家的话，就让她立即到社工站去找他。

社工安顿好老刘，又小心关上车门，确保一切正常后，才让司机发动。

10分钟后，面包车到达目的地，离老刘家并不远，他稍稍放松了点。

开展活动的地方在一个板房学校，地面全是碎石子。下车时，老刘才看见与自己同车的几个老乡都是残疾人，只是刚刚没看出来。正在他们要往里走的时候，从办公室的方向又出来好几个人，有年轻的、中年的，男的、女的。他们大多数都说四川话，然后一人负责一个老乡，将他们一一搀扶着进了活动室，并一路叮嘱“小心走路”。

搀扶老刘的是个年轻的小伙子。老刘问：“你是老师吗？”

小伙腼腆地笑：“我是社工哈。”

老刘一头雾水，想问社工是什么，但已经到了活动室，他也就没有再开口。

这是一间板房活动室，里面还有图书架，看来应该是个图书室。活动室中间的桌椅被围成了方方正正的一圈，每个桌子上都写着一个名字。老刘一眼就看到了自己的名字。这时候，一个社工说：“请大家找到自己的名字，然后就座。”

待围坐成一圈后，老刘看了看其他的名字，然后看看相对应的人，算是有了一个初步的认识。老刘没有看到过这种“开会”方式，每个人面对面都能看见脸，还真有点不好意思。

活动开始，一名社工作为主持人在前面跟大家进行互动，他带头作了一个简短的自我介绍，然后每个在场人员都介绍了自己。老刘这才发现，原来搀扶自己的那名社工是个大学老师。另外几名社工有的是大学教授，有的是研究生，不过他们都统称为“老师”。

老刘觉得他们没什么架子，看起来也不像骗人的团伙，决定先参加完今天的活动再说。

这时候，轮到组员们自己来做介绍了。因为之前没有过这样的经历，几位女性组员都觉得腼腆不好意思，不愿意说话。老刘也急了。

一名年轻的社工拉住一位女性组员的手跟她说话，鼓励她。过了几分钟之后，那位女性组员终于说出了自己的名字。几个社工开始带头为她鼓掌。老刘觉得他们还挺有耐心的。

自我介绍完了后，主持的社工跟大家讲了活动的缘由以及要做些什么。经过讲解，老刘得知：这是一个以家庭为单位的残疾人互助小组，在接下来的时间里，他们将会成为一个团队，这群经历相似、又有着共同生活期待的人将会共同去探索自己的生计之路，而这些社工们将会陪伴、支持和协助他们。

紧接着，社工带领大家做了一个名为“信任之旅”的游戏，他们 10 名成员被随机分成 5 组，2 人一组，一人被蒙上眼睛，而另外一人则要用手牵着他，并用语言告诉他将会遇到什么障碍，然后两人在合作下跨越障碍。

老刘是组员中行动不便的一个，他跟老马分在了一组。老刘在地震中高位截肢，现在处于康复阶段，需要借助双拐行走。老马觉得压力有些大，他不能确保自己能完全做好老刘的“眼睛”，怕出一丁点儿差错。

一个社工事先给予了一些引导，让他们彼此明白两个人之间的依附关系，被蒙眼的人要做到完全信任自己的同伴，愿意按照他的指示去前行，而引导者要完全承担起这份责任，做好同伴的眼睛，顺利跨过障碍。

老马在社工的指示下搀着老刘的手，并作出指示，虽不能很好地引导，但最终老刘还是顺利通过了障碍。活动室内响起了热烈的掌声。老刘第一次感觉在板房里的生活，自己是与他人相关的，有联系的。

在最后分享环节，社工提示期望在场的每个人都能谈一些今天参加活动的感受。几个男性组员较为活跃，他们都说出了自己的感受，觉得很有意思，很好玩，也会继续参加。

老刘说：“信任之旅”的游戏，他感觉自己手心都出汗了，怕把同伴摔着，但是最后在同伴的引导下，还是顺利过关，这让他感到很有成就感，他看到自己有的时候还是有用的，而且，被人相信的感觉是很不错的。一节活动下来，他也结识了“老马”这个朋友。他也被社工老师所感动，被他们无微不至的照顾所感动——端茶递水、搀扶协助、耐心鼓励、认真倾听、接纳包容。细节之处，他们都做得很好。

由此看来，他们应该不是骗子，也不是搞传销的。老刘心里这么想着。

第一节小组活动在轻松快乐的氛围中结束。

——实拍/演员＋画外音解说

在每一次的活动结束后，考虑到大家的安全，社工们安排面包车护送每个组员安全到家。分别致电给每位组员进行回访，询问他们参加小组活动的感受，对社工有什么期待，对下一次小组活动有什么意见或建议。在此基础上，社工们又开始了下一次小组活动的细节讨论。

分场 2：

——特效字幕＋画外音解说

几次小组活动下来，老刘对自己所在的家庭生计互助小组有了更深刻的认识，也明白了这个小组之所以存在的目的和意义，他们要通过相互之间的帮忙和自身能力去实现自己的生计探索，改善家庭经济状况，发掘自身潜能，改变不利的状态。

社工陈老师作为长期驻站的老师，在较为频繁的家访和个案辅导中，与服务对象建立了较为稳定的信任关系。

分场3：

——字幕＋画外音解说【专家点评/社工解说】

本段呈现了小组建立初期开展活动的场景，这是建立关系的初期阶段。需要指出的是，关系建立的过程是一个漫长而敏感的过程，也不能指望服务对象能完全认同社工提供的服务。社工在此阶段主要为“引导者”“教育者”的角色。

第八场　小组领袖培育与组织发育

分场1：

——实拍/演员＋画外音解说＋同期声

场景布置及物资：能容纳20人左右的空间、围绕成圈或者半圆形式，大白板，大白纸，记号笔等。

拍摄内容：一群残疾人组员围坐在一起，进行民主投票选举，由组员自行组织、主持、唱票、公开选举结果，产生小组领袖（也即小组“管委会”成员）3名，两男（刘刚均、马兴书）一女（杜成燕）。

人物特征：刘刚均（略，前面已述）；马兴书（略，前面已述）；杜成燕（30多岁，身高150 cm，微胖，言语不多，但性格温婉，踏实稳重）。

解说词：随着小组的发展与成熟，在社工的引导下，小组内部民主选举产生了管理委员会。它的性质是一个自治组织，即由小组中大家较为信任的人来担任整个小组的号召人，为小组其他人员服务。老刘、老马因为较为热心，被大家选举成了“管委会”成员。另外一名女性组员杜成燕也因性格温婉和踏实稳重并且愿意为大家服务而被选举为“管委会”成员。

老刘语气激昂：“谢谢大家的信任。今后呢，我也要对得起大家的信任。只要我们在一起，高高兴兴的，就对了。我尽量为大家服好务。谢谢大家。”

掌声。

老马面带微笑，不紧不慢地站起来走到大家面前："很感谢大家，感谢老师们，我们一路走来很不容易。以后呢，我们争取走得更远，活出我们自己的精彩。"

掌声。

杜成燕很腼腆，脸唰的一下红了："咋说呢，反正谢谢大家嘛，我尽量为大家服务，就这样嘛。"

掌声。

分场 2：

——实拍/演员 + 画外音解说

"管委会"的几位成员意识到自己的责任增加了，不再只是一个服务对象而已，现在他们要尽己所能去帮助其他的组员，甚至身边更多有困难的人。

这天是小组活动的第九节。从这节活动开始，社工老师们将不会像前几节活动一样主动介入，不再扮演引导者、教育者甚至活动组织者的角色。他们会作为协助者，辅助"管委会"带领组员开始评估各自的资源优势，探讨各自对生计项目的想法以及讨论关于生计资金分配的问题。

——实拍/演员 + 同期声

人物简介：刘刚均、马兴书、杜成燕、李女士、刘伯（男，50 多岁，是组员中年龄最大的一个，左腿截肢，167 cm，较瘦，性格风风火火）、其他组员。

刘刚均："前几天，我、老李（李女士）和刘伯，我们三个仔细地讨论了一下，而且还对我们周边的情况简单地做了个考察，我们三个觉得可以合伙开个干杂副食店，可能行得通。现在我们住的那片板房里头，只有一家卖副食的，有时候买起东西来走很远，一点儿都不方便。因为我和刘伯都少一条腿，行动不方便，做其他的也不可能。我们两个和老李一起，她的身体条件比我们要方便点，这样联合起来会好些。"刘伯面带微笑注视着刘刚均。李女士低着头静静地听着。其他组员也认真地关注着老刘，听他阐述自己的想法。老马和杜成燕一边听，一边认真地做着笔记。

老马："老刘，我觉得你还可以哦，很有观察力，还很有想法。我觉得还是可以搞的。"其他组员也纷纷表示赞同。

老马放下手中的笔："那我接着说下我的想法。我现在暂时还没想好做点啥子才合适。但是，如果要我去做一些经营方面的事情，我肯定不得行。那个东西太伤脑筋。我主要呢，还是想继续搞点种植业、养殖业，有个寄托，风险也小。比如，去天池山上继续种植银杏树苗。这个我比较擅长，成本也可大可小。大家觉得咋样呢？ 或者有愿意跟我一起的，就最好不过了哈。"

……

——特效字幕＋画外音解说

就这样，经过一轮又一轮的反复讨论与商量，绝大部分组员都有了对自己生计项目的想法和初步规划。接下来，最考验大家的信任感、凝聚力和团队意识的阶段悄然而至。组员们需要根据前期的生计项目规划自主协商、民主分配资助方给予的生计扶持资金。

——实拍/演员＋同期声

刘伯建议："要不就平均分配吧，这样子比较公平，省得大家都有意见。"

杜成燕表示赞同："我也觉得平均分配比较好。"

老刘(刘刚均)认为："平均分配不一定代表公平，资金怎么分配还应该跟每个人具体的生计项目相关，比如有的生意做得比较大，需要的钱多；有的做小生意，需要的钱就少。要合理分配，才能发挥资金的最大价值。"

老马也同意此观点，他说："社工老师们一再强调的理念是，'我们这个生计小组，最理想的方式是合作起来做事，减少个人风险，互相帮助，真正成为一个集体'。"

有的组员反驳道："现在大家感情好，没啥子的，咋都好说。但是，如果合伙的话，将来一旦遇到分红的问题肯定会吵架的。这涉及利益问题，不是那么简单。你说的那是最理想的状态，但是不可能实现。"

老刘(刘刚均)很顾全大局，对大家的担忧做出回应："虽然我们心头都明白这个问题。但仍然希望大家能彼此信任，达到合作的目的。做项目赚大钱，当然好，但最终目的还是我们能够团结在一起，这样才能彼此互帮互助。"

……

"管委会"一时难以抉择，甚至将难题抛给社工们。

李女士说：“你们提供的资金，你们说怎么分我们就怎么分，我们全听你们的，分多分少都没意见。”

大家都纷纷表示赞同。

一直在一旁观察和倾听的社工陈锋老师耐心地回应：“我很明白你们的顾虑。但是，你们想过没有，我们之所以协助你们建立自己的民主组织——‘管委会’，它的作用是什么呢？”大家陷入了沉思。

陈社工停顿了一下，继续道：“就是要让你们自己抉择，自己决定，体现你们自身的能力。怎样把家庭生计互助小组做好，让彼此达到互助和可持续发展的目的？ 这是大家共同要思考的问题，并且也需要大家共同面对它可能带来的各种可预期和不可预期的后果。我们相信大家的能力和团结互助的精神。我们是社工，但我们不是要包揽你们全部的事务，我们更不能决定你们的打算和未来。我们能做的就是帮忙协调各种资源，推动你们的进步和发展。在你们需要帮助的时候给予支持和建议，但绝不是直接帮你把事给做了，或者替大家决定了。明白吧？ 一定要习惯运用自身拥有的资源，拥有的能力，你们有权利去争取的，要去争取。这是你们的权利。”

大家一边听，一边表示理解和赞同。老马和杜成燕很认真地在做着笔记……

——*画外音解说*

经过几番讨论，在“管委会”的组织和带领下，组员们就资金分配问题形成初步决议：根据每个生计项目的需求合理分配资金。鼓励大家合作，但不强求。

组员们对此均表示赞同。“管委会”的三位成员看到各自在小组中的组织、带领、协调、推动作用，切实体会到作为残疾人领袖的责任感和成就感，各自的自信心也增加不少。

老刘还提出，几个女性组员的身体情况和经验稍弱一些，希望一些有经验的男性成员可以带动他们一起探索生计项目。

可喜的是，多番讨论还形成了一项令社工感到意外且宽慰的决定：所有组员一致赞成不将全部资金发放，预留一小部分作为生计小组的互助公益金，在有需要时为部分组员解决燃眉之急，或者为社区里其他有困难的人员略尽绵薄之力。但，公益金的使用需要所有组员共同商讨决定，并且可以根据各自生计项目的开展情况(例如盈利后)不断充实公益金，积少成多，良性循环，真正达到“互助和可持续”的结果。

——画外音＋字幕【专家点评/社工采访】

在小组领袖培育和组织发育阶段，社工逐渐蜕变为催化剂、协助者和调解者，着重催生组员们的主人翁意识和自我权利感，提供机会和空间让他们充分表达自身的真实意愿并有效行使自身的权利，从而实现“赋权”与“增能”的过程。赋权不是赋予权利，而是将服务对象原本的被变相隐藏的权利重新挖掘出来，基于相信其有能力解决自身问题的立场，给予他们不同的权利体验，助其认识自身潜能所在，并尽可能发挥这种能力，为自身负责，为自身的决定负责。

例如本案中的老马、老刘等人，因为遭遇重大变故后很少再参与社会活动，而一次次的权利体验让他们重新找回“参与”和“自我掌控”的感觉，他们也不断投入到与生计小组相关的事务中和服务组员的活动中。

社工也从“引导者”成了“同行者”“陪伴者”。

第九场　生计项目实践

分场 1：

——实拍/演员＋画外音解说

经过一个多月的准备和磨合，生计小组各个组员的项目以及资金分配情况基本成型。

在所有生计项目中，产生了 2 个合作项目和 5 个独立项目。其中，“梦想起飞”超市由三个组员合伙成立（刘刚均、刘伯和李女士），唯一的女性组员李女士期望能在两位男性成员的带动下多学习经验。

资金发放后，每个团队及个人都开始了紧锣密鼓的筹备。“管委会”在此过程中承担着重要角色。三位“管委会”成员三天两头就会跟其他组员聚在一起或到组员家里，问问组员各自生计项目的进展、遇到的困难等。也不忘叮嘱大家身体第一，生计第二。并告诉大家有困难一定要找组织，大家共同面对。

分场 2：

场景：大型社区活动场所。

参与人员：生计小组组员及其家人、朋友，社区其他居民、社工

——特效字幕＋画外音解说

年底，社工协助生计小组开展了大型的社区活动，邀请组员的家人、朋友及社区其他居民前来参加。活动的目的是：回顾一年来大家的经历，分享生计项目的进展情况，慰问组员的家人及朋友，同时，还有另外一个很重要的主旨是扩大影响，促进社区参与。

——实拍/演员＋画外音解说

“管委会”召集全体成员提前两周就开始商讨社区活动方案，并撰写活动计划书，邀请有关人员，准备活动物资，大家都忙得不亦乐乎。

在商量活动环节时，老刘(刘刚均)主动考虑怎样活跃气氛，怎样带动每个人都参与其中。为此，还特地征求社工的意见，让社工帮忙设计一些既有趣还能体现社工理念和技巧的活动。老马和杜成燕自告奋勇地担任活动主持人，还准备了主持词，主持得也有模有样。(俨然已经进入角色，并有些社工的风范了。)

——实拍/演员＋同期声

社区活动按照预期计划，在大家的欢声笑语中结束。

在场的一位社区居民惊喜地对社工说：“很早就听人说，有几个‘社工’在帮助我们这儿的残疾人。刚开始，我们都没当回事，我们是正常人，跟我们有啥关系嘛。前几天接到邀请的时候，我还在纳闷儿的。不过，要过年了，有活动参加，热闹一下，也喜庆撒。抱着好奇心就来看一下。结果，没想到你们搞得这么好。那些残疾人，他们好开心哦，还有事情做。”

另一位居民也附和说：“就是哈。身残志不残，可以可以。我们那边还有好几个这样子的残疾人。以后，你们搞活动，我可以介绍他们也来参加撒。”

社工陈锋非常高兴地回应：“当然可以啊，明年我们就要开展第二期生计小组的活动了，你们回去多帮我们了解一下周边的情况，鼓励大家都来参与。而且，也可以在社区里头多帮我们宣传撒，让更多的人知道我们，加入我们，一起把社区建设好。如果你们感兴趣的话，还可以来当志愿者，服务老百姓哦。我们欢迎得很……”

分场3：

人物介绍：第二期生计小组的10位成员。拍摄时，镜头主要采集以下两位的影像：

刘春燕（化名）：30多岁，女，身高155 cm，偏胖，短发，在地震中双腿高位截肢，几乎无法自我行动，70多岁的老母亲随时陪伴在身边。她乐观、自信，也乐于助人，说话声音特别大，尤其是她爽朗的笑声，老远就能听见。

朱兆霞（化名）：30岁出头，女，身高163 cm，长发马尾，在地震中轻度受伤，恢复良好，几乎无明显生理缺陷。性格温婉、踏实稳重。

杨万民（化名）：40岁出头，男，身高140 cm，先天性小儿麻痹症患者，略胖，从未上过一天学，连自己的名字都不会写，憨厚老实，少言但热心。双腿几乎没有行动能力，出行靠双拐，但他身体很灵活，还会独自驾驶电动三轮车。有一手非常好的酿酒技术。

——图片集/实拍＋画外音解说

2010年，在社工的协助下，按照同样的方法，生计小组又发展了第二批生计小组成员，从之前的10人增加到了20人（从10个家庭增加到20个家庭）。

“管委会”成员也由3名增加到5名（2男3女）。新增的两名女性成员为刘春燕和朱兆霞。

刘春燕根据灾后重建中社区居民的需求以及自己的能力状况，在新建的集市开了一家布艺店，取名“居帘布艺”，主营定制款家居床上用品。

朱兆霞在集市租了一间铺面，售卖女性及儿童服装。

杨万民在自己家里开了一个手工酿酒小作坊，专供附近居民。由于他酿的酒是纯粮食无添加的，深受远近顾客的好评。地震将他原有的已经经营十几年的作坊和地窖毁于一旦，让他负债累累。他曾一度灰心丧气，一蹶不振。加入生计小组后，他的状况逐渐改善，并且信心满满地重新开始酿酒。

……

分场4：

——实拍/演员＋画外音解说

“管委会”的几位成员，除了经营好自己的生计项目之外，还协助其他组员开展生计项目，定期上门探访，帮助他们解决遇到的难题。他们觉得除了自己重新活过来了，还能对他人有所作用，这是以前根本无法想象的。在这过程中，社工们的理念、工作方法也潜移默化地影响着他们。他们慢慢地开始从社工的视角看待问题和处理关系。

每每想起自己的转变，老刘都觉得像做梦一样。他说：“地震以前，哪个晓得啥是社工嘛，根本就没听过。现在，我就是个社工，对不对？”说到这儿，老刘露出得意且骄傲的笑容：“我也可以运用社工的理念和方法来帮助其他人，同时也服务自我，实现自身的价值。”

老马：“我以前觉得完了，这辈子我可能只能在屋头看电视了。真的，自从脚断了后，我连麻将都不好意思出去打了。走在路上，人家像看怪物一样看你。那种眼光，好难受嘛。现在，我天天都有事情做。还要带领大家一起做。特别开心，特别有意义。只要我们大家齐心协力。日子一定会越来越好的。”

刘春燕：“我这样的残废有啥用嘛，连上厕所都要我妈随时在旁边照看。我以前是矿厂的工人，日子还是风风火火的。我又爱臭美。现在这样子，我曾经都想过不活了算了，不能成为家里的累赘。我儿子一天天大了，有这样一个妈，估计连媳妇都找不到，人家要嫌弃的。现在我想开了，我虽然残了，但不废。我也可以做力所能及的事情，为家里头做贡献。大家信任我，选我当‘管委会’成员，我也要为大家服好务。我们一群人，绝对不得让人家看不起的。”

——特效字幕+画外音解说

很显然，他们就是典型的本土社工的苗子。而且是从服务对象中发掘并转换而来。他们曾是被服务者，而今成为服务他人者。这是一个很大的转变。他们在居民中也更有号召力。

第十场　扩大发展：组织衍生组织

——实拍+画外音解说

在接下来的几年里，组员们的生计项目有的成功了，有的失败了。但，他们组建的大家庭关系却越来越紧密，范围也逐渐由原来的二十户残疾家庭扩展至整个社区。尤其是“管委会”的几位成员，他们不仅成了经验丰富的本土社工，在各方的支持下，还带领社区居民发育了两个合作组织，并登记注册，运转良好。

——拍摄天池山银杏苗圃及老百姓耕作的场景

2012年，老马在当地带头成立了“银杏种销合作社”，成为一名真正的社区领袖。他带领社员上山锄草、施肥浇水，并建立合作社运转机制，开展活动，按实际盈利情况为社员分红。在他的带动下，陆续有三十多户村民加入，合作社的规模逐渐壮大，获益的老百姓也越来越多。这在某种意义上已成为推动当地社区发展的重要里程碑。

——拍摄老刘去慰问其他生计小组成员的场景

老刘除了经营“梦想起飞”超市之外，继续带领 20 户家庭生计小组，帮助他们解决生活中遇到的困难和问题。

——拍摄刘春燕的手工作坊、淘宝网和专属网站

刘春燕风风火火地带领妇女们建立了“春燕手工作坊”，根据当地的民俗特色，制作一些家居用品和饰品，通过公平贸易的方式售卖。售卖收入的一部分纳入当初建立的基金，以备不时之需。从去年开始，她带领姐妹们在淘宝上开了网店，并且于今年开始独创自己的网站，传递灾区姐妹们自强不息、坚强面对生活的动人故事……

第十一场　我们和未来有个约定

——音乐 + 图片集 + 画外音解说

当初受地震灾害影响的人们已逐渐恢复正常的生活，诸如刘刚均、老马、刘春燕这样身残志坚的人们，他们更像是重生的花朵，愈发灿烂。

他们说：地震葬送了我们的过去，影响了我们的现在，但并没吞噬我们的未来。在社工的帮助下，我们过上了一种不同的生活，我们乐在其中，我们不屈不挠，因为我们和未来有个约定——明天一定比今天好！

参考文献

[1] Bak M. Can developmental social welfare change an unfair world? —The South Africa experience [J]. International Social Work, 2004, 47(1).

[2] Chen Tao. Social workers as conflict mediator: lessons from the Wenchuan earthquake [J]. China Journal of Social Work, 2009, 2(3).

[3] Khinduka S K. Social work and the third world [J]. Social Science Review, 1971, 45(1).

[4] Midgley J, Tang K L. Introduction: social policy, economic growth and developmental welfare [J]. International Journal of Social Welfare, 2001, 10(4).

[5] Lorenz Walter. Social Work in a Changing Europe [M]. London: Routledge, 1994.

[6] Midgley J. Social Development: The Developmental Perspective in Social Welfare [M]. Thousand Oaks: Sage, 1995.

[7] Parsons R J, Jorgensen J D, Hernández S H. The Integration of Social Work Practice [M]. California: Brooks/Cole Publishing Company, 1994.

[8] 边慧敏. 灾害应对中的社会管理创新[M]. 北京：人民出版社, 2011.

[9] 郭伟和. "身份之争"：转型中的北京社区生活模式和生计策略研究[M]. 北京：北京大学出版社, 2010.

[10] 安东尼·哈尔，詹姆斯·梅志里. 发展型社会政策[M]. 北京：社会科学文献出版社, 2006.

[11] 罗伯特·D. 帕特南. 使民主运转起来[M]. 王列，赖海榕，译. 南昌：江

西人民出版社，2001.
[12] 马尔科姆·派恩．现代社会工作理论[M]．冯亚丽，叶鹏飞，译．3版．北京：中国人民大学出版社，2008.
[13] 王思斌．社会工作概论[M]．2版．北京：高等教育出版社，2006.
[14] 詹姆斯·S．科尔曼．社会理论的基础[M]．邓方，译．北京：社会科学文献出版社，2008.
[15] 张和清，等．灾害社会工作：中国的实践与反思[M]．北京：社会科学文献出版社，2011.
[16] 郑杭生．社会学概论新修[M]．3版．北京：中国人民大学出版社，2003.
[17] 朱健刚，王超，胡明．责任·行动·合作：汶川地震中NGO参与个案研究[M]．北京：北京大学出版社，2009.
[18] 陈涛，陈锋，王小兰．震后社区生计项目实践与发展性社会工作的探索——绵竹青红社工服务站的经验及反思[J]．社会工作(学术版)，2011(2).
[19] 陈涛．社会发展与社区发展[J]．社会学研究，1997(2).
[20] 陈涛．社会工作者在汶川地震后的调解者角色：机会与限制——以在四川某地围绕遇难学生家长工作的介入行动为例[J]．中国社会工作研究，2008(6).
[21] 黄匡时．社会工作者在抗震救灾中的作用[J]．人才开发，2008(7).
[22] 马凤芝．流浪青年的发展性社会工作介入策略——以社会企业介入模型为例[J]．中国青年研究，2014(3).
[23] 马凤芝．社会发展视野下的社会工作[J]．广东社会科学，2014(1).
[24] 王思斌．我国社会工作发展的新取向[J]．学习与实践，2007(3).
[25] 文军，吴越菲．灾害社会工作的实践及反思——以云南鲁甸地震灾区社工整合服务为例[J]．中国社会科学，2015(9).
[26] 兰小伟．生计发展取向的社会工作服务研究[D]．北京：中国青年政治学院，2010.
[27] 童潇．社工机构培育社会组织的经验研究[D]．北京：中国青年政治学院，2014.
[28] 迈克尔·谢若登．美国及世界各地的资产建设[J]．山东大学学报(哲学社会科学版)，2005(1).

后记

对于幅员辽阔的中国，自然灾害自古就是一种频发的事件。近年来，社会发展过程中凸显的风险逐渐增加，新闻中越来越多的相关报道让灾害的概念逐渐拓展开来。2008年的汶川大地震，在震撼了世界的同时，也鼓舞起了中国人民的意志。从那时起，灾害社会工作在我国首次得到了大规模的实践。此后，随着灾害社会工作实践越来越多，实践的成果也越来越显现。灾害社会工作服务的发展也进入了政府部门的视野，2013年，民政部出台了《关于加快推进灾害社会工作服务的指导意见》，为进一步推进灾害社会工作在我国的发展注入了新的活力。

本书的三位作者在汶川地震发生后的第一时间就投入了一线的专业工作或志愿服务中。随着灾区从帐篷变为板房，再变为全新的永久安置房，社会工作在其中的角色和作用也发生着转变。因此，在青红社工团队的实践中，社工团队提出以"发展性社会工作"理论为指导，推动专业服务不断走向深入和持续。团队成员共同奋战在一线，也不断结合实践进行反思，逐渐形成了不少关于灾害社会工作与发展性社会工作模式的学术成果。在进一步梳理已有实践和理论成果的基础上形成更加系统的以发展性社会工作理论模式为指引的灾害社会工作理论与实践框架，这样的想法已萌发多时。

感谢本套丛书的编委会，你们的邀请和支持让我们能够将这种想法得以落实。编委会专门在2015年4月召开会议，邀请众多专家学者共同讨论丛书编写的相关事宜，并不断在写作过程中给予支持和鼓励。从2015年3月到今天，本书从初定标题到最终完成，是一个写作的过程，也是一个回望多年来陪伴灾区民众共同前行的过程，亦是一个自我反思与收获的过程。全书撰写的分工如下：陈涛负责第一章，第二章的一、三节和第五章；王小兰负责第三章的一、三、四节与第四章；霍亮负责其余部分的撰写。全书由陈涛策划并统稿。

在本书撰写过程中，得到了多方的大力支持。我们要特别感谢青红社工团队的所有成员们，包括卢玮静博士在内的鲁甸社会工作支援团四川服务队，你们的汗水丰富了我国灾害社会工作的实践，同时为本书贡献了宝贵的案例和参考资料。同时，中国青年政治学院社会工作学院的硕士研究生周升磊、雷俊成、孙安琪、李知行承担了大量的资料收集和其他辅助工作，衷心感谢他们的付出。感谢华东理工大学出版社和上海踏瑞计算机软件有限公司的辛勤工作与支持，正是由于你们的精心组织与编辑，才能让本书与大家见面。本书中难免存在不足与纰漏，敬请各位读者批评指正。

最后，还要感谢所有参与各种灾害救援的人们以及在灾害中屹立不倒的受灾群众。灾害的破坏是总体的，灾害救援也是总体的。在大家的共同努力下，受灾害影响的人们才能尽快回到新的生活秩序中。同样，受灾群众面对灾害时的抗逆力与自身的努力，使我们跨越了道路上的种种艰险，激励着我们一起向着未来前行。

内容提要

本书是关于灾害社会工作的案例研究，试图以“发展性社会工作”的理论视角讨论更有效的灾害应对做法。全书按照灾后社会工作介入的三个阶段——紧急救援阶段、过渡安置阶段、恢复重建阶段，分别介绍了几个社会工作介入服务的实例，并做了案例分析，以展示社会工作者在不同阶段的角色实践：紧急救援阶段的绵竹灾后援助社会资源协调平台和FX二小地震遇难学生家长介入两个案例，主要反映了社会工作在资源整合、需求评估和应急心理社会支持方面的作用；过渡安置阶段的云南QJ安置点社工队服务和四川HW青红家庭生计互助小组案例反映了社会工作提供持续心理社会支持和社区照顾服务的作用；而青红种植专业合作社和春燕手工作坊属于恢复重建阶段的两个案例，则体现了社会工作在促进灾后社区发展和社会发展方面的作用。笔者认为，社会工作灾后介入服务从“疗救”走向“发展”的过程中，“发展性社会工作”的理论模式可作为重要指引。本书适合灾害社会工作研究者和广大一线社会工作者参考使用。

踏瑞社会工作教学软件新品展列

秉承“专业极致　踏实进取”的理念，上海踏瑞计算机软件有限公司（以下简称“踏瑞软件”）以市场需求为导向，针对专业教学之困惑，率先在国内开发了社会工作系列教学软件产品，目前经多所高校成功应用，反响良好。踏瑞软件以努力架设社会工作专业教学和一线实操之间的桥梁为己任，力求为促进中国社会工作专业教学多元、快速发展更多地铺路架桥。

一、现有产品展列

（一）社会工作三大方法实训系列

1. 个案工作技巧实训软件。通过标准化、流程化的视频观摩，迅速提高学生的沟通技巧、微表情识别等多方面能力，实现课堂知识盲点与实践教学亮点的无缝对接。

2. 小组工作技巧实训软件。通过人机互动模式，让学生有情境感、真实感、立体感地学习专业技巧和锻炼能力，切实感悟小组工作的重点、难点及深刻内涵。

3. 社区工作技巧实训软件。以视频及文字内容呈现社区的真实案例，让学生通过角色扮演，模拟社区工作的各种场景，视频化呈现解决过程，全面提升学生的各项技能。

（二）社会工作平台系列

1. 社会工作职业水平考试平台软件。包含快速智能练习、专项智能练习、组卷模考、真题模考、群组考试、能力评估六大功能，提供完整的真题及模拟题库。根据练习测试生成个人评估报告，以便有针对性地查漏补缺，提高应试能力。

2. 社会工作案例库平台软件。汇集丰富的案例素材，通过多样化的方式，展现各类社工特色和风采。拓宽学生的视野，将值得借鉴的实践经验、有关注性的话题呈现在师生面前，促进深入学习和思考。

（三）社会工作管理系列

1. 踏瑞社会工作实习管理软件。以社会工作专业实习为立足点，将实习所涉及的内容进行系统化梳理，实现专业实习的在线管理、在线督导和在线评估。

2. 踏瑞项目管理平台软件。有效解决纸质文档易丢失、数据统计易出错、人员分散难管理、资料庞杂难检索、信息更新不及时等现存难题，实现全方位信息化管理，大幅度提升管理效率。

（四）在线学习与教学应用系列

踏瑞国际社会工作专业双语词典手机端 APP 软件。以国际授权的社会工作双语专业词典为原型，包含社会工作从基础到进阶的英汉、汉英专业词汇，故事化解读专业概念，配以插画帮助记忆，使教学更具互动性，让自主学习更加生动有趣。

二、即将上线新品

踏瑞软件经过五年努力，不断完善现有产品，探索更多可发展空间，开拓国际市场，将更鲜活、前沿的社会工作专业知识引入国内，近期即将上线的新品有两个。

1. 踏瑞美国南加州大学国际课程实训软件。根据国内市场需求，引进国际优质课程并进行本土化创作。搭建在线学习平台，通过视频或动画片段呈现教学知识，进行实务技巧训练，全面提升学生的实务技能。

2. 踏瑞虚拟社区大型游戏学习型软件。通过计算机技术逼真展现社区工作场景，学生通过角色选择参与到游戏中，通过领受学习任务、解决社区问题进行升级。师生们可在线共同建设和发展社区，全面提升学生的社区工作实务操作技能。

三、现有活动展列

1. 产学研合作平台。通过产学研合作的方式，帮助学生了解社会工作行业现状、获得更多的实践机会，让学生的学习更有目的性；促进学校与企业的对接，提升教师的整体素质，升级学校整体教学的软硬件，实现企业和学校之间的资源交流与互动。

2. 全国社会工作公益电影节。结合大众关注的社会热点话题、社会工作专业教育与实践作为电影节主题，面向全国承办，吸引有社会工作专业的高校、社会工作机构、社会工作协会等广泛参与，培训、收集优秀案例与电影并进行出版，从而推动社会工作教育发展，增强协会、高校、学生、机构之间的交流与互动，实现资源共享。

四、未来产品规划

踏瑞软件将结合自身发展经验，以“互联网和平台化思维、前瞻性培育和再造教学软件行业”为宗旨，全力打造“社会工作教育生态圈”。

1. 互联网化。推动社会工作专业在线教育的发展，紧跟时代步伐，突破时间和空间局限，强化专业社工全方位、立体化、超时空、跨地域的沟通和交流。

2. 平台化。搭建社工专业平台，以最大的包容和开放性吸纳社工，与互联网化相结合，整合各项资源，为从业人员及专业教育搭建一个更大的舞台。

3. 踏瑞软件旨在突破传统教学软件封闭性的弊端，取其精华，去其糟粕，以创建更具开放性、发展性的教学软件及其教学平台。

更多资讯请登录踏瑞软件官网：http://www.topwaysoft.com。